票据蓝皮书

中国票据市场发展报告

REPORT ON CHINA BILL MARKET DEVELOPMENT 2016~2017

中国银行业协会 编著

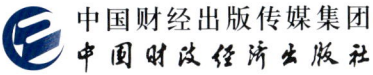

中国财经出版传媒集团
中国财政经济出版社

图书在版编目（CIP）数据

中国票据市场发展报告.2016—2017／中国银行业协会编著.—北京：中国财政经济出版社，2018.8

ISBN 978－7－5095－8471－2

Ⅰ.①中… Ⅱ.①中… Ⅲ.①票据市场－研究报告－中国－2016－2017 Ⅳ.①F832.51

中国版本图书馆CIP数据核字（2018）第195392号

责任编辑：王　丽　　　　　　责任校对：张　凡
封面设计：陈宇琰

中国财政经济出版社 出版

URL：http：//www.cfeph.cn

E－mail：cfeph@cfeph.cn

（版权所有　翻印必究）

社址：北京市海淀区阜成路甲28号　邮政编码：100142
营销中心电话：010－88191537　北京财经书店电话：64033436　84041336
中煤（北京）印务有限公司印刷　各地新华书店经销
889×1194毫米　16开　15.5印张　291 000字
2018年8月第1版　2018年8月北京第1次印刷
定价：99.00元
ISBN 978－7－5095－8471－2
（图书出现印装问题，本社负责调换）
本社质量投诉电话：010－88190744
打击盗版举报热线：010－88191661　QQ：2242791300

以支持实体经济为己任,共同推进票据市场稳健发展

中国银行业协会 潘光伟

中国银行业协会党委书记、专职副会长潘光伟题词

专家指导委员会

主　　任　谭　炯
副 主 任　黄润中　赵　濛
委　　员　徐晓岚　卜祥瑞　龚春刚　王红霞　陈卫东
　　　　　徐裕发　梁　蒂　胡　翔　杨　沫　张立洲
　　　　　郝　军　侯　林　徐慧琴　钟　俊　雷　玮
　　　　　何伟强　焦建波　景　嵩　朱　丹　赵成江
　　　　　胡立明　胡晓宁　余　建

本书编委会

主　　编　徐晓岚　卜祥瑞
副 主 编　王红霞　陈卫东　王永琪
编　　委　嵇成柱　曾一村　邹　江　王　甜（执行）
编写人员　（按姓氏笔画排序）
　　　　　于鑫水　王伟伟　王　甜　方　园　田　晶
　　　　　付　萱　邹　江　汪办兴　汪武超　张玉涛
　　　　　张雅婧　赵慈拉　修晓磊　崔　韬　董　玥
　　　　　焦　琳
编务人员　苏立峰　吴安骐

序

2016年，是我国票据市场发展史上极其不平凡的一年。

我国票据市场在持续发展中出现新变化。我国经济运行总体呈现缓中趋稳和稳中求进的局面，市场监管力度持续加大，企业商业汇票签发量下降。2016年企业累计签发商业汇票18.1万亿元，同比下降19.3%；金融机构理性开展汇票承兑和贴现业务，全年金融机构票据融资合计增长8 946亿元，在新增贷款中的占比为7.1%，票据融资规模小幅增长，对实体经济发展的支持作用进一步增强；票据市场交易总量同比小幅下降，交易结构深入调整，电子票据加快发展，票据市场电票交易占比明显提升。主要商业银行适应市场变革，注重加强企业端供应链票据融资业务和跨市场票据资管业务创新发展，经营模式加快转型。

我国票据市场在统一市场建设中迈出新步伐。2016年5月25日，央行牵头成立了关于筹建全国统一票据交易市场的筹建小组，正式启动全国性票据交易所的建设。2016年12月8日，上海票据交易所正式建成并运营，标志着我国统一票据市场渐成雏形。上海票据交易所的建立在交易体系、流程、方式等方面对商业银行票据业务经营产生显著影响，交易效率将明显提高，交易信息公开透明，促进了票据价格的深度发现与资金需求的快速反应；促进了票据市场规范运行，有效降低了市场操作风险和交易成本；促进了票据市场运行机制和产品创新体系建设。与此同时，上海票据交易所的建立也深刻改变了商业银行现有的票据业务运作模式，对票据市场进行了体系重构，对目前的交易模式产生了颠覆性影响。

我国票据市场在监管与创新上取得新进展。《关于加强票据业务监管促进票据市场健康发展的通知》《关于规范和促进电子商业汇票业务发展的通知》《关于做好票据交易平台接入准备工作的通知》《票据交易管理办法》等一批监督管理办法先后出台，进一步规范了票据市场发展，有效防范和控制了票据业务风险，促进票据市场健康有序地发展。同时，票据交易的广度有效拓宽，证券、基金、资产管理、信托投资、保险公司等非银行金融机构可以合法参与票据转贴现业务。票据交易所市场参与主体基本上涵盖了中国银监会、中国证监会、中国保监会管理的各类型金融机构，拓宽了银行票据转让渠道，提升了银行跨市场票据业务发展空间，增强了票据业务创新发展的深度。随着商业信用的增强，商业承兑汇票业务将会得到加快发展，通过探索采用保函、保证与保贴业务等不同形式，将有效增强电子商业承兑汇票信用，促进电子商业承兑汇票流通。

中国银行业协会票据专业委员会自2014年成立以来，以积极推动发展我国票据市场发展为己任，加强行业自律，推进研究发展，先后组织编写了《中国票据市场发展报告（2014~2015）》《中国票据市场发展报告（2015~2016）》（以下简称"蓝皮书"）等书籍。蓝皮书全面反映当年我国票据市场所处的发展环境、市场运行特征、票据市场与相关市场，以及对未来市场发展的预判等。蓝皮书已成为我国票据市场发展动态年度权威性报告，获得市场各方的充分认同。

为持续做好我国票据市场发展报告的编写工作，由中国银行业协会牵头，中国农业银行牵头承办，中国工商银行、交通银行、招商银行、中信银行协办，顺利编写完成了《中国票据市场发展报告（2016~2017）》。这本书全面反映2016年度中国票据市场发展现状、特征、变化及趋势，深入分析我国票据市场在进入票据交易所时代所面临的机遇与挑战，对2017年及今后一段时期我国票据市场发展进行了展望，是我国票据市场上不可多得的市场指南，对我国票据市场持续稳健发展具有重要意义。

展望未来，我们仍将面临更为复杂的宏观经济金融环境，上海票据交易所建设将会给票据市场带来全新的变化，票据市场发展面临着新的机遇和挑战。中国银行业协会票据专业委员会将在中国银保监会、中国银行业协会的领导下，在中国人民银行有关部门的关心支持下，与广大会员单位一道，加强分析研究，促进市场规范，推动业务创新，进一步发挥票据业务服务实体经济的作用，共同推动我国票据市场健康发展。

中国银行业协会票据专业委员会主任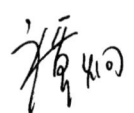
中国工商银行股份有限公司副行长

目 录

第一章 2016年中国票据市场发展综述 ... 1
- 第一节 2016年经济金融环境与票据市场发展 ... 1
- 第二节 票据市场风险监管与业务创新 ... 6
- 第三节 票据市场建设与票据业务经营 ... 8
- 第四节 2017年票据市场发展前瞻 ... 11

第二章 2016年中国票据市场发展的宏观环境 ... 13
- 第一节 宏观经济环境 ... 13
- 第二节 金融市场环境 ... 17
- 第三节 法律监管环境 ... 23

第三章 2016年中国票据市场运行情况及特点 ... 26
- 第一节 票据市场总体运行情况 ... 26
- 第二节 票据市场运行特点 ... 28
- 第三节 区域票据市场发展情况 ... 37

第四章 2016年金融机构票据业务开展情况 ... 42
- 第一节 大中型商业银行票据业务 ... 42
- 第二节 中小型商业银行票据业务 ... 54
- 第三节 其他金融机构票据业务 ... 62

第五章 2016年中国票据市场利率运行情况 ... 66
- 第一节 票据市场利率运行情况概述 ... 66
- 第二节 票据市场利率运行特征 ... 73
- 第三节 票据市场利率变动的原因探析 ... 77

第六章　2016年票据市场与相关金融市场联动发展　82
第一节　票据市场与货币市场的关联性　82
第二节　票据市场与同业存单市场的关联性　90
第三节　票据市场与银行间债券市场的关联性　93

第七章　2016年票据市场风险状况与防控　100
第一节　票据市场风险状况概述　100
第二节　票据市场风险类型及成因分析　102
第三节　商业银行票据业务风险防控情况　105
第四节　票据业务风险防控发展趋势　111

第八章　2016年商业银行票据业务的创新发展　114
第一节　商业银行票据业务创新的主要品种　114
第二节　票据业务创新面临的问题和风险防范建议　123
第三节　未来票据业务创新发展的设想与展望　125

第九章　2016年电子商业汇票发展情况　128
第一节　电子商业汇票发展情况与特征　128
第二节　监管文件与电子商业汇票的发展　132
第三节　未来电子商业汇票发展的设想与展望　135

第十章　上海票据交易所的建设与发展　141
第一节　上海票据交易所筹建的背景　141
第二节　上海票据交易所建设概况　144
第三节　上海票据交易所建设的作用　147
第四节　上海票据交易所的基本运行模式　150
第五节　《票据交易管理办法》解读　153

第十一章　票据交易所时代的票据市场展望　156
第一节　票据交易所时代的市场机遇与挑战　156
第二节　票据交易所时代的票据市场展望　159
第三节　票据交易所时代商业银行票据业务经营转型　162

附录　2016年票据支持小微企业发展情况及展望（中国银行业协会）　168
附录一　中国票据市场利率影响因素的系统性分析　168

附录二	中国人民银行完善金融调控政策对票据市场的影响	178
附录三	票据市场潜在参与者的资产配置特征及参与机会分析	183
附录四	同业去杠杆、金融反脱媒与票据市场供需格局的演变	189
附录五	中国人民银行关于规范和促进电子商业汇票业务发展的通知	198
附录六	票据交易管理办法	204
附录七	票据交易主协议（2016年版）	212
附录八	2016年中国票据市场大事记	232

参考文献 234

后记 236

第一章

2016年中国票据市场发展综述

第一节 2016年经济金融环境与票据市场发展

一、票据市场发展的经济金融环境

2016年,全球经济增速依然持续放缓。美国经济缓慢复苏,欧元区经济温和复苏,日本经济持续低迷,新兴市场和发展中经济体的经济基本面分化明显。此外,"黑天鹅"事件层出不穷,国际金融市场波动加剧,这些均对我国宏观经济金融运行产生了较为复杂的影响。

2016年,国内经济呈现企稳迹象,全年GDP达74.4万亿元,同比增长6.7%,增速符合预期,比2015年低0.2个百分点。投资增速整体下降,但消费的拉动作用依然较为强劲,叠加外贸降幅收窄,因此总需求较2015年有所好转,通货紧缩压力显著缓解。随着结构调整和产业升级持续推进,新旧动能逐步转换,为金融市场融资需求提供了拉动力量。

2016年,中国人民银行货币政策维持了稳健中性的总基调,年内呈现前松后紧态势,全年仅于3月下调金融机构存款准备金率1次,更加注重运用公开市场操作和借贷便利操作等多种工具调节流动性总量和投向,货币信贷环境适度宽松,更加注重抑制资产泡沫。同时,继续推进金融市场化改革,建立公开市场每日操作常态化机制,公开市场操作品种更加多样化，正式将差别准备金动态调整机制升级为宏观审慎评估体系（MPA），发挥"宏观审慎管理+广义货币政策"的全面金融监管职能，有效防范日益复杂的系统性金融风险，提升中国人民银行货币政策实施和传导的精准度和有效性。

二、票据市场运行主要特点

（一）票据承兑规模首次回落

2016年，受经济探底、企业信用风险上升、监管趋严等因素的影响，票据承兑规模终结了此前多年的增长态势，票据承兑量和承兑余额均出现小幅下降，为进入新世纪以来首次出现双降。企业累计签发商业汇票18.1万亿元，同比下降19.3%；承兑余额除第一季度小幅上升外，第二、第三、第四季度均为下降态势，年末承兑余额为9.0万亿元，比年初下降1.4万亿元或13.3%。其中，由中小企业签发的银行承兑汇票余额约占2/3，票据承兑业务对支持实体经济、促进中小企业发展提供了有力的金融支持。

（二）贴现余额创出新高

2016年，受企业融资需求变化、银行配置票据资产意愿提升等因素的影响，票据市场贴现规模延续了2015年的增长势头，但增速冲高回落。年末贴现余额5.5万亿元，创下年度历史新高，同比增长19.6%，增速回落37.4个百分点；年末贴现余额比年初增加0.89万亿元，同比少增0.77万亿元；年末票据融资余额占各项贷款的比重为5.1%，同比上升0.2个百分点。

同时，受监管加强和行业自律的影响，票据市场活跃度下降。票据市场交易量在2015年冲高百亿元之后于2016年有所回落，全年交易量为84.5万亿元，同比下降17.2%，为近五年来首度下降。从票据的季度周转次数看，2016年整体呈逐季下滑态势，且下滑速度较快，全年平均季度周转次数少于2015年。

（三）票据市场利率同比下降

2016年票据市场利率水平整体低于2015年，呈现年初多次冲高、年中一路下行、年底强势反弹的走势。全年票据转贴现利率①平均值为3.10%，比2015年下降93BP，

---

① 本章中转贴现利率是指中国票据网转贴现报价利率。

且年中一度创下7年以来最低水平；年末报收于4.66%，比2015年末上升150BP。具体看，大致表现为第一季度冲高回落；第二季度波动下行；第三季度低位徘徊；第四季度快速回升。影响各季度走势的主导因素有所不同。第一季度主要是监管、风险和资金因素推升；第二季度主要是资金宽松和票源供不应求所致；第三季度主要是供求关系和其他因素平衡交织；第四季度则是货币信贷政策转向和资金面趋紧推升。

总体来看，2016年，票据市场处于风险出清期、业务整顿期、市场转换期三期叠加的过渡期，风险案件、资金趋紧、窗口指导、供求关系变化等因素影响着票据利率走势，特别是年初、年末影响因素众多，导致票据利率出现一波三折之势，纸票利率长期低于电票的现象开始扭转，风险溢价和规模溢价在部分时段表现较为突出。同时，2016年的票据利率处于近六年的最低水平，这是由经济增长趋势、通货膨胀状况以及货币政策周期所决定的。

（四）电票业务维持高速增长

2016年以来，纸票风险案件频频发生，在此背景下中国人民银行下发了《关于规范和促进电子商业汇票业务发展的通知》（银发〔2016〕224号），对电票业务的加速发展起到了显著的推动作用，电票的市场份额也进一步显著提升。2016年，电子商业汇票系统参与者共计426家，较2015年底增加30家。全年电子商业汇票累计承兑金额为8.6万亿元，同比增长48.3%；累计贴现金额为5.8万亿元，同比增长54.5%；累计转贴现金额为49.2万亿元，同比增长122.3%。电子商业汇票承兑和交易均呈现快速增长，表明电子商业汇票无论是在企业层面的普及性，还是在商业银行之间的流通性均得到显著增强。

（五）区域票据业务发展有所差异

2016年，各地区金融机构在服务实体经济发展的过程中，充分重视票据业务的发展，较好地满足了实体经济，尤其是中小企业的票据融资需求。因经济发展水平和区域票据资源禀赋不同，不同地区票据承兑和贴现业务的发展速度有所差异。从整体上看，东部地区经济发达，金融机构集聚，特别是随着上海票据交易所（以下简称"票交所"）的成立，其对全国票据市场的引领和带动作用进一步增强；中部位居经济发展中上游的地区票据市场相对活跃，市场成长性较好；西部欠发达地区和东北地区的票据市场发展相对落后。

2016年，在承兑业务方面，东部地区银行承兑汇票发生额和余额在全国的占比均超过六成，且占比较2015年均有所提升；中部、西部银行承兑汇票发生额和余额的占比均在15%左右，其中西部地区占比较2015年均有明显下降；东北地区银行承兑汇票发生额和余额的占比均接近8%，较2015年小幅提升。在贴现业务方面，东部地区依然保持绝对优势，贴现量和贴现余额的市场占比分别达到65.7%和54.9%；其次是西部地区，市场活跃度有所提升，贴现量和贴现余额的占比分别为16.3%和19.6%；中部地区两项占比分别为10.9%和18.1%，其中贴现余额占比较2015年有明显提高；东北地区两项占比分别为7.1%和7.4%，较2015年小幅下降。

三、票据市场与其他金融市场的联动发展

2016年，在银行体系流动性相对充裕、货币信贷和社会融资规模平稳较快增长的背景下，资金利率水平保持低位运行，银行间市场同业机构加大短期资金融通和跨市场资金交易获利，票据市场与货币市场、同业存单市场、银行间债券市场保持了较强的联动效应。

（一）票据市场与货币市场的联动发展

2016年，货币市场交易活跃，成交量同比大幅增加。全年银行间债券回购、同业拆借、现券交易总额为824亿元，同比增长35%，保持了规模化增长趋势。通过对票据市场利率与货币市场利率进行走势比较，可以看出：一是票据市场利率与货币市场利率的联动性较强，相关程度较高，其原因是两个市场均为市场化程度较高的市场，因此货币市场利率的变化会及时传导至票据市场。二是票据兼具资金业务和信贷业务属性，资金业务属性是票据市场和货币市场的共性特征，而信贷业务则属于票据转贴现的个性特征。因此，票据转贴现利率、回购利率与货币市场的关联度并不完全一致。三是票据利率与债券质押式回购利率的相关性高于Shibor、同业拆借这两种货币市场利率，主要是因为票据市场和债券回购市场均属于实物市场，而Shibor和同业拆借属于信用市场。

（二）票据市场与同业存单市场的联动发展

2016年，同业存单市场出现井喷式增长。全年银行间市场发行同业存单金额共计13.04万亿元，同比增长146%；二级市场交易总量为70.12万亿元，同比增长281%。票据转贴现与同业存单由于相同的资金属性，两者的利率走势关联性较强，而票据的信贷属性会使得部分时点两者利率的关联性减弱，具体表现为上半年票据转贴现利率一直高于同期限同业存单的到期收益率，下半年二者的走势更为贴近。

（三）票据市场与银行间债券市场的联动发展

2016年，银行间债券市场发行债券32万亿元，同比增长54%，累计成交127万亿元，同比增长44%。全年债券市场与票据市场的利率走势基本一致，但个别时点出现背离，债券市场的整体利率水平低于票据利率。

四、不同金融机构票据业务开展情况

2016年，各类金融机构的票据业务扎实稳健开展，多数类型金融机构的票据承兑业务均有所下降，票据贴现业务也略有下滑，票据买入返售业务显著收缩，卖出回购业务呈增长态势。与此同时，票据市场参与主体有所扩充，业务模式和业务品种更趋多元化，总体上呈现出市场分工更加精细化、专业化的发展态势。

2016年，大型国有银行主动调整业务经营策略，从控制风险角度调整承兑业务发展速度，年末承兑余额为1.44万亿元，同比下降16.5%，在全国承兑余额占比为16%。大型国有银行重点经营票据贴现业务，年末票据融资余额增至2.20万亿元，同比增加5 153亿元或30.6%，占全国票据贴现余额的40%。大型国有银行票据买入返售余额为2 697亿元，同比大幅下降66%；卖出回购业务相对开展较少。

2016年，股份制银行承兑业务发展有所放缓，但在整个市场中仍相对领先，同样注重贴现业务。12家上市股份制银行年末票据承兑余额为4.10万亿元，同比下降13.6%，在全国承兑余额中的比重为46%；票据贴现余额为7 634亿元，比2015年末增加1 493亿元或24.3%。股份制银行年末票据买入返售余额大幅下滑88.3%，卖出回购业务平稳运行。

2016年，城商行（含城市信用社）和农村金融机构票据业务呈现良好发展态势。票据承兑业务小幅下降，贴现业务相对平稳，票据买入返售业务大幅下滑，卖出回购业务则快速攀升。年末票据融资规模分别达到8 756亿元和11 161亿元，同比分别增加370亿元和1 912亿元。

同时，政策性银行、中国邮政储蓄银行、财务公司、外资银行等金融机构在票据市场上发挥着越来越重要的作用，其业务定位和在市场上扮演的角色也各不相同。2016年末，3家政策性银行票据融资规模合计为413亿元，同比增加13亿元；财务公司票据贴现余额合计为1 091亿元，同比减少64亿元；在华外资银行票据贴现余额合计为744亿元，同比减少331亿元。

第二节 票据市场风险监管与业务创新

一、票据业务风险防控与外部监管

（一）商业银行票据业务风险管理压力明显加大

2016年，票据市场面临的风险形势严峻，票据风险事件频繁出现，包括企业违约向银行传导，票据中介挪用资金风险向银行转嫁，票据从业人员投资失败诱发道德风险，票据经营机构迫于利润压力不审慎经营等，给商业银行风险管理带来新的挑战。

首先，信用风险防控形势日趋严峻。随着国内经济增长放缓、产业结构调整力度加大，部分行业和地区潜在的信用风险事件增多，导致票据逾期、承兑垫款、机构违约时有发生，票据业务信用风险有所凸显。

其次，操作风险、道德风险突出。票据业务由于流程长、环节多、专业性强，操作风险点数量多、分布广，加之部分金融机构为追求盈利，放松对部分业务环节的审核和监督，导致假票、假章、一票多卖、清单交易等风险事件时有发生。此外，票据掮客与银行业务人员内外勾结，套取银行资金。

最后，市场风险逐渐增大。票据业务资金化趋势日渐显著，部分机构通过期限错配、周转交易、滚动操作来增加票据收益，加大了票据市场利率波动，从而增加了市场风险管理的难度。

（二）监管部门严格票据业务监管，商业银行强化合规自律

自2016年初风险事件陆续出现以来，监管政策密集出台，监管尺度日趋严厉，与此同时，商业银行风险合规意识也在不断增强。

2016年初，中国银监会办公厅发布了《关于票据业务风险提示监管的通知》（银监办发〔2015〕203号），对七种典型的票据业务违规问题进行了提示，并要求金融机构全面加强票据业务风险管理。2016年4月，中国人民银行和中国银监会联合发布了《关于加强票据业务监管 促进票据市场健康发展的通知》（银发〔2016〕126号），要求严格贸易背景真实性审查，加强实物票据管理，严格规范同业账户管理和票据交易行为。2016年9月，中国人民银行发布《关于规范和促进电子商业汇票业务发展的通

知》(银发[2016]224号),弱化了电票贴现的贸易背景审查要求,简化了电票贴现的手续流程。这些监管文件连同年内筹建并上线的上海票交所一道,成为规范票据市场发展和促使业务模式转型的重要基础。

监管政策陆续出台,充分表明监管部门从严整顿票据市场的态度和决心。商业银行一方面配合监管部门密集开展票据业务自查,查找风险隐患,整改存在问题;另一方面根据市场发展趋势及自身风险防范需要,调整经营管理架构,优化完善业务流程。

二、票据市场的创新进展

2016年,面对传统票据业务模式经营利差不断收窄、风险事件频发以及监管显著趋严的现实,票据市场各类经营机构积极探索票据业务创新并取得了阶段性成果。

在备案制、注册制、试点规模扩容等政策利好和市场需求的刺激下,资产证券化在2016年迎来了长足发展,票据资产证券化也成为银行开展票据业务创新的着力点。票据资产证券化是指针对某项能够在未来产生可预期的现金流的资产,构建针对该项资产或该类资产组合的收益的权利凭证,并且使得这些凭证可以被众多投资者购买并在投资者之间转让的过程。票据资产进行资产证券化有其独特优势:一是票据资产未来的现金流可以准确预测,因此票据资产可以成为信用较高的基础资产;二是票据资产具有独立性,可以明确与其他资产隔离开来进行单独转让。2016年3月,由江苏银行及华泰证券共同推出的全国首单票据收益权资产证券化项目——"华泰资管—江苏银行融元1号资产支持专项计划"正式落地,金额为23.33亿元,标志着我国票据资产证券化正式进入实际操作阶段。随后,多家银行相继发行票据资产证券化产品,2016年累计发行近百亿元[①],成为2016年票据市场创新的一大亮点。

与此同时,票据同业投资业务方兴未艾,成为多家银行票据业务获利的支撑点。票据同业投资业务是指商业银行委托券商资管成立资管计划,受让票据资产的收益权,商业银行用自有资金对接该资管计划。2016年,票据同业投资业务模式更趋灵活,成为替代票据回购业务的主流产品。同时,随着电子商业汇票突飞猛进的发展,票据同业投资的基础资产多为电子商业汇票的收益权。此外,上海票交所明确规划推出票交所买断式回购业务,与传统的质押式回购以及双买业务有所区别;电商供应链票据打包融资初步试水,成为"互联网+票据"业务创新的又一品种。

总体来看,上述票据创新产品能够拓宽企业的融资渠道,降低企业的融资成本,对促进金融脱虚入实、服务实体经济和支持中小微企业发展起到积极作用。同时,对

---

① 数据来源于 Wind 资讯。

于商业银行来说，面对监管趋严和票交所建设，也开辟了新的蓝海空间，为业务转型和多元化盈利打下了基础。

第三节 票据市场建设与票据业务经营

一、票交所的建设情况与运行模式

2016年，针对近年来纸质票据风险事件频繁发生的现状，中国人民银行加快了电子票据的推广应用和全国统一票据市场（票交所）建设。2016年12月8日，筹备逾半年的上海票交所股份有限公司正式开业，标志着我国票据市场迈入了电子化、集中化的交易所时代，开辟了票据市场全新的发展阶段。

票交所是依托中国票据交易系统（以下简称"票交所系统"），为票据市场参与者提供登记托管、票据交易、清算结算、信息数据等全方位服务，同时为中央银行货币政策提供再贴现操作的全国统一票据电子化交易平台。票交所在构建过程中，系统功能不断优化完善，制度和业务规范逐步清晰，初步形成了交易所主体会员制组织、票据电子化交易和票交所系统前、中、后台一体化运作的运行模式。总体来看，上海票交所在以下六个方面取得了突破性的创新。

一是坚持前台、中台、后台的一体化。为票据市场提供统一的交易前台和登记托管结算中后台，尽可能消除市场割裂所带来的摩擦和协调成本，提高市场运行效率。

二是实现票据交易主体的多元化。除了银行业金融机构、非银金融机构和非法人产品等均可参与票据交易。上海票交所针对不同类型金融机构制定了准入标准和资格审查，有序扩展票据市场广度。

三是提供丰富的交易模式。设立意向询价、对话报价、点击成交、请求报价等多样化的交易方式，促进票据市场的对手方发现和价格发现，显著提升票据交易效率和市场透明度。

四是建立更为合理的票据交易、授信和定价机制。引入"票据信用主体"的概念，通过信用主体的唯一性促进交易员的交易判断和决策，便利票据定价。

五是实现交易清算机制创新。实行直通式处理（STP）和票款对付（DVP）结算机制，防范结算风险，提高结算效率。

六是提供更加高效的货币政策操作平台。中国人民银行通过上海票交所受理金融机构再贴现业务或开展公开市场操作，可以更加安全、高效地实现货币政策操作目标。

二、票交所建设的作用与意义

在经济金融深化改革、促进实体经济发展、防范系统性金融风险的背景下，上海票交所的建立和发展可以说是我国票据市场基础设施建设取得重大突破的标志性成果，为今后我国票据市场深化发展、服务实体经济、传导货币政策等方面均提供了强有力的推动。

一是推动票据市场深化发展。票交所的建立，弥补了我国票据市场基础设施的不足，在市场制度和业务规则上有诸多创新之处。未来，随着票交所运行成熟，票据市场将形成全国范围内高度集中化和统一化的新格局，参与主体多元、市场活跃有序、交易高效规范、创新更具活力、监管更为有效。

二是增强服务实体经济能力。票交所能够使票据二级市场交易更加便捷高效，进而促进票据一级市场稳步扩容。同时，全国统一的票据交易平台可以有效减少交易中间环节，缩短融资链条，有利于企业选择更加有利的票据融资条件，降低企业在票据签发、贴现时的成本和难度。

三是扩大票据业务创新空间。票交所时代交易方式和交易规则的变化，以及市场参与者的扩充，为票据业务多元化和综合化的创新发展提供了合作平台和市场空间。同时，市场价格信息更加公开透明，便于形成收益率曲线，为票据信用评级业务和投资咨询业务提供生存土壤。

四是提升货币政策传导效应。中国人民银行在票交所系统中开展再贴现或公开市场操作时，将有更多的票据品种和交易主体可供选择，并且透明化的操作方式将有效引导社会资金流向，优化资源配置。

五是切实防范业务风险。票交所通过制度统一、规则统一、标准统一和平台统一，有效规范市场经营行为，提升市场信息和业务运作的透明度。同时，借助大数据科技，评估分析、监测预警各类潜在风险隐患，提升整个票据市场的风险管理水平。

三、票交所时代的票据市场展望

票交所的建设将开创全国统一票据市场发展的新局面，未来票据市场发展前景在以下五个方面值得重点关注。

一是票据将进一步提高对实体经济的支持力度。票据以其在付款保障和流通转让方面的独特优势，成为对接实体经济和金融市场的重要支付结算和融资工具。票交所的建设，在极大促进票据市场自身发展的同时，进一步提高了票据对实体经济的服务和支持力度。

二是票交所将构建全社会票据信用生态环境。票交所归集了票据债务人、被追索人的信用记录，可以充分利用票据信用大数据，引入专业评级机构，逐步构建全社会票据信用生态环境。

三是票交所将促进票据产业链的发展模式逐步形成。随着票交所的加快建设，票据在上下游关联企业、特定行业、重大工程项目中的作用会被进一步激发，未来票据业务的发展将更多地从全生命周期产业链出发，形成立体的解决方案。

四是票据市场创新步入规范化发展进程。票据市场的创新更加透明化、公开化，票据将趋近于债券等标准化产品，其信用属性和投融资属性将进一步扩展，同时跨业、跨界创新力度也有望加大。

五是票据市场有望创建中央对手方清算机制。鉴于票交所具有票据信用大数据和统一清算功能，在此基础上可以创设具有独立法人、自担风险的中央对手方清算机构，提高清算效率，降低资金成本，提升票据流动性。

四、票交所时代商业银行票据业务转型展望

票交所成立后，交易方式、参与主体、产品种类、风险状况等均将发生重大变化，一二级市场分工更加明确，联动更加流畅，经营管理更加精细化，推动商业银行加快票据业务转型发展。

一是商业银行加快票据业务集约化经营。票据流转电子化使得票据交易呈现出更强的金融市场业务特性，促使更多的机构推行专营、集中的票据业务体系，以充分发挥集约化经营的成本优势以及总部机构的决策和规模优势。

二是商业银行更加注重票据业务一体化经营。票交所背景下，票据业务各个环节将衔接成为统一有机的整体。直贴业务为转贴现业务提供存量资产基础，增加其规模化运作、多元化盈利的空间，转贴现业务又为直贴业务提供持续的规模资源。通过直贴转贴一体化经营和产业链联动发展，可以有效提高票据业务在商业银行经营中的综合贡献度。

三是商业银行主动加快票据业务盈利模式转型。票据业务传统的盈利模式在很大程度上凭借规模资金体量以及区域、信息、信用不对称，而票交所时代则更加依赖交易、投资和主动经营风险的获利以及贴现保证、咨询顾问等增值服务业务收入，对经营机构的投研能力和风控水平也提出了更高的要求。

四是票据风险管控模式面临变革。面对票据业务风险点的迁移，商业银行势必引

入先进的风险管理工具，建立定性和定量相结合的风险管理体系，对新业态下的风险进行有效识别、科学计量、实时监测，并建立风险缓释机制。

五是票据业务创新模式有所转变。票交所成立后，交易方式和规则的根本性变革、一二级市场一体化平台运作、信息数据的集成、多元化的市场成员构成、规范标准化的产品创设，为票据市场创新带来了更多的空间和可能。

第四节　2017年票据市场发展前瞻

一、票据承兑业务将有所回落

从2016年中央经济工作会议中关于"稳增长"的表述可以看出，2017年政府对于经济增速放缓的容忍度有所提高，进行政策托底的可能性相应下降，缺乏经济基本面持续复苏的支撑将使得2017年的票据承兑规模和承兑量继续双双下降。另外，预计2017年监管部门仍将继续对整个票据业务链保持较高的监管检查力度和频率，对于票据承兑贸易背景真实性的审查和对违规行为的处罚也将继续加强，这将继续抑制部分银行和企业（中介）办理无真实贸易背景的票据承兑业务的行为，从而挤出部分票据的签发和承兑。

二、票据贴现余额增速放缓

在2017年以"促改革""防风险"为主的基调下，预计信贷政策将有所收紧，信贷投放增速可能明显放缓。在票源缓慢减少、信贷增速放缓的环境下，预计2017年的票据贴现余额或将较2016年增速放缓。从短期看，2017年初以来企业中长期贷款有所回暖，但从中长期看，在个人中长期贷款增长受到房地产调控政策压制且经济增速大概率呈"前高后低"走势的情况下，票据融资的增速或将呈"前低后高"的走势。

三、市场利率水平同比上行

根据经济基本面状况和中央经济工作会议奠定的政策基调，预计2017年的市场利率水平将整体高于2016年，但上行空间不会太大，同时脉冲式的剧烈波动出现的概率下降。

首先，预计 2017 年票据市场利率存在一定的上行空间，利率水平大概率将高于 2016 年。宏观经济方面，各项经济数据传递出经济中短期企稳的信号。政策导向方面，中国人民银行加强了流动性投放的"锁短放长"，意在降低金融市场的杠杆率水平，同时随着美联储加息预期的强化，使得货币政策呈现出中性偏紧的特点。同时，中央提出要把防控金融风险放到更加重要的位置，着力防控资产泡沫，因此预计 2017 年的货币政策将难有大水漫灌式的降息降准政策出台，取而代之的很可能是 MLF 等定向且成本更高的资金投放。尽管票据市场利率仍将处于上升通道，但是鉴于 2016 年 11 月以来受流动性趋紧的影响，票据市场利率迅速上行，预计继续上行的空间将不会太大。

其次，脉冲式的剧烈波动出现的概率有所下降，但波动可能会更加频繁。2016 年由于票据风险案件集中爆发，导致年初市场利率出现过几次脉冲式上扬，而随着外部监管、内部自查的趋严，加之票交所成立后场内交易的规范程度大大提高，由此预计 2017 年市场出现脉冲式剧烈波动的概率有所降低。与此同时，随着场内交易逐渐扩容，未来的交易效率和交易频率均将有所提高，因此市场价格的波动或将更加频繁。

第二章

2016年中国票据市场发展的宏观环境

第一节 宏观经济环境

2016年全球经济增速在3.1%左右，发达国家明显减速，从2.1%降至1.6%，发展中国家增速则有所回升。美元经济缓慢复苏；欧洲经济复苏略有改善；日本经济保持低迷，宽松空间受限；主要新兴市场国家经济整体情况持续改善，但速度有所放缓。我国宏观经济运行总体平稳，基本实现年初设定的政策目标。

一、国际宏观经济环境

2016年美国经济呈恢复增长态势。全年GDP增速为1.6%，消费支出稳步提高。通货膨胀水平有所上行，2016年9月以来CPI保持在1.5%以上且持续走高。劳动力市场状况继续改善，2016年11月失业率降至4.6%，为2007年8月以来最低，但12月略回升至4.7%。

2016年欧元区受内需和出口回升拉动，经济复苏略有改善，通货紧缩压力持续缓解。2016年12月综合消费者物价指数（HICP）同比增长1.1%，创2013年9月以来新高。劳动力市场缓慢改善，2016年12月失业率降至9.6%，为2009年5月以来最低。

日本在2016年推出了一系列宽松刺激措施，但经济增长仍较缓慢，第四季度GDP年化环比增速为1.0%，CPI在连续6个月处于负区间后略有回升。尽管日本劳动力市场相对稳定，但家庭消费持续负增长，出口与投资仍较低迷。

英国自2016年6月23日公投脱欧后，经济增长、物价与失业等数据均较为稳定，但英国脱欧安排的后续影响尚待进一步观察。

2016年部分发达经济体宏观经济金融指标见表2-1。

表2-1　　　　　　　　2016年部分发达经济体宏观经济金融指标

国别	指标	1月	2月	3月	4月	5月	6月	7月	8月	9月	10月	11月	12月
美国	实际GDP增速（环比折年率,%）	0.80			1.40			3.50			1.90		
	失业率（%）	4.90	4.90	5.00	5.00	4.70	4.90	4.90	4.90	4.90	4.80	4.60	4.70
	CPI（同比,%）	1.40	1.00	0.90	1.10	1.00	1.00	0.90	1.10	1.50	1.60	1.70	2.10
	DJ工业平均指数（期末）	16 466	16 516	17 685	17 774	17 787	17 930	18 432	18 401	18 308	18 142	19 124	19 463
欧元区	实际GDP增速（环比折年率,%）	1.70			1.60			1.80			1.70		
	失业率（%）	10.4	10.3	10.2	10.2	10.1	10.1	10	10	9.8	9.7	9.7	9.6
	HICP（同比,%）	0.3	-0.2	0	-0.2	-0.1	0.1	0.2	0.2	0.4	0.5	0.6	1.1
	EURO STOXX 50（期末）	3 045	2 946	3 005	3 028	3 063	2 865	2 990	3 023	3 002	3 055	3 052	3 291
日本	实际GDP增速（环比折年率,%）	2.30			1.80			1.40			1.00		
	失业率（%）	3.2	3.3	3.2	3.2	3.2	3.1	3	3.1	3	3	3.1	3.1
	CPI（同比,%）	-0.1	0.2	0	-0.3	-0.5	-0.4	-0.4	-0.5	-0.5	0.1	0.5	0.3
	日经225指数（期末）	17 518	16 086	16 759	16 666	17 235	15 576	16 569	16 887	16 450	17 425	18 308	19 114

数据来源：各经济体相关统计部门及中央银行。

部分新兴市场经济体经济有所企稳，结构调整与转型压力依然存在。印度经济保持较快增长，2016年前三季度GDP同比增长均保持在7%以上，但面临银行坏账率较高、私人投资疲软、产能利用率低等挑战。由于石油等大宗商品价格回升，俄罗斯和巴西经济逐步企稳，通货膨胀也得到一定控制。在全球总需求增长缓慢和美元走强的背景下，不少新兴市场经济体仍面临外需疲弱与跨境资本流动等潜在风险，自身也存在经济调整与转型压力。

二、国内宏观经济环境

（一）我国经济运行概况

2016年我国经济社会保持平稳健康发展，经济增长质量提高，就业稳定增加，居民消费价格温和上涨。全年国内生产总值为 74.41 万亿元，比 2015 年增长 6.7%（见图 2-1）。其中，第一产业增加值为 6.36 万亿元，增长 3.3%；第二产业增加值为 29.62 万亿元，增长 6.1%；第三产业增加值为 38.42 万亿元，增长 7.8%。第一产业增加值占国内生产总值的比重为 8.6%，第二产业增加值占国内生产总值的比重为 39.8%，第三产业增加值占国内生产总值的比重为 51.6%，比 2015 年提高 1.4 个百分点。全年人均国内生产总值为 53 980 元，比 2015 年增长 6.1%。全年国民总收入为 74.23 万亿元，比 2015 年增长 6.9%（见图 2-2）。

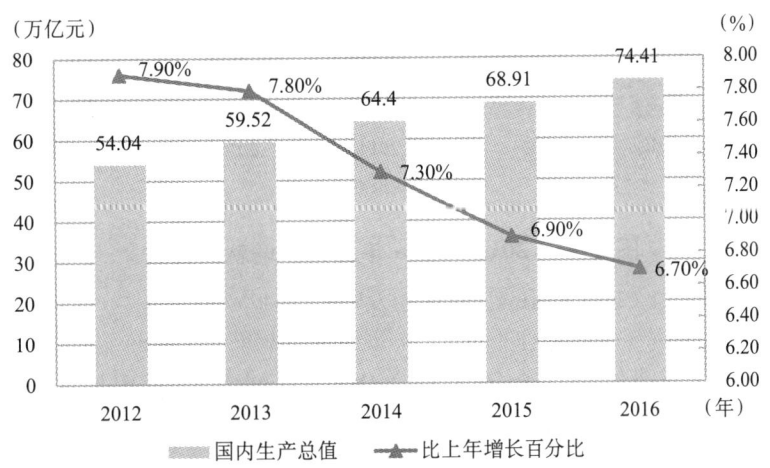

图 2-1 2012~2016 年国内生产总值及其增长速度

数据来源：中华人民共和国《2016 年国民经济和社会发展统计公报》。

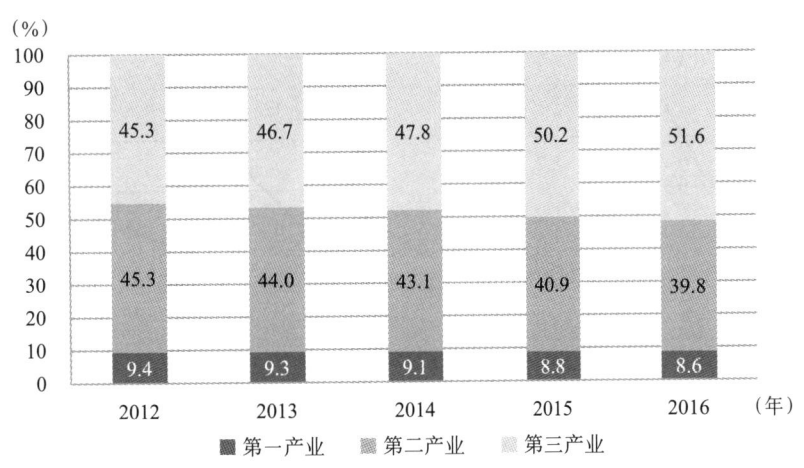

图 2-2 2012~2016 年第一、第二、第三产业增加值占国内生产总值比重

数据来源：中华人民共和国《2016 年国民经济和社会发展统计公报》。

2016 年末全国就业人员为 77 603 万人，其中城镇就业人员为 41 428 万人。全年城镇新增就业 1 314 万人。2016 年末城镇登记失业率为 4.02%。全国农民工总量为

28 171万人，比2015年增长1.5%。其中，外出农民工16 934万人，增长0.3%；本地农民工11 237万人，增长3.4%（见图2-3）。

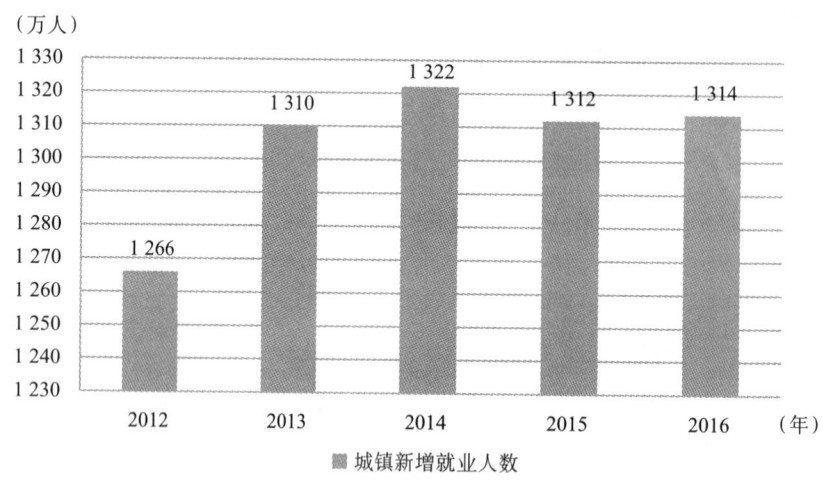

图2-3 2012~2016年城镇新增就业人数

数据来源：中华人民共和国《2016年国民经济和社会发展统计公报》。

2016年全年居民消费价格比上年上涨2.0%。工业生产者出厂价格下降1.4%；工业生产者购进价格下降2.0%；固定资产投资价格下降0.6%；农产品生产者价格上涨3.4%（见图2-4）。

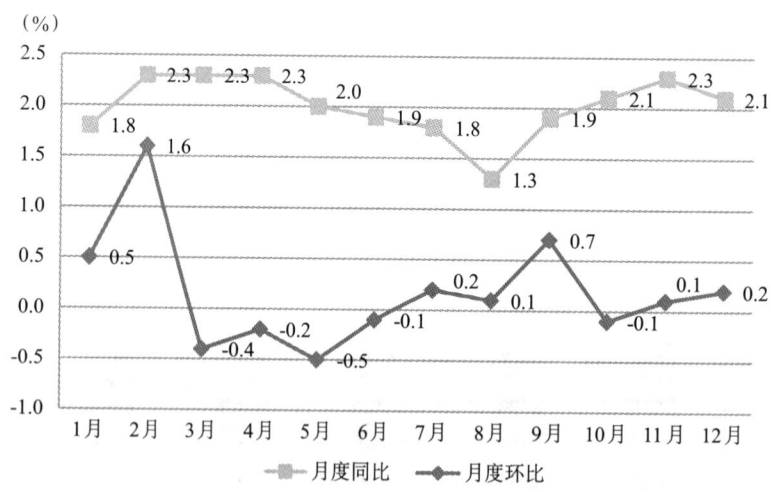

图2-4 2016年居民消费价格月度涨跌幅度

数据来源：中华人民共和国《2016年国民经济和社会发展统计公报》。

（二）我国经济变化及政策导向

2016年我国面临国内外诸多矛盾叠加、风险隐患交汇的严峻挑战，须继续加强宏观调控和创新，将经济运行保持在合理区间，体现缓中趋稳、稳中向好的特点。

1. 2016 年依靠改革创新稳增长、调结构、防风险，在区间调控的基础上，加强定向调控、相机调控，加大积极的财政政策力度，增加的财政赤字主要用于减税降费；财税金融改革有序推进，《国务院关于推进中央与地方财政事权和支出责任划分改革的指导意见》（国发〔2016〕49号）出台实施；全面推开营改增试点，将建筑业、房地产业、金融业、生活服务业纳入营改增范围，并将所有企业新增不动产所含增值税纳入抵扣范围；全面实施资源税从价计征改革，开展水资源税改革试点；深化国有商业银行和开发性、政策性金融机构改革，存款保险制度平稳运行。

2. 稳健的货币政策灵活适度，广义货币 M2 增长 11.3%，低于 13% 左右的预期目标。综合运用多种货币政策工具，支持实体经济发展。

3. 加强金融风险防控，人民币汇率形成机制进一步完善，保持了在合理均衡水平上的基本稳定，维护了国家经济金融安全。

4. 推动国有企业调整重组和混合所有制改革。国企改革"1+N"文件体系基本形成，加快剥离办社会职能和解决历史遗留问题工作方案等配套文件出台，深化国企改革九项重点任务、十项改革试点扎实推进。第一批混合所有制改革试点进入实施阶段。

5. 积极扩大对外开放。推进"一带一路"建设，与沿线国家加强战略对接、务实合作。以"一带一路"建设为统领，推动开放型经济水平不断提升。"六廊六路多国多港"主骨架建设稳步推进，战略对接、规划对接成效显著。

6. 外商投资便利化程度进一步提高，非金融类实际使用外资保持稳定。对外投资管理体制机制更加完善，非金融类对外投资继续增长。国际贸易"单一窗口"在沿海口岸全部启用，通关一体化、检验检疫一体化管理覆盖全国。

7. 人民币正式纳入国际货币基金组织特别提款权（SDR）货币篮子。

第二节 金融市场环境

一、国际金融市场环境

（一）主要经济体货币政策

由于经济复苏情况不一，主要发达经济体货币政策进一步分化。

2016年12月，美联储宣布将联邦基金利率目标区间上调25个基点至0.5%~0.75%，同时预计宏观经济复苏状态将使加息以渐进方式进行。

为刺激经济和提振通货膨胀，欧洲中央银行于2016年3月加大量化宽松货币政策力度，将主要再融资操作利率、边际贷款便利利率和存款便利利率分别下调5个、5个和10个基点至0%、0.25%和-0.40%。

日本货币政策进一步宽松。日本中央银行于2016年1月超预期实施负利率政策，引入三级利率体系，将金融机构存放在日本中央银行的部分超额准备金利率从之前的0.1%降至-0.1%，以鼓励金融机构借出更多资金。

英格兰银行在2016年上半年例会上均决定维持0.5%的基准利率和3 750亿英镑的资产购买规模不变。英国公投脱欧造成英镑贬值和经济前景趋弱。

新兴经济体货币政策持续分化，国际经济环境复杂性增加导致政策制定难度进一步加大。多个经济体为提振经济、缓解外部冲击继续放宽货币政策。俄罗斯、印度、巴西、乌克兰、土耳其、匈牙利和印度尼西亚中央银行均连续多次调低指标利率；韩国中央银行于2016年6月将基准利率下调25个基点至1.25%，创历史新低。另外，部分经济体收紧货币政策以应对国内通货膨胀压力，减少美联储加息带来的冲击，减轻本币贬值和资本外流压力。哥伦比亚中央银行连续上调指标利率共200个基点至7.75%；南非储备银行2次上调政策利率共75个基点至7%，埃及中央银行3次上调550个基点至14.75%；墨西哥中央银行5次上调基准利率共250个基点至5.75%。

（二）国际金融市场概况

2016年国际金融市场主要发展态势表现参差不齐。

1. 外汇市场方面，美元指数上升，日元对美元升值，欧元和英镑对美元贬值，新兴市场经济体货币汇率升贬不一。截至2016年末，美元指数为102.38，较2015年末上涨3.74%；受基本面、避险及套利因素的影响，日元对美元汇率为116.87日元/美元，较2015年末升值2.93%；欧元对美元汇率为1.0513美元/欧元，较2015年末贬值3.2%；受英国公投脱欧冲击，英镑对美元汇率为1.2336美元/英镑，较2015年末贬值16.30%。同期，少数新兴市场货币对美元升值，其中巴西里亚尔、俄罗斯卢布、南非兰特对美元汇率升幅较大，分别为21.7%、19.08%和12.60%。大部分新兴市场货币对美元贬值。其中，印度卢比对美元贬值2.57%；由于国内局势动荡，土耳其里拉对美元贬值17.30%。

2. 股票市场方面，主要经济体股市普遍回升。其中，美国三大股指领涨局面醒目，美国股市伴随美国经济高涨局面并行。欧洲各国股市表现存有差异。亚洲主要股市受益于经济稳定因素，股市表现小幅度攀升。截至2016年末，美国道琼斯工业平均指数、日本日经225指数、欧元区STOXX50指数、德国法兰克福DAX指数、英国富时100指数较2015年末分别上涨了13.42%、0.42%、0.70%、6.87%和14.43%。新兴市场经济体中,印度、印度尼西亚、巴西和俄罗斯股市分别较2015年末上涨1.95%、15.32%、38.93%和52.22%。

3. 货币市场方面,受美国经济数据向好、美联储加息等因素的影响,伦敦同业拆借市场美元Libor小幅上升,欧元区同业拆借利率Euribor继续走低。截至2016年12月30日,1年期Libor为1.6857%,较2015年末上升51个基点;1年期Euribor为-0.082%,较2015年末下降14个基点。

4. 国债市场方面,主要经济体国债收益率继续分化。2016年末,美国10年期国债收益率收于2.432%,较2015年末上涨16个基点。日、德、法、英10年期国债收益率分别收于0.049%、0.207%、0.682%和1.24%,较2015年末分别下跌22个、43个、31个和72个基点。新兴市场经济体方面,2016年末,印度、俄罗斯和巴西10年期国债收益率较2015年末分别下降124个、136个和503个基点;墨西哥、土耳其10年期国债收益率较2015年末分别上升118个和62个基点。

5. 黄金市场方面,涨幅趋势没有改变,下跌压力阻力较大。2016年,黄金期货价格从1 078.40美元/盎司到1 152美元/盎司,上涨9%,黄金市场走势与美元指数走势紧密关联,反向运行突出。

6. 石油市场方面,跌幅抑制性明显,上涨趋势助力较大。受石油输出国组织(OPEC)2016年11月达成限产协议影响,原油价格涨幅较大。截至2016年末,伦敦布伦特原油期货和纽约轻质原油期货价格分别为56.82美元/桶和53.72美元/桶,较2015年末分别上涨52.41%与45.03%。考虑到石油与其他资源商品完全不同,战略意义的作用与功能是关键之点,故地缘关系、新能源创新技术、战略储备等要素则是石油价格走向的重要风向标。

二、国内金融市场环境

2016年,在全球经济复苏势头趋缓、国内经济发展面临改革艰巨任务的内外环境下,我国国民经济在稳定运行的基础上呈现出积极向好的势头。国内金融市场加快完善制度建设、拓展市场深度和广度、加强风险防控管理、推动市场开放创新,在推进供给侧结构性改革、优化资源配置、提升经济发展实效等方面发挥了积极作用。

(一)货币运行合理适度

1. 降准降息节奏暂缓,加大借贷便利操作开展力度。2016年末,年末广义货币供应量（M2）余额为155.0万亿元，比2015年末增长11.3%；狭义货币供应量（M1）余额为48.7万亿元，比2015年末增长21.4%；流通中货币（M0）余额为6.8万亿元，比2015年末增长8.1%。全年现金净投放5 087亿元，同比多投放2 130亿元。2016年末M2增速仍明显高于名义GDP增速，相对于经济增长的实际需要，货币增长仍处于较高水平。从供应渠道看，除人民币贷款投放较多外，通过债券投资、股权及其他投资派生的货币也较多，分别比2016年初增加5.67万亿元和7.15万亿元，同比分别多增3 580亿元和5 837亿元。截至2016年末，M1增速自高位连续5个月有所回落，较7月末的年内高点低4.0个百分点，M1－M2剪刀差进一步缩窄至10.1%。

2016年末，基础货币余额为30.9万亿元，同比增长10.2%，增速比2015年末高16.2个百分点，比2016年初增加2.9万亿元，同比多增4.8万亿元。2016年基础货币增长加快，主要是与中国人民银行供给流动性方式变化有关。2015年主要通过降低法定准备金率来供给流动性，降准后法定准备金会转化为超额准备金，由此基础货币的结构将发生变化，但基础货币总量不会增加。2016年则更多通过公开市场逆回购、中期借贷便利以及抵押补充贷款等工具供给流动性，这会直接增加基础货币总量，导致基础货币增长加快。与此同时，为了填补外汇占款下降形成的流动性缺口，中国人民银行开始更多地借助常备借贷便利（SLF）、中期借贷便利（MLF）、抵押补充贷款（PSL）等新创设的货币政策工具进行操作以投放基础货币，对冲降准降息长期缺席的影响。由于基础货币数量与中国人民银行操作方式有关，虽然2015年、2016年基础货币增速变化较大，但银行体系流动性（超额准备金）总体保持在合理适度的水平上。2016年末货币乘数为5.02，比2015年末略低0.02。金融机构超额准备金率为2.4%。其中，农村信用社为11.1%。

2. 公开市场操作常态化和操作品种多样化。2016年2月，中国人民银行发布公告称，原则上每个工作日均开展公开市场操作，此次制度调整意味着中国人民银行的公开市场操作正式进入了常态化的新阶段。中国人民银行建立公开市场每日操作常态化机制，一方面是为了顺应我国金融市场深化发展和利率市场化改革加快推进的潮流，更加及时地将影响银行体系流动性供求和市场利率变化的各类因素纳入调控的考虑范畴，以提升流动性管理的前瞻性和有效性；另一方面也是为了进一步完善货币政策调控机制，培育市场基准利率体系，加速实现由数量型调控向价格型调控的转型。与此同时，2016年中国人民银行在往常主要使用的7天期逆回购操作工具的基础上新增了14天期、28天期逆回购品种，以提高公开市场操作的灵活性，客观上起到了优化市场资金供求期限结构的作用。

2016年全年共开展7天期逆回购操作225次，投放资金179 050亿元；14天期逆回购操作82次，投放资金39 000亿元；28天期逆回购操作65次，投放资金30 000亿元。2016年仅在1月开展过两次SLO操作，共计2 050亿元，表明公开市场操作常态化对SLO的替代效应显著。2016年末公开市场7天期、14天期、28天期逆回购余额分别为3 700亿元、4 850亿元、4 500亿元；SLO余额为0元。从全年逆回购利率走势看，中国人民银行未对7天期逆回购利率进行调整，全年持平于2015年末的2.25%；14天期逆回购利率下调1次，调整时间为2016年首次操作时，较2015年最后一次操作下调30个基点，后稳定在2.40%的水平上；28天期逆回购利率下调2次，共下调225基点至2.55%，其中2016年首次操作28天期逆回购时将利率较2015年最后一次操作大幅下调220个基点，时隔7个多月再度重启操作时下调5个基点。

2016年，中国人民银行累计开展了8期国库现金定存业务，规模共计5 000亿元，操作频次和规模均略低于2015年，由于期间有5 300亿元到期，因此净回笼资金300亿元。中国人民银行通过国库现金定存业务的稳定开展，维系了财政政策与货币政策之间的良性互动。

3. 进一步完善宏观审慎政策框架，推行宏观审慎评估。2016年起，中国人民银行正式将差别准备金动态调整机制"升级"为宏观审慎评估体系（MPA），将宏观审慎监管的两个目标维度并入MPA指标体系中，发挥"宏观审慎管理+广义货币政策"的全面金融监管职能，更有效防范日益复杂的系统性金融风险和疏通货币政策传导渠道。MPA指标体系主要从资本和杠杆情况、资产负债情况、流动性、定价行为、资产质量、跨境业务风险、信贷政策执行情况七个方面对金融机构行为进行引导，以防范商业银行资产负债多元化发展所带来的多重风险交织影响。其中，资产负债情况项下的广义信贷指标主要包括中国人民银行口径各项贷款余额、债券投资、股权及其他投资、买入返售资产、存放非存款类金融机构款项这五大类，对广义信贷增速与M2增速之间的偏离度进行控制有利于提升中国人民银行货币政策实施的精准度和有效性。从2016年前三季度的MPA评估结果看，绝大多数商业银行能够达到B档及以上水平，表明其经营相对稳健。

（二）社会融资规模适度增长

2016年全年社会融资规模增量为17.8万亿元，比2015年多2.4万亿元。2016年末全部金融机构本外币各项存款余额为155.5万亿元，比2016年初增加15.7万亿元，其中人民币各项存款余额为150.6万亿元，增加14.9万亿元。全部金融机构本外币各项贷款余额为112.1万亿元，增加12.7万亿元，其中人民币各项贷款余额为106.6万亿元，增加12.6万亿元（见表2-2）。

表2-2　　2016年末全部金融机构本外币存贷款余额及其增长速度

指　　标	年末数（亿元）	比2015年末增长（%）
各项存款	1 555 247	11.3
其中：境内住户存款	606 522	9.9
其中：人民币	597 751	9.5
境内非金融企业存款	530 895	16.6
各项贷款	1 120 552	12.8
其中：境内短期贷款	380 020	3.6
境内中长期贷款	635 052	17.8

数据来源：中华人民共和国《2016年国民经济和社会发展统计公报》。

社会融资规模增量主要有以下特点：一是对实体经济发放的人民币贷款大幅多增，个人住房贷款增加较多。全年对实体经济发放的人民币贷款占同期社会融资规模增量比重为69.9%。二是企业债券融资略有增长，股票融资同比多增。2016年企业债券占同期社会融资规模增量比重为16.8%，比2015年低2.2个百分点。非金融企业境内股票融资占同期社会融资规模增量比重为7%，比2015年高2个百分点。三是委托贷款和信托贷款明显增加。2016年委托贷款占同期社会融资规模增量比重为12.3%，比2015年高1.9个百分点。信托贷款占同期社会融资规模增量比重为4.8%，比2015年高4.5个百分点。四是未贴现的银行承兑汇票同比大幅减少。

（三）金融业发展总体稳健

1. 银行业金融机构资产和负债规模稳步增长，信贷资产质量总体平稳，风险抵御能力较强，流动性水平稳健。截至2016年末，我国银行业金融机构本外币资产总额为232万亿元，同比增长15.8%；本外币负债总额为215万亿元，同比增长16.0%。商业银行不良贷款余额为15 123亿元，不良贷款率为1.74%，全年不良贷款率基本保持稳定。商业银行实现净利润16 490亿元，同比增长3.54%；平均资产利润率为0.98%，平均资本利润率为13.38%，盈利能力较强。商业银行贷款损失准备金余额为26 676亿元，拨备覆盖率为176.40%，贷款拨备率为3.08%，资本充足率为13.28%，处于国际同业良好水平。

2. 证券业资产规模和盈利能力有所下降。截至2016年末，129家证券公司总资产为5.79万亿元，净资产为1.64万亿元，净资本为1.47万亿元，全年共实现营业收入3 279.94亿元，实现净利润1 234.45亿元，124家公司实现盈利。

3. 保险业保费收入稳步增长，资产规模继续扩大。截至2016年末，保险业累计实现原保险保费收入3.1万亿元，同比增长27.5%，增速比2015年高7.5个百分点；赔款和给付支出1.1万亿元，同比增长21.2%；总资产15.1万亿元，同比增长22.3%，增速比2015年高0.6个百分点。

三、当前金融市场环境对票据市场的影响

受经济增速放缓、监管政策趋严以及金融行业"去杠杆"等因素的影响，票据市场回归理性发展，整体保持活跃但市场规模略有回落。全年金融机构商业汇票累计签发量和交易量分别为18.1万亿元和84.5万亿元，同比分别回落19.3%和17.2%。同时，货币政策总体保持稳健，中国人民银行摒弃降准降息"大水漫灌"的刺激方式，启用"MLF+逆回购"公开市场操作模式向市场注入流动性。受此影响，票据市场资金化特征显著，票据利率走势总体呈现稳中趋降走势，而年初年尾波动较大。

当前我国正处于"金融加速深化"期，金融脱媒化和利率市场化不断推进，商业银行在受到巨大挑战的同时也面临着重大机遇。金融市场层次不断丰富，不同类型市场间、不同层次市场间的连通性增强，金融机构业务合作加强。2016年12月8日，上海票交所的正式成立，结束了票据市场长期以来市场分割、不规范、不透明的状况，实现了票据业务从线下交易模式向线上的转移，市场参与主体也纳入证券、基金、资产管理公司等非银机构。票交所时代交易方式和交易规则的变化，以及市场参与者的扩充，为票据业务多元化和综合化的创新发展提供了合作平台和市场空间，票据市场创新将逐步走向规范化、多元化。

第三节 法律监管环境

一、票据业务风险突出，监管力度逐步加大

2016年以来，银行票据风险事件频繁发生，暴露出商业银行在票据业务开展中存在诸多问题，究其原因，主要在于商业银行在追求经营利润和业务创新时，风险控制往往没有有效跟进。对此，监管部门陆续下发多道"令牌"来规范票据市场。

2015年12月31日，《中国银监会办公厅关于票据业务风险提示的通知》（银监办发〔2015〕203号）出台，主要列举了七大违规问题，还着重指出了两项禁止事项，包括不得办理无真实贸易背景的票据业务以及机构和员工不得参与各类票据中介和资

金掮客活动，严禁携带凭证、印章等到异地办理票据业务等。

2016年4月27日，由中国人民银行和中国银监会共同发布了《关于加强票据业务监管促进票据市场健康发展的通知》（银发〔2016〕126号）（以下简称《通知》）。《通知》明确要强化票据业务内控管理，按业务实质建立审慎性考核机制，加强实物票据管理，严格规范同业账户管理，强化风险防控。要坚持贸易背景真实性邀请，严禁资金空转，严格贸易背景真实性审查，加强客户授信调查和统一授信管理，加强承兑保证金管理，不得掩盖信用风险。严格执行同业业务的统一管理要求，加强交易对手资质管理，规范纸质票据背书要求，禁止离行离柜办理纸质票据业务。严格资金划付要求，禁止各类违规交易。同时，明确了银行应于2016年6月30日前全系统开展票据业务风险排查，重点排查同业户、通道业务、消规模业务、会计记账漏洞等行为。要严格执行同业业务的统一管理要求，即要实施集中统一授权、授信、审批，同时强调对买入返售（卖出回购）业务单独列立会计科目。126号文的发布，有效防范和控制了从签发到交易整个票据链条存在的系列风险点，促进票据市场健康有序发展。

2016年9月7日，中国人民银行下发《关于规范和促进电子商业汇票业务发展的通知》（银发〔2016〕224号）（以下简称《通知》），明确从2017年1月1日起，单张出票金额在300万元以上的商业汇票必须全部通过电票系统办理；自2018年1月1日起，原则上单张出票金额在100万元以上的商业汇票必须全部通过电票办理。电票交易主体扩大到全银行间市场。自2016年9月1日起，除银行业金融机构和财务公司以外的作为银行间债券市场交易主体的其他金融机构可以通过银行业金融机构代理加入电票系统，开展电票转贴现（含买断式和回购式）和提示付款等规定业务。《通知》的发布，有利于增加电子商业汇票市场容量，也将提升市场交易活跃度。

2016年11月2日，中国人民银行办公厅发布了《关于做好票据交易平台接入准备工作的通知》（银办发〔2016〕224号），明确了票交所的分期内容及测试安排，2016年12月8日，配合上海票交所正式开业运营，中国人民银行对外发布《票据交易管理办法》（中国人民银行公告〔2016〕第29号），对票据交易规则予以明确。这些文件为上海票交所的正式建立奠定了制度基础。

2017年3月以来，中国银监会部署开展了"三违反"（指违反金融法律、违反监管规则、违反内部规章）、"三套利"（指监管套利、空转套利、关联套利）、"四不当"（指不当创新、不当交易、不当激励、不当收费）专项治理工作。"三三四"治理重点针对同业理财、表外业务、票据业务，堪称银行业自身的"大体检"、大整顿。重拳出击下，在同业业务、表外业务等中存在的一些严重干扰金融市场秩序的不规范行为得到初步遏制。

二、票交所时代法律环境亟待改善，《票据法》修订反响强烈

近年来，随着我国经济发展水平的提高和金融市场的快速发展，票据的实际功能不断丰富和延伸，商业银行在票据业务上与证券、基金等非银金融机构的合作逐渐深化，纸票市场逐渐萎缩，电票市场迅速扩张。票交所的成立，带来了票据交易方式、交易规则、参与主体、交易品种等方面的极大变化，这些均对当前票据市场的法律环境提出了较高要求。1995年出台的《票据法》仅在2004年做过简单微小的修订，其立法宗旨、制度设计乃至具体法律规则已经不能适应当前票据业务及经济生活的需要。

当前，票据市场需要建立一整套覆盖票据一二级市场的全国规范、标准、统一的法规体系，尤其需要形成相对独立且完善的基础法律体系，而体系核心就是亟待修订的《票据法》。近年来，业界对尽快启动《票据法》二次修订呼声日益强烈，而中国银行业协会也于2015年起，着手牵头组织征求、汇总全行业对《票据法》二次修订的建设性意见及建议。根据2015年10月召开的中国银行业协会"银行业《票据法》修订意见暨商业汇票典型纠纷案例汇编工作会议"意见，中国银行业协会票据专业委员会《〈票据法〉修订意见》课题组自2015年11月开始，向各家银行业金融机构征求《〈票据法〉修订意见》，旨在为《票据法》的二次修订汇总全行业的建设性意见及建议。目前，关于修订内容的探讨主要聚焦于以下方面：融资性票据合法性的确立；票据无因性原则的彻底体现；实务中部分票据行为尚存在立法空白；电子票据法律效力；票据映像和支付密码合法性；票据创新产品合法性的确立、票据背书责任主体的认定等。

在当前票据市场进入票交所时代的背景下，《票据法》的二次修订将对未来票据业务的发展产生重大影响。随着中国人民银行对电子票据的大力推广，票交所纸电融合、统一架构建设的逐步完善，票据业务的未来发展亟须法律层面的规则修订和认可。相信在规范的票据法律框架下，票据市场将会营造良好的信用环境，在推动自身健康有序发展的同时，也将对我国实体经济发展起到良好的促进作用。

第三章

2016年中国票据市场运行情况及特点

2016年,国内经济呈现企稳迹象,结构调整和产业升级持续推进。面对经济基本面的逐渐好转,货币政策整体呈现前松后紧态势,全年仅于3月初降准1次,更加注重运用公开市场操作和借贷便利操作等多种工具调节流动性总量和投向,货币信贷环境适度宽松。在此背景下,票据承兑余额有所下降,票据融资增速冲高回落,贴现余额再创新高,票据市场利率呈现年初多次冲高回落、年中一路下行、年底强势反弹的走势,电票业务维持高速增长,市场占比大幅提升,票据市场风险防控更为凸显,而产品创新仍稳步推进。

第一节 票据市场总体运行情况

一、总体情况

2016年,中国经济运行总体平稳,供给侧结构性改革取得积极进展。消费贡献率继续提高,投资缓中趋稳,贸易顺差收窄,国内生产总值(GDP)比2015年增长6.7%。货币信贷和社会融资规模平稳较快增长,广义货币供应量M2余额同比增长11.3%,人民币贷款余额同比增长13.5%,比年初增加12.65万亿元,同比多增9 257亿元,社会融资规模存量同比增长12.8%。

(一）票据承兑规模有所下降

2016年，企业累计签发商业汇票18.1万亿元，同比下降19.3%；年末商业汇票未到期金额为9.0万亿元，比年初下降13.3%。年初票据承兑余额小幅增长，2月末达到历史新高10.9亿元，之后承兑余额逐月下降，年末比年初下降1.4万亿元。总体来看，2016年，票据承兑规模终结了此前多年的增长态势，票据承兑量和承兑余额均出现小幅下降。

(二）票据融资余额延续增长，但增速冲高回落

2016年，年末贴现余额5.5万亿元，同比增长19.6%，虽然延续了2015年的增长势头，但增速回落37.4个百分点；年末比年初增加0.89万亿元，同比少增0.77万亿元；年末票据融资余额占各项贷款的比重为5.1%，同比上升0.2个百分点。

(三）票据市场活跃度下降

票据市场交易量在2015年冲高百万亿元之后于2016年有所回落，全年交易量为84.5万亿元，同比下降17.2%，为近五年来首度下降。从票据的季度周转次数看，2016年整体呈逐季下滑态势，且下滑速度较快，全年平均季度周转次数少于2015年。

二、电子商业汇票业务情况

2016年，电子商业汇票系统参与者共计426家，较2015年底增加30家。全年电子商业汇票累计承兑金额为8.6万亿元，同比增长48.3%；累计贴现金额为5.8万亿元，同比增长54.5%；累计转贴现金额为49.2万亿元，同比增长122.3%。电子商业汇票承兑和交易均呈现快速增长，表明电子商业汇票无论是在企业层面的普及性，还是在商业银行之间的流通性均得到显著增强。

三、利率情况

2016年票据市场利率整体低于2015年。全年转贴现利率[①]平均值为3.10%，比2015年下降93BP，年末报收于4.66%，比2015年末上升150BP。全年走势整体可以分为三个阶段，其中1~4月数次冲高回落，波动较为剧烈；5~10月温和下行后低位

---

① 本章中转贴现利率是指中国票据网转贴现报价利率。

盘整，整体波动较为平缓；进入11月之后利率则快速向上拉升。

第二节 票据市场运行特点

一、承兑规模首次回落

2016年，票据承兑规模终结了此前多年的增长态势，票据承兑量和承兑余额均出现小幅下降，为新世纪以来首次出现双降。全年累计承兑量为18.1万亿元，同比下降19.3%。第一季度承兑量为4.9万亿元，同比下降9.3%，环比下降15.5%，季末承兑余额则上升至10.5万亿元，同比增长2.9%，环比增长1.0%；第二季度承兑量为4.5万亿元，同比下降23.7%，环比下降8.2%，季末承兑余额回落至9.8万亿元，同比下降9.3%，环比下降6.7%；第三季度承兑量继续下降至4.2万亿元，同比下降20.8%，环比下降6.7%，季末承兑余额降至9.5万亿元，同比下降10.4%，环比下降3.1%；第四季度承兑量反弹至4.5万亿元，同比仍下降22.4%，环比增长7.1%，承兑余额则继续回落至9.0万亿元，同比下降13.3%或1.4万亿元，环比下降5.3%（见图3-1）。

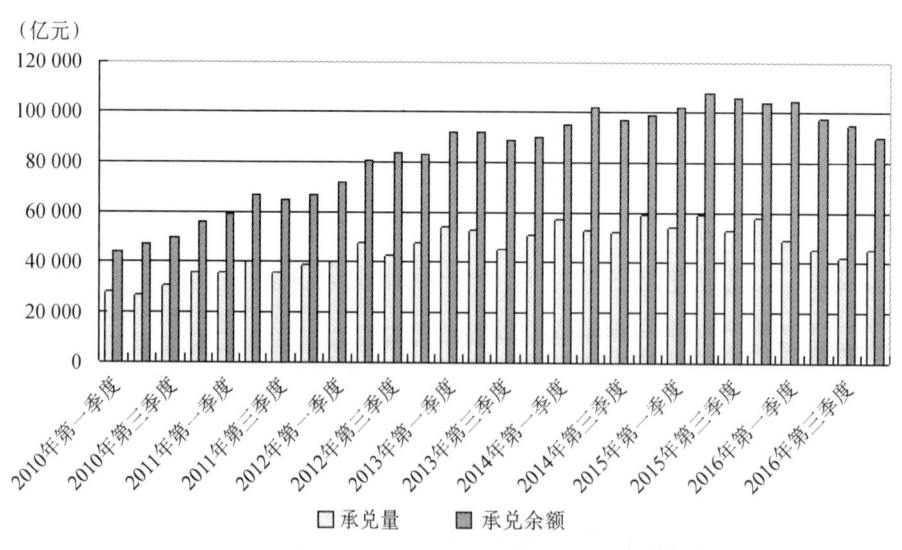

图3-1 2010~2016年季度票据承兑量及承兑余额

数据来源：根据历年中国人民银行货币政策执行报告数据整理编制。

承兑规模下降的主要原因，从企业的角度看，是由于前期实体经济的持续探底和市场对于经济前景的一致悲观预期导致企业贸易往来支付结算的活跃度走低，相应的开票需求下降。从商业银行经营的角度看，是在经济持续下行和供给侧改革"去产能、去库存、去杠杆"的背景下，部分行业的信用环境恶化，银行承兑逾期垫款增加，叠加中国人民银行推行 MPA 考核制度以及中国银监会加强对表外业务风险管理的影响，银行出于控制承兑风险和缓解资本压力的目的主动放缓了承兑业务的发展节奏。从市场内部工具迭代的角度看，2016 年以来电票业务增长迅猛，电票对纸票的替代效应显著，由于电票期限比纸票更长，因此企业开票频率有所下降，导致开票量相对减少。从政策监管的角度看，2016 年以来票据风险事件频发，监管部门加大了对整个票据链的监管检查力度和频率，对票据承兑贸易背景真实性审查提出了更高的要求并对违规行为加强处罚，这对于一些银行和企业（中介）办理无真实贸易背景的票据承兑业务的行为起到了抑制作用，挤出了这部分票据的签发和承兑。

从行业结构看，企业签发的银行承兑汇票余额仍集中在制造业、批发和零售业；从企业结构看，由中小企业签发的银行承兑汇票约占 2/3。票据承兑业务继续对支持实体经济、促进中小企业发展提供有力的金融支持。

此外，受票据承兑规模回落和票据监管强化影响，未贴现银行承兑汇票在社会融资总量中的占比有所下降。截至 2016 年末，社会融资规模存量中未贴现银行承兑汇票 3.90 万亿元，同比下降 33.4%，在社会融资总量中的占比为 2.50%，同比下降 1.73 个百分点；在 2016 年社会融资规模增量中，未贴现银行承兑汇票下降 1.95 万亿元，同比多降 0.90 万亿元。

二、贴现余额创出新高，增速有所回落

2016 年票据市场贴现规模延续了 2015 年的增长势头，保持月均增长 750 亿元的节奏。2016 年末贴现余额为 5.5 万亿元，创下年度历史新高，较 2015 年同比增长 19.6%。2016 年 1 月在年初信贷集中投放的背景下，票据贴现余额迅猛增长 3 726 亿元，2 月份受调控影响回落 583 亿元，随后 3 个月连续增长，并在 4 月末一举突破了 5 万亿元的大关，6 月份受半年度考核影响回落 150 亿元，第三季度持续增长，10 月末创出 5.8 万亿元的历史新高，年末最后两个月受规模调控影响，贴现余额开始大幅下降，降幅逐月扩大，12 月份下降 2 531 亿元。总体来看，票据贴现余额年末比年初增加 0.89 万亿元，同比少增 0.77 万亿元。虽然总体呈现增长势头，但年度增速明显回落，同比下降 37.4 个百分点（见图 3-2）。

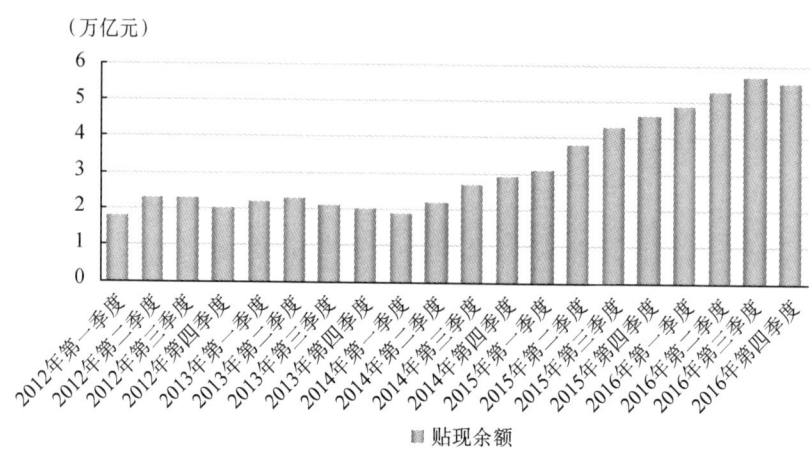

图 3-2　2012~2016 年季度票据贴现余额

数据来源：根据历年中国人民银行金融机构人民币信贷收支表整理编制。

贴现余额保持较高速增长的主要原因，从企业的角度看，主要是受经济环境的影响，企业大规模进行中长期项目投资建设的意愿不强，因此，相对于中长期贷款来说更倾向于通过短期融资来维持日常资金周转，而在短期融资工具中，票据贴现相对于短期贷款来说具有成本更低、办理流程更为便捷高效的优势。从商业银行业务经营和资产配置的角度看，一方面，在当前实体经济贷款投放持续承压的情况下，加大对票据资产的配置力度能够更好地兼顾风险和收益的平衡，同时信贷缺口也能够得到填补；另一方面，2015 年以来"资产荒"的现象日渐凸显，并且商业银行的自有资金投向受限较多，导致资产配置压力剧增，在这种情况下银行也不得不提高票据资产的配置规模。从政策监管的角度看，票据风险案件的多发和监管力度的加大使得以往票据市场通过不合规的交易削减规模的行为大大减少，也使得这部分票据贴现余额重新反映到统计数据中。

从票据贴现占全部人民币贷款余额的比重看，2016 年前三季度震荡上升，第四季度有所回落，全年最高水平为 5.6%，最低水平 5.0%。截至 2016 年末，贴现余额占各项贷款余额的比重为 5.1%，同比上升 0.2 个百分点，显示出在 2016 年经济增速同比放缓的背景下，商业银行信贷投放面临的风险仍然较大，部分银行信贷资产不良率和总量双升，银行更加重视票据贴现在推动信贷投放中发挥的积极作用。从增量来看，2016 年全年新增票据贴现占新增贷款的比重为 7.1%，较 2015 年回落 7.1 个百分点；从单月增量来看，年内波动较为剧烈，单月增量占比最高为 4 月份的 43%，也曾出现单月增量为负的情形，年末 2 个月尤为凸显（见图 3-3）。

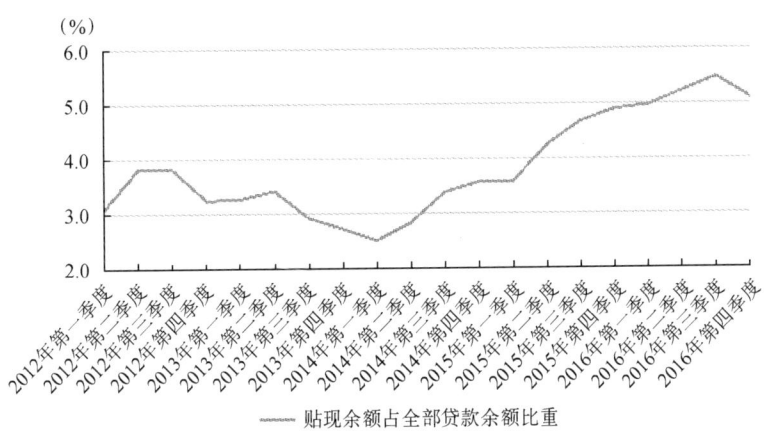

图 3-3　2012~2016 年季度票据贴现余额占全部贷款余额的比重

数据来源：根据历年中国人民银行金融机构人民币信贷收支表整理编制。

三、票据市场活跃度下降

票据市场交易量在 2015 年冲高百万亿元之后于 2016 年有所回落，全年交易量为 84.5 万亿元，同比下降 17.2%，为近五年来首度下降。从环比趋势上看，第一季度市场交易量较 2015 年第四季度小幅上升 1.5% 至 27.3 万亿元，随后便呈逐季走低态势，第二、第三、第四季度环比分别下降 9.9%、25.6%、21.9%，其中第三季度跌破 20 万亿元关口，第四季度进一步降至 14.3 万亿元，创近三年来单季低点（见图 3-4）。2016 年票据交易量的回落主要是受监管加强和行业自律的影响，年内市场上各大机构经历了多次内外部检查，监管及银行自身对于合规和风控的要求显著提升，在一定程度上影响了业务的开展。除此之外，由于年中票据利率在 2.6% 附近的低位徘徊了较长时间，导致许多机构观望情绪浓郁，使得市场交投清淡。

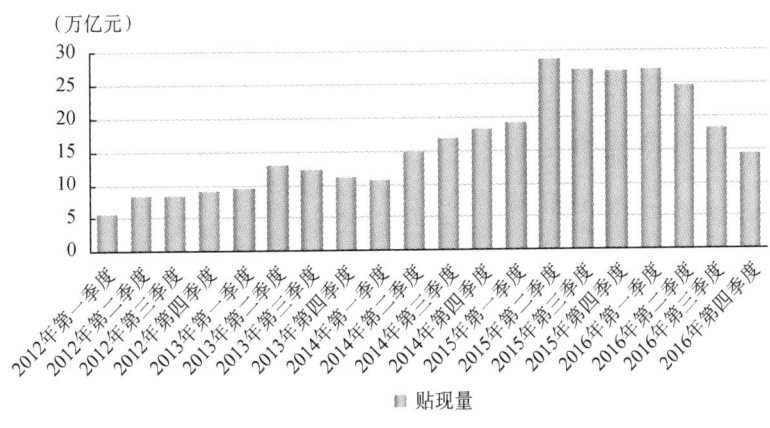

图 3-4　2012~2016 年季度票据交易量

数据来源：根据历年中国人民银行货币政策执行报告数据整理编制。

从票据的季度周转次数（季度贴现量/季初季末平均贴现余额）来看，2016年整体呈逐季下滑态势，且下滑速度较快，全年平均季度周转次数少于2015年。第一季度周转次数稳定在5.7次/季；第二季度降至4.8次/季；第三季度降至3.3次/季，为2010年第一季度以来的新低；第四季度更是进一步降至2.6次/季（见图3-5）。2016年票据周转次数减少与交易量减少的原因基本一致，一是受票据风险案件频发引发的监管趋严所影响；二是受5~6月、8~10月票据市场利率长时间低位盘整的影响，趋势性交易机会的缺失降低了机构的交投热情。

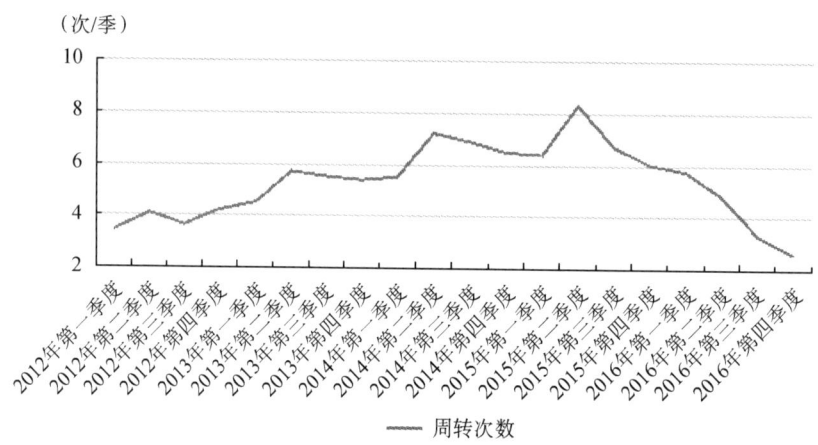

图3-5 2012~2016年以来季度票据周转次数

数据来源：根据历年中国人民银行货币政策执行报告数据整理编制。

四、市场利率小幅震荡，整体水平同比下降

2016年，票据市场利率整体低于2015年。全年转贴现利率平均值①为3.10%，比2015年下降93BP，年末报收于4.66%，比2015年末上升150BP。2016年转贴现利率走势整体可以分为三个阶段，其中1~4月数次冲高回落，波动较为剧烈；5~10月温和下行后低位盘整，整体波动较为平缓；进入11月之后利率则快速向上拉升（见图3-6）。从走势上看，主导三个阶段走势的因素不尽相同，导致利率在波动程度和变动方向上有所区别。

具体来看，第一阶段主要受到几起票据案件密集爆发和重要监管文件出台的影响，市场情绪起伏较大，利率走势出现剧烈震动。2016年1月份利率从2015年末的3.0%快速飙升，最高逼近4.0%；2月份市场利率迅速回落至3.1%~3.3%；3月份，市场

---

① 转贴现利率平均值是指中国票据网转贴现买入报价和转贴现卖出报价的平均值。

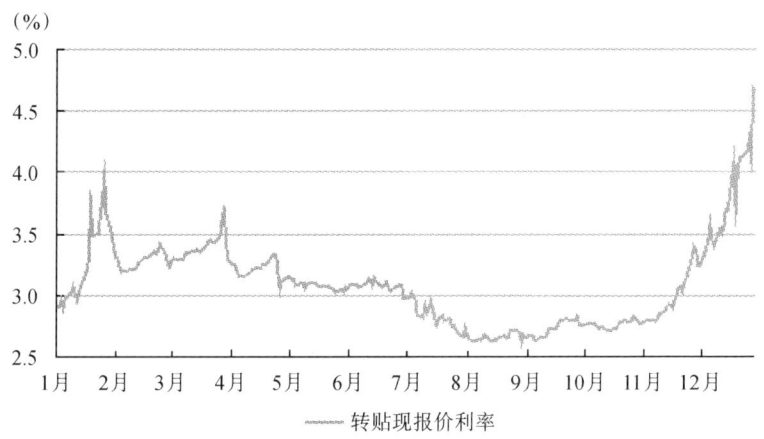

图 3-6　2016 年票据市场利率走势

数据来源：根据中国票据网数据整理编制。

上普遍对季末首次 MPA 考核持谨慎偏悲观态度，导致需求端表现疲弱，市场利率逐步攀升至 3.7% 左右；4 月份则在 3.2%~3.3% 区间震荡。第二阶段主导票据市场利率走势的因素为机构对于票据的供给需求关系变化。5~6 月，资金面较为平稳，市场供需格局未有显著变化，市场利率围绕 3.2% 窄幅震荡；7~10 月，市场上票源供不应求的状况凸显，供给端较为低迷，而需求端受资产配置需求所驱动，票据利率从 3.0% 快速下行后，在 2.6%~2.8% 的区间盘整。第三阶段主导因素则为资金面状况以及中国人民银行的窗口指导效应。11 月，市场上流动性全线告急，货币市场利率骤升并创近一年新高，加之中国人民银行窗口指导大行控制票据融资规模的影响，市场利率重返 3% 上方，12 月，资金利率再度快速上涨，导致票据利率一举突破 4%，最终以全年最高位报收。

总体看，2016 年票据市场利率在绝大部分时间内的走势变化可以用政策监管面、供给需求面和资金面三大影响因素来解释，其中第一阶段由政策监管面主导，第二阶段主要受供给需求面影响，第三阶段则以资金面的影响为主。

五、电票业务快速增长，市场占比显著提升

2016 年以来，纸票风险案件频频发生，在此背景下中国人民银行下发了《关于规范和促进电子商业汇票业务发展的通知》（银发〔2016〕224 号），对电票业务的加速发展起到了显著的推动作用，电票的市场份额也进一步显著提升。

2016 年电子商业汇票系统参与者共计 426 家，较 2015 年末增加 30 家。2016 年，电子商业汇票系统出票 230.5 万笔，金额为 8.3 万亿元，同比分别增长 71.9% 和 48.9%；承兑 237.8 万笔，金额为 8.6 万亿元，同比分别增长 72.9% 和 48.3%；贴现

83.8万笔，金额为5.8万亿元，同比分别增长69.1%和54.5%；转贴现325.1万笔，金额为49.2万亿元，同比分别增长108.8%和122.3%。

从市场占比情况来看，2016年电子票据承兑量占全部票据的47.5%，同比提高21.7个百分点。电子票据交易量（含贴现、转贴现）为54.9万亿元，占全部票据的65.0%，同比提高39.6个百分点。其中，第四季度电子票据承兑量和交易量占全部票据的比重高达54.2%和85.2%（见图3-7）。

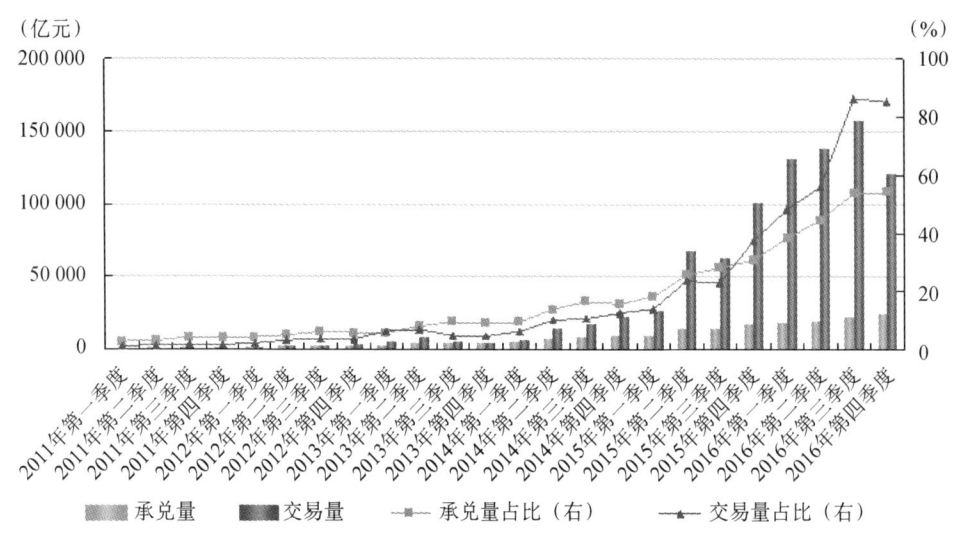

图3-7　2011~2016年季度电子票据承兑和交易量及其占比

数据来源：根据历年中国人民银行支付系统运行报告数据整理编制。

六、风险防控更为凸显，监管政策不断趋严

2016年以来，票据市场上风险案件集中爆发，引起了监管层和各市场的密切关注。究其主要原因，一是随着前几年经济增速放缓和经济结构调整优化，部分行业、领域的信用风险逐渐暴露，银票承兑和商票贴现风险尤为凸显，部分承兑银行存在恶意拖欠的现象，一些企业签发的商票到期后无法兑付；二是"黑天鹅"事件增多，股市、汇市波动加剧，其他市场的风险溢出并传导至票据市场，导致票据交易风险更复杂；三是近年来经营机构加大了票据周转和错配力度，部分机构出现简化流程、降低标准、不遵循程序操作，甚至委托票据中介办理业务等行为，埋下了风险隐患。

在此背景下，票据业务合规监管力度持续增强。2016年1月，中国银监会办公厅下发《关于票据业务风险提示的通知》（银监办发〔2015〕203号），列举了银行业金融机构在办理票据业务过程中存在的七大类问题，包括票据同业业务专营治理落实不到位，通过转贴现业务转移规模消减资本占用，创新"票据代理"规避监管等问题，

并提出相应的监管要求，督促和引导银行业金融机构切实加强票据业务管理，有效防范风险。2016年4月，中国人民银行、中国银监会联合下发《关于加强票据业务监管促进票据市场健康发展的通知》（银发［2016］126号文），从强化票据业务内部管理、规范票据交易行为等方面对商业银行票据业务提出整改要求。

监管政策陆续出台，充分表明监管部门从严整顿票据市场的态度和决心。商业银行一方面配合监管部门密集开展票据业务自查，查找风险隐患，整改存在问题；另一方面根据市场发展趋势及自身风险防范需要，调整经营管理架构，优化完善业务流程。总体来看，2016年票据市场处于风险出清期、业务整顿期和结构转换期。

七、票据资产证券化产品正式推出

2016年，票据市场风险集中暴露，监管尺度进一步趋严，银行传统票据业务经营面临较大的冲击。在此背景下，票据业务创新稳步推进，票据资产证券化产品正式落地，为市场注入了新的活力，开辟了新的成长空间。

在备案制、注册制、试点规模扩容等政策利好和市场需求的刺激下，资产证券化自2015年以来迎来了长足发展，其市场规模爆发性增长，产品流动性大幅提升，参与主体类型更加多样化。票据资产是银行非标资产中流动性最高的，甚至可能高于尚未成熟的资产证券化市场，但票据市场参与主体相对有限。票据资产证券化使得参与的投资者更加多元化，极大地激活了市场的潜力。因此，票据资产证券化成为2016年银行开展票据业务创新的着力点。

2016年3月，由江苏银行及华泰证券共同推出的全国首单票据收益权资产证券化项目"华泰资管—江苏银行融元1号资产支持专项计划"正式落地，该款产品的推出标志着票据资产证券化正式进入实际操作阶段。随后，多家银行相继发行票据资产证券化产品，2016年累计发行近百亿元[①]。在产品落地以及发展的过程中，虽然短期面临监管政策尚不完善、管理手段尚不成熟等问题，但市场各方努力提高业务规范性和市场可持续性。2016年5月，由券商和银行联合主办的"2016年中国票据资产证券化论坛"在上海举办，为业界深入探讨票据资产证券化未来发展方向提供了契机。

总体来看，票据资产证券化产品能够拓宽企业的融资渠道，降低企业的融资成本，对促进金融脱虚入实，服务实体经济和支持中小微企业发展起到积极作用。同时，对于商业银行来说，也开辟了新的蓝海空间，为打造多元化盈利模式打下了基础。

---

① 数据来源于Wind资讯。

八、上海票交所成立，开启票据市场新纪元

2016年5月25日，中国人民银行牵头的票据交易平台筹备工作组正式组建。11月1日，中国人民银行向各地分行、商业银行等机构下发《关于做好票据交易平台接入准备工作的通知》（银办发〔2016〕224号文）；11月30日发布《关于中国票据交易系统（一期）上线试运行的通知》；12月6日中国人民银行公布施行《票据交易管理办法》（中国人民银行公告〔2016〕第29号）；12月30日上海票交所、交易商协会联合发布票交所公告〔2016〕1号及《票据交易主协议》。

2016年12月8日，筹备逾半年的上海票交所股份有限公司正式开业。中国农业银行与中国工商银行分别作为买入方与卖出方在上海票交所成功完成第一笔场内纸票转贴现业务；浦发银行与兴业银行成功完成第一笔场内纸票质押式回购业务；华泰资管与平安银行则成功完成第一笔场内非法人产品交易。

票交所的成立开启了票据市场发展的新纪元，正如中国人民银行行长周小川在给上海票交所的贺信中所强调的，票交所作为具备票据交易、登记托管、清算结算、信息服务多功能的全国统一票据交易平台，将大幅提高票据市场透明度和交易效率，激发市场活力，更好防范票据业务风险，也有助于完善中央银行金融调控，优化货币政策传导机制，增强金融服务实体经济的能力。未来票据二级市场乃至全产业链的业务模式、风险管理重点都将随票交所的诞生而发生巨大改变，进而带来更多产品创新。市场参与者的扩充为票据市场交投活跃度的提升提供了基础性条件。

九、再贴现业务支持经济薄弱领域作用加强

近年来，中国人民银行以再贴现业务为杠杆，积极引导金融机构将再贴现资金用于为小微企业办理优惠利率票据贴现业务，对支持经济结构调整和转型升级、降低实体经济融资成本发挥了积极作用。2016年，中国人民银行积极支持票据再贴现业务开展，加大其在重点领域和薄弱环节方面的投放，加大对小微企业、"三农"和棚改等国民经济重点领域和薄弱环节的支持力度，发挥票据再贴现对涉农和小微贷款发放的撬动作用，不断辐射支持供应链上下游中小微企业，扩大再贴现工具的影响面。

2016年，受中国人民银行货币政策稳中趋紧的影响，再贴现余额呈现缓降态势。第一季度，再贴现余额为1 230亿元，同比下降92亿元或7.0%；第二季度，再贴现余额为1 202亿元，同比下降98亿元或7.5%；第三季度，再贴现余额为1 138亿元，同比下降143亿元或11.2%；第四季度，再贴现余额为1 165亿元，同比下降140亿元

或10.7%。

针对小微企业面临的持有小额票据却难以贴现的困境,一些地区采取"利率优惠,规模优先"的政策,拓宽小微、"三农"企业票据贴现准入范围,有效拓宽小微、"三农"企业融资渠道,积极支持小微企业和"三农"企业发展。同时,在提高再贴现额度使用效率方面,进一步用好增量、盘活存量,按照涉农和小微企业票据的分布情况,优化再贴现额度的地区结构。金融机构办理再贴现票据的贴现利率低于同期同档次贴现平均利率和贷款利率,促进了社会融资成本的降低。同时,在电子票据加速发展的市场环境下,多地积极试点、推广电子商业汇票再贴现业务,《关于规范和促进电子商业汇票业务发展的通知》中也提到"应支持尚未开通电票再贴现业务的人民银行地市中心支行接入电票系统,提供电票再贴现服务"。

第三节 区域票据市场发展情况

一、2016年区域经济金融总体情况

2016年,面对复杂多变的国内外形势,各地区[①]以推进供给侧结构性改革为主线,适度扩大总需求,坚定推进改革,妥善应对挑战。总体看,各地区经济运行缓中趋稳,发展质量和效益均有所提高。全年东部、中部、西部和东北地区生产总值加权平均增长率分别为7.6%、8.0%、8.2%和2.7%,地区生产总值占全国的比重分别为52.3%、20.6%、20.3%和6.8%,较2015年分别上升0.8个、0.3个、0.2个和下降1.3个百分点。

具体看,东部地区经济运行呈现稳中向好态势,地区生产总值、投资和出口等指标占全国的份额有所提高;社会消费品零售总额稳步扩大,占全国比重持续保持在50%以上。中部地区经济结构调整和转型升级有所加快,消费、第三产业增加值等指标增速领先全国;社会消费品零售总额同比增长11.5%,增速居各地区之首;房地产开发投资增速高于其他地区。西部地区生产总值增速在各地区中仍保持最快,经济发

---

① 全国各地区包括东部地区、中部地区、西部地区和东北地区。东部地区10个省(直辖市),包括北京、天津、河北、上海、江苏、浙江、福建、山东、广东和海南;中部地区6个省,包括山西、安徽、江西、河南、湖北和湖南;西部地区12个省(自治区、直辖市),包括内蒙古、广西、重庆、四川、贵州、云南、西藏、陕西、甘肃、青海、宁夏和新疆;东北地区3个省,包括辽宁、吉林和黑龙江。

展质量和效益有所提升；第三产业占比首次超过第二产业。东北地区深入推进供给侧结构性改革，经济新动能正在逐步形成和壮大，但尚不能完全弥补传统动能减弱的缺口。

2016年，各地区银行业金融机构①贷款增长总体平稳，信贷结构进一步优化。截至12月末，全国金融机构本外币贷款余额为112.1亿元，同比增长12.8%，增速比上年末低0.6个百分点。2016年，不同地区贷款增速有所分化。其中，东部和中部本外币各项贷款余额同比分别增长12.2%和15.8%，比2015年末分别上升1.2个和0.1个百分点；西部和东北部同比分别增长13.0%和8.5%，比2015年末分别下降1.8个和6.4个百分点。

其中，东部地区金融运行总体稳健，银行从业人员数量近年来首次出现下降，全年贷款增长加快，贷款中长期化趋势较为明显。银行资产质量较为稳定，新增不良贷款大幅少增。中部地区金融业发展总体呈现加快趋势，银行业资产规模、存款、贷款等主要指标增速领先于其他地区。西部地区银行业金融机构继续保持稳定扩张态势，新增活期存款占比较高，中长期贷款增速有所提高，而短期贷款增速回落较大。东北地区金融业发展总体有所放缓，各项存款增速回落，有效信贷需求大幅放缓，中长期贷款增速较低。

综合各方面情况看，各地区紧抓供给侧结构性改革，推动"三去一降一补"取得初步成效，"互联网+"等新经济新动能快速发展。区域金融改革试点持续推进，四个自贸试验区、五个国家级金融综合改革试验区在跨境人民币业务、农村金融服务和对外经贸往来便利化等方面开展了有益探索，形成了一批可复制、可推广的经验。中国人民银行主动适应经济发展新常态，实施稳健的货币政策，尤其注重根据形势变化把握好调控的节奏、力度和工具组合，加强预调微调，为供给侧结构性改革营造了适宜的货币金融环境。金融服务实体经济效能进一步提高，各地区社会融资规模和贷款增长总体平稳，信贷投向结构持续优化，行业集中度下降，产能过剩行业贷款增速放缓，高耗能产业贷款占比继续降低，对高新技术产业、现代服务业、薄弱环节和民生领域的支持力度不断加大。

二、区域票据业务发展情况

2016年，各地区金融机构在服务实体经济发展的过程中，充分重视票据业务的发展，较好地满足了实体经济，尤其是中小企业的票据融资需求，票据业务服务和支持

---

① 全国各地区银行业金融机构包括国家开发银行和政策性银行、大型商业银行、股份制商业银行、城市商业银行、农村商业银行、农村合作银行、农村信用社、新型农村金融机构、邮政储蓄银行、外资银行和非银行金融机构。

实体经济发展的作用不断增强。

(一) 区域票据市场承兑业务发展情况

2016年，年初金融机构票据承兑余额小幅增长，2月末达到10.9万亿元，之后逐月下降，年末比年初减少1.4万亿元。因区域票据资源禀赋不同，不同地区银行承兑汇票业务发展速度有所差异。从各地区银行承兑汇票发生额占比来看，东部地区占比最高，为63.2%；其次为中部地区，占比15.1%；其后分别为西部地区和东部地区，占比分别为14.0%和7.7%；东部、中部和东北地区发生额占比同比小幅增加，较2015年分别提高1.2、0.4和1.2个百分点，西部地区占比则出现下降，较2015年下降2.8个百分点。从各地区银行承兑汇票余额来看，东部仍然居于绝对优势，占比超过全国六成；从占比同比变化情况来看，除西部地区银行承兑汇票余额占比有所下降（同比下降了2.3个百分点）外，其他地区占比均较2015年有所提高，东部、中部、东北地区分别提高0.1、1.1和1.1个百分点（见表3-1）。

表3-1　　　　　　　　2016年银行承兑汇票承兑区域占比及变动情况

	东部	中部	西部	东北
银行承兑汇票承兑发生额占比（%）	63.2	15.1	14	7.7
同比变化（%）	1.2	0.4	-2.8	1.2
银行承兑汇票承兑余额占比（%）	62.3	15.7	14.3	7.7
同比变化（%）	0.1	1.1	-2.3	1.1

数据来源：根据中国人民银行区域金融报告信息整理编制。

具体到各省（市）区，各地区银行承兑汇票承兑业务有所差异，但大多表现出余额和发生额双降态势。其中，票据业务较为发达的江苏、山东、浙江、广东、辽宁五省银行承兑汇票承兑余额超过5 000亿元，分别排在全国前五位，其合计余额占据全国总量的50.0%；江苏、山东、浙江、广东、辽宁五省银行承兑汇票承兑累计发生额超过1万亿元，同样排在全国前五位，五省合计发生额占据全国总量的49.9%（见图3-8）。

(二) 区域票据市场贴现业务发展情况

2016年，金融机构累计贴现量为84.5万亿元，同比下降17.2%，其中电子商业汇票贴现量为54.9万亿元，同比增长112.4%。分地区看，东部地区依然是区域票据市场交易最活跃的地区，该地区票据累计贴现量在全国的占比为65.7%，且同比提高了0.1个百分点。中部和西部地区票据市场活跃度均有所提升，票据累计贴现量在全国的占比分别为10.9%和16.3%，同比分别提高了0.8个和1.3个百分点；2015年上

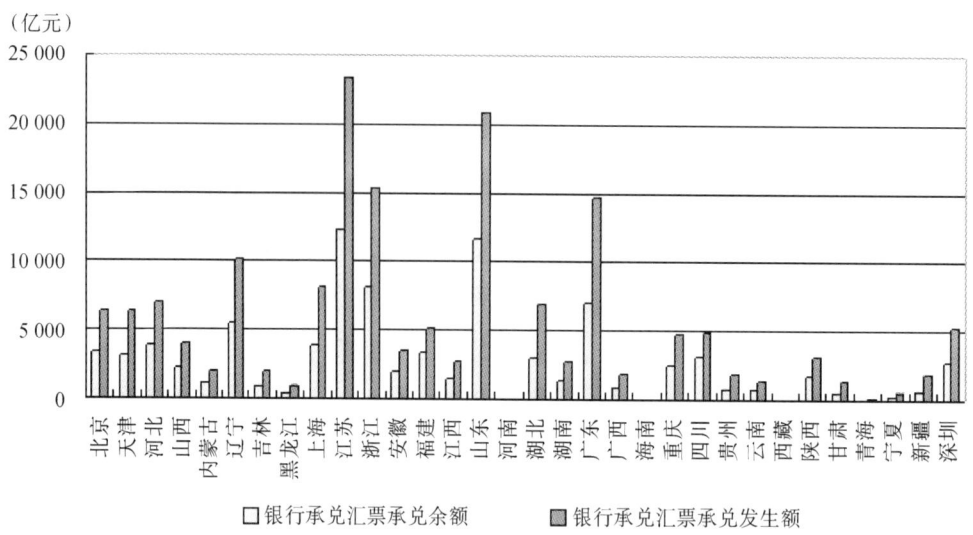

图 3-8　2016 年各地区银行承兑汇票承兑余额及发生额

数据来源：根据中国人民银行区域金融报告信息整理编制。

升最快的东北地区在 2016 年票据交易有所放缓，票据累计贴现量在全国的占比为 7.1%，同比下降了 2.2 个百分点。

2016 年末贴现余额为 5.5 万亿元，较 2015 年同比增长 19.6%；贴现余额占各项贷款余额的比重为 5.1%，同比上升 0.2 个百分点。分地区看，东部地区贴现余额为 3.0 万亿元，占比为 54.9%，同比增速为 19.0%，贴现余额占人民币贷款余额的比例为 4.9%；西部地区贴现余额为 1.1 万亿元，占比为 19.6%，同比增速为 33.7%，贴现余额占人民币贷款余额的比例为 4.8%；中部地区贴现余额为 1.0 万亿元，占比为 18.1%，同比增速为 31.5%，贴现余额占人民币贷款余额的比例为 5.1%；东北地区贴现余额为 0.4 万亿元，占比为 7.4%，同比增速为 9.6%，贴现余额占人民币贷款余额的比例为 5.5%。从贴现余额占比变化情况看，东部和西部地区贴现余额占比出现下降，分别下降 2.6 个和 1.4 个百分点；中部地区贴现余额占比小幅提高，同比提高了 4.0 个百分点；东北地区同比则持平（见表 3-2）。

表 3-2　2016 年票据贴现量区域占比及变动情况

	东部	中部	西部	东北
票据贴现发生额占比（%）	65.7	10.9	16.3	7.1
同比变化（%）	0.1	0.8	1.3	-2.2
票据贴现余额占比（%）	54.9	18.1	19.6	7.4
同比变化（%）	-2.6	4.0	-1.4	0
票据贴现余额增速（%）	19.0	31.5	33.7	9.6
票据在贷款余额中占比（%）	4.9	5.1	4.8	5.5

数据来源：根据中国人民银行区域金融报告信息整理编制。

具体到各省（市）区，有6个地区银行承兑汇票贴现余额超过2 000亿元，依次是江苏、广东、浙江、山东、河北和辽宁，这些地区银行承兑汇票贴现余额占全国的比重近44.0%，其中最高的为江苏省，其银行承兑汇票贴现余额为5 391亿元。银行承兑汇票贴现余额为1 000亿~2 000亿元的地区包括北京、上海、安徽、福建、陕西、湖北、四川等14个地区。受区域经济发展特点的影响，内蒙古、吉林、黑龙江、海南、贵州、宁夏等12个地区的贴现余额低于1 000亿元。从贴现发生额来看，广东、浙江、北京、上海、江苏、深圳六省市银行承兑汇票贴现发生额均超过5万亿元，分别排在全国前六位，均为票据交易较为活跃的地区，六省市合计发生额占据全国总量的62.4%，其中广东、浙江两省贴现发生额均超过10万亿元。

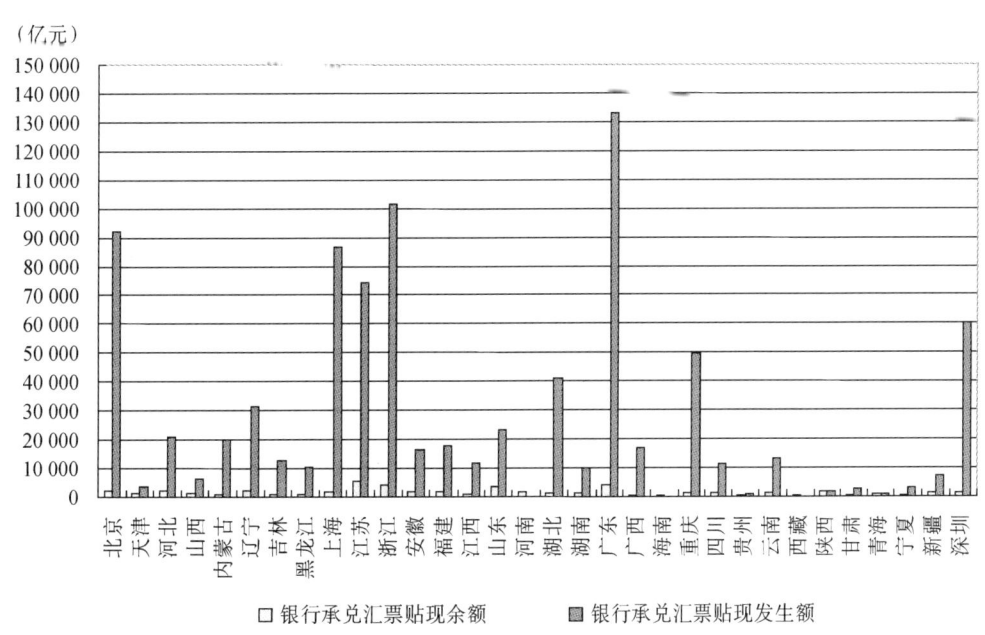

图3-9　2016年各地区银行承兑汇票贴现余额及发生额

数据来源：根据中国人民银行区域金融报告信息整理编制。

第四章

2016年金融机构票据业务开展情况

2016年,各类金融机构的票据业务扎实开展,多数类型金融机构的票据承兑业务均有所下降,票据贴现业务也略有下滑,票据买入返售业务显著收缩,卖出回购业务呈增长态势,贴现收益率整体下行。与此同时,票据市场业务模式和业务品种更趋多元化,票据ABS产品的出现开启了非银机构参与票据业务的新模式。

第一节 大中型商业银行票据业务

一、国有银行票据业务开展情况

(一)票据承兑业务同比下降

截至2016年末,5家上市国有银行(中国工商银行、中国农业银行、中国建设银行、中国银行、交通银行)票据承兑余额共计1.44万亿元,占全国余额的16.00%,与2015年底的占比基本持平。2016年末票据承兑余额较2015年底的1.73万亿元减少了2 850亿元,下降幅度为16.49%,降幅较2015年的20.64%有所收窄。相较于2015年末,2016年末各大行承兑余额均有所减少,其中,交通银行较2015年减少21.46%,为5家上市国有银行中票据承兑余额下降最快的;中国建设银行较2015年减少8.73%,降幅在5家上市国有银行中最小(见图4-1)。总体而言,票据承兑业务下滑主要是由于经济增速放缓后企业往来支付结算的活跃度走低，相应的开票需求下降。

从 2016 年的票据承兑余额/所有者权益指标看，中国工商银行最低，仅为 13.71%，中国建设银行为 18.66%，中国银行为 22.27%，中国农业银行为 23.63%，交通银行最高，为 36.62%。从 2015~2016 年票据承兑余额/所有者权益指标变化情况看，5 家上市国有银行该指标均有所下降，其中交通银行下降最多，2016 年较 2015 年下降 18.18 个百分点，其次是中国农业银行，较 2015 年下降 7.91 个百分点，中国银行下降 6.22 个百分点，中国工商银行下降 5.14 个百分点，中国建设银行下降最少，为 3.83 个百分点。票据承兑余额/所有者权益指标的下降表明 5 家上市国有银行的票据承兑业务风险在 2016 年整体较低（见图 4-1）。

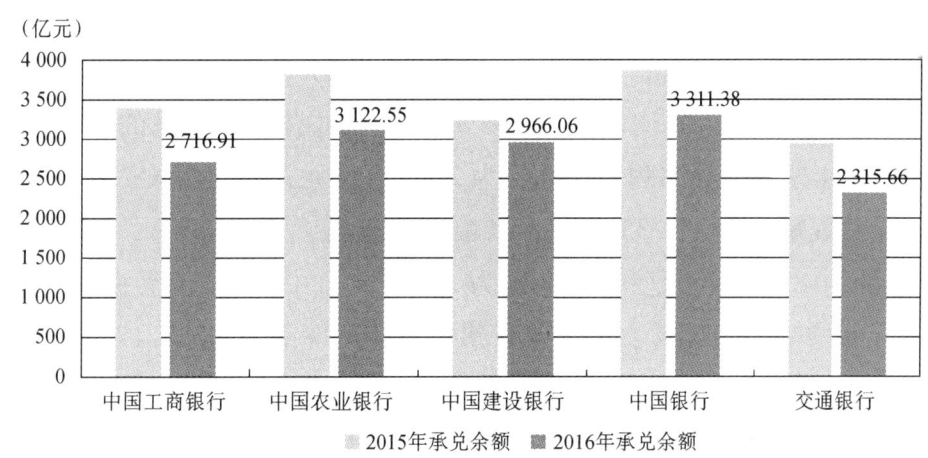

图 4-1　2015~2016 年上市国有银行票据承兑余额情况

数据来源：根据 5 家上市国有银行 2016 年年报数据整理编制。

（二）票据贴现业务同比增长

截至 2016 年末，5 家上市国有银行票据贴现余额（含直贴、转贴，下同）合计为 2.20 万亿元，占全国票据贴现余额的 40.00%，在票据贴现市场仍然占据着主导和优势地位。截至 2016 年末，5 家上市国有银行贴现余额同比增加了 5153 亿元，同比增长了 30.63%，增速虽仍保持较高水平，并高于全国平均增速的 19.57%，但较 2015 年贴现余额 73.42% 的同比增速显著下滑。

从 5 家上市国有银行各自的数据看，同比增速差异较大。其中，中国农业银行、中国工商银行票据贴现余额增长较快，分别为 59.65%、38.44%；中国建设银行、中国银行保持两位数增长，增速分别为 14.31%、13.13%；交通银行的票据贴现余额增长较为缓慢，增速为 7.79%（见图 4-2）。

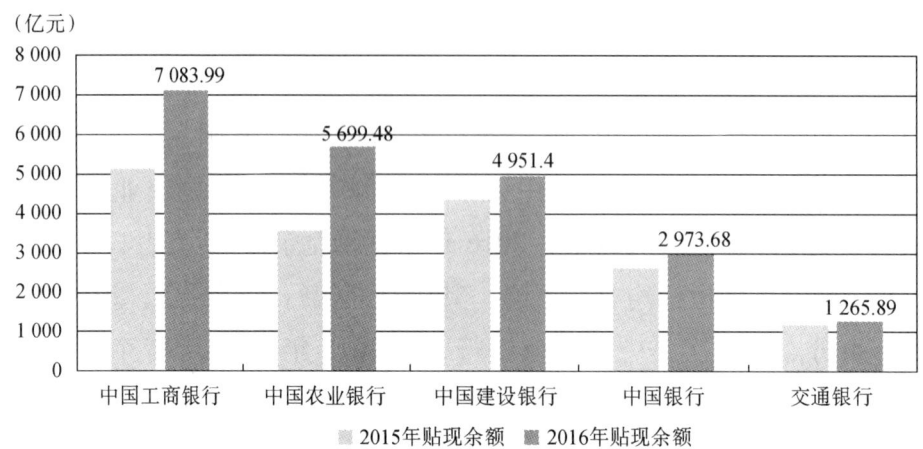

图4-2　2015~2016年上市国有银行票据贴现余额情况

数据来源：根据5家上市国有银行2016年年报数据整理编制。

从2016年全年票据贴现量（含直贴、转贴，下同）看，5家上市国有银行票据累计贴现量达5.21万亿元，同比增长10.62%，占全国票据贴现量的36.43%。其中，中国工商银行全年票据累计贴现量最高，为2.17万亿元，同比增长7.69%；中国农业银行票据累计贴现量为9763.35亿元，增幅仍然最高，达69.39%；中国建设银行票据累计贴现量为8336.23亿元，增幅为16.07%；中国银行票据累计贴现量为6597.01亿元，增幅为5.55%；交通银行票据累计贴现量为5728.17亿元，同比不增反降，降幅达25.92%。

从直贴业务占比看，交通银行的直贴业务占比为61.75%，中国银行的占比为58.09%，均高于其转贴现业务所占比例；中国建设银行、中国工商银行、中国农业银行的直贴业务占比则分别为46.46%、46.22%、30.38%，低于其转贴现业务的比例（见表4-1）。

表4-1　2016年上市国有银行票据贴现业务量情况

机构	票据贴现（亿元）	增长率（%）	其中：直贴（亿元）	直贴业务占比（%）
中国工商银行	21 718.67	7.69	10 038.62	46.22
中国农业银行	9 763.35	69.39	2 965.95	30.38
中国建设银行	8 336.23	16.07	3 873.20	46.46
中国银行	6 597.01	5.55	3 831.94	58.09
交通银行	5 728.17	-25.92	3 537.20	61.75

数据来源：中国银行业协会。

从票据周转次数（票据贴现量/票据贴现平均余额）指标看，2016年5家上市国有银行的票据周转次数为2.56次，略高于全国平均周转次数2.55次。2015年5家上市国有银行的票据周转次数为 2.79 次，远低于对应的全国平均周转次数 6.04 次。这一数据对比表明 2016 年全市场的票据交易活跃度有所下滑，而 5 家上市国有银行的票据贴现业务经营则较为稳健，依然维持"买入票据、融出资金、持票生息为主"的经营风格。其中，交通银行的票据周转次数最高，为 3.61 次；中国建设银行的票据周转次数相对较低，为 1.65 次；中国工商银行、中国银行、中国农业银行的票据周转次数则分别为 3.20 次、2.66 次、2.17 次。

（三）票据买入返售业务显著下滑

截至 2016 年末，5 家上市国有银行票据买入返售余额合计为 2 696.59 亿元，较 2015 年末 7 936.79 亿元的余额大幅下降 66.02%。其中，中国工商银行买入返售余额下滑幅度最小，为 36.23%；中国银行 2016 年末的票据买入返售余额则由 2015 年末的 15.27 亿元降为 0；中国建设银行、交通银行、中国农业银行的买入返售余额均显著下降，降幅分别为 64.04%、86.05%、93.19%（见图 4-3）。

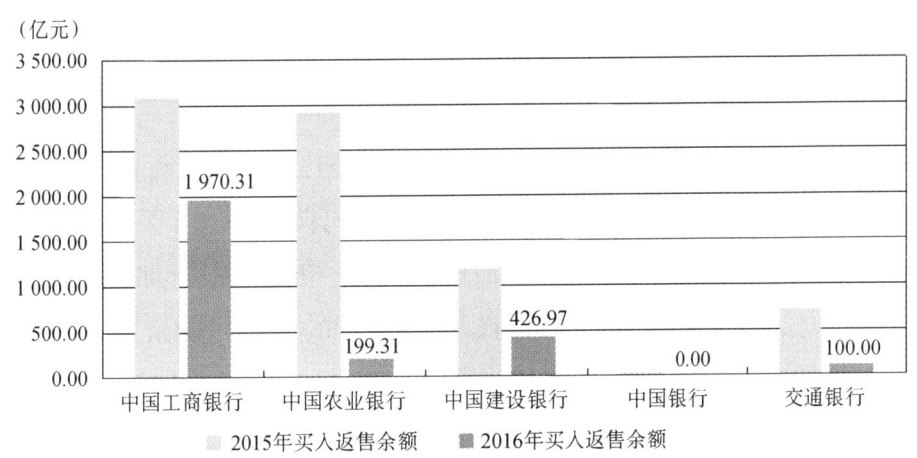

图 4-3 2015~2016 年上市国有银行票据买入返售余额情况

数据来源：根据 5 家上市国有银行 2016 年年报数据整理编制。

2016 年，5 家上市国有银行中，仅中国工商银行票据买入返售业务量超过万亿元，为 1.06 万亿元，同比下降 15.95%，降幅为 5 家银行中最小；中国银行买入返售业务量自 2015 年的 838 亿元降为 0，在 5 家银行中位居最后；中国建设银行和交通银行票据买入返售业务量较 2015 年减少一半左右；中国农业银行票据买入返售业务量也急剧萎缩，较 2015 年减少 93.21%（见表 4-2）。

表 4-2　　　　　　　　　　2016 年上市国有银行票据买入返售业务量情况

机构	累计票据买入返售（亿元）	增长率（%）
中国工商银行	10 557.57	-15.95
中国农业银行	1 217.88	-93.21
中国建设银行	3 369.11	-45.82
中国银行	0.00	—
交通银行	2 567.11	-56.28

数据来源：中国银行业协会。

2016 年，5 家上市国有银行的买入返售余额与买入返售业务量均显著下滑，究其原因：一是由于票据风险案件集中爆发，市场明显萎缩，导致业务需求下降；二是受到监管加强的影响，2016 年 5 家上市银行等市场各大机构经历了多次相关的内外部检查，其中部分机构出于控制业务风险的目的主动暂停了一段时间买入返售业务，因此影响其买入返售业务的开展；三是由于票据买入返售业务的利差相较于往年持续收窄，与其他种类资产相比的优势降低，5 家银行的资产配置策略或发生了一定变化。

（四）票据卖出回购业务同比有所上升

票据卖出回购业务作为融入资金业务，以往 5 大上市国有银行由于资金较为充裕，该项业务相对开展较少，然而在 2016 年中国人民银行降准降息节奏暂缓，下半年银行间市场整体流动性时而阶段性紧张的背景下，5 大上市国有银行加强了对票据卖出回购业务的开展力度。其中，中国建设银行、交通银行的卖出回购余额较 2015 年增长较为显著，分别由 2015 年的 2.18 亿元、0 增至 54.73 亿元、32.89 亿元。中国农业银行卖出回购余额也自 2015 年的 4.71 亿元升至 8.10 亿元。中国工商银行的卖出回购余额为 77.53 亿元，尽管仍为 5 家上市国有银行中最高者，但较 2015 年末 94.65 亿元的余额下降了 18.09%。中国银行卖出余额则在年初、年末均为 0，与 2015 年情况相一致（见图 4-4）。值得注意的是，尽管 2016 年票据买入返售业务同比下滑，卖出回购业务则显著上涨，但从绝对规模上看，5 家上市国有银行的买入返售余额仍远高于卖出回购余额，表明其在市场上仍以融出资金为主。

（五）票据贴现收益有所下降

2016 年，票据市场利率整体低于 2015 年，中国票据网转贴现报价利率全年平均值为 3.10%，较 2015 年下降 93 个基点。5 家上市国有银行 2016 年票据贴现平均收益率集中在 3.10% ~ 3.40%，均值为 3.22%，较 2015 年的均值 4.36% 下降了 114 个基点。

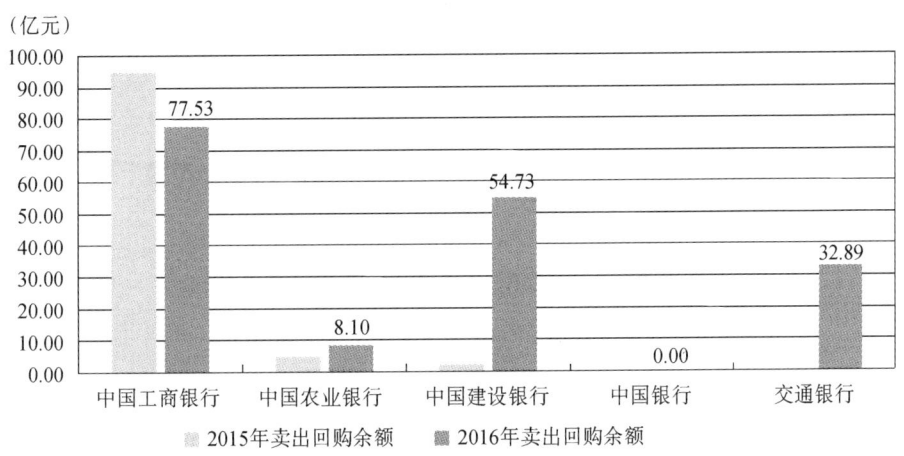

图 4-4　2015~2016 年上市国有银行票据卖出回购余额情况

数据来源：根据 5 家上市国有银行 2016 年年报数据整理编制。

其中，中国银行全年票据贴现加权平均收益率最高为 3.34%，中国工商银行、交通银行、中国农业银行、中国建设银行票据贴现加权平均收益率分别为 3.26%、3.20%、3.18%、3.10%。尽管 2016 年票据市场的利率水平再创近年来新低，但 5 家上市国有银行的票据贴现平均余额均较 2015 年有所增加，使得票据贴现利息收入整体上升。其中，中国建设银行全年贴现利息收入增长最快，较 2015 年上涨 50.69%，全年贴现利息收入为 156.37 亿元；中国工商银行全年贴现利息收入最多，为 221.07 亿元，较 2015 年上涨 12.83%；中国农业银行全年贴现利息收入为 143.26 亿元，同比增长 33.08%；中国银行和交通银行的贴现利息收入则分别较 2015 年下降 14.54%、0.31%（见图 4-5）。

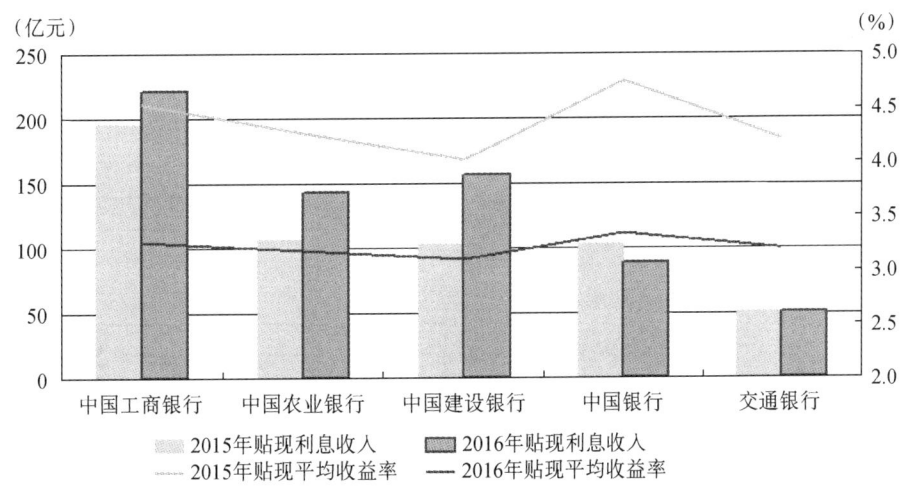

图 4-5　2015~2016 年上市国有银行票据贴现收益情况

数据来源：根据 5 家上市国有银行 2016 年年报数据整理编制。

二、股份制银行票据业务开展情况

(一) 票据承兑业务同比下降

2016年,12家股份制银行(中信银行、光大银行、华夏银行、民生银行、招商银行、兴业银行、平安银行、浦发银行、广发银行、浙商银行、恒丰银行、渤海银行,下同)票据承兑余额合计4.10万亿元,在全国票据承兑余额中的占比为45.55%,较2015年末的4.74万亿元减少6 431.04亿元,同比降幅为13.56%。2016年12家股份制银行票据承兑余额的同比增速由正转负,是在中国人民银行推行MPA考核制度以及中国银监会加强对表外业务风险管理的影响下,股份制银行出于控制承兑风险和缓解资本压力的目的,主动放缓了票据承兑业务的发展节奏。

12家代表性股份制银行中,民生银行承兑余额最高,为6 125.83亿元;余额超过5 000亿元的还包括中信银行和浦发银行,余额在2 000亿~5 000亿元的有光大银行、兴业银行、平安银行、恒丰银行、华夏银行、招商银行;余额低于2 000亿元的银行包括广发银行、浙商银行、渤海银行。从同比增幅看,仅浙商银行和恒丰银行年末票据承兑余额分别上涨34.54%、5.77%,其余10家股份制商业银行的年末票据承兑余额均较2015年有不同程度的下滑。其中,招商银行票据承兑余额同比下滑29.30%,降幅最大;渤海银行同比下滑5.77%,降幅最小;同比降幅超过20%的股份制银行除招商银行外,还包括兴业银行、浦发银行,同比降幅在10%~20%的银行最多,共计5家(见图4-6)。相较于5家上市国有银行,尽管股份制银行在资金成本、客户资源等方面的优势并不突出,但其对于票据承兑业务的重视程度较高,在票据承兑余额方面,部分股份制商业银行已赶超5家上市国有银行。

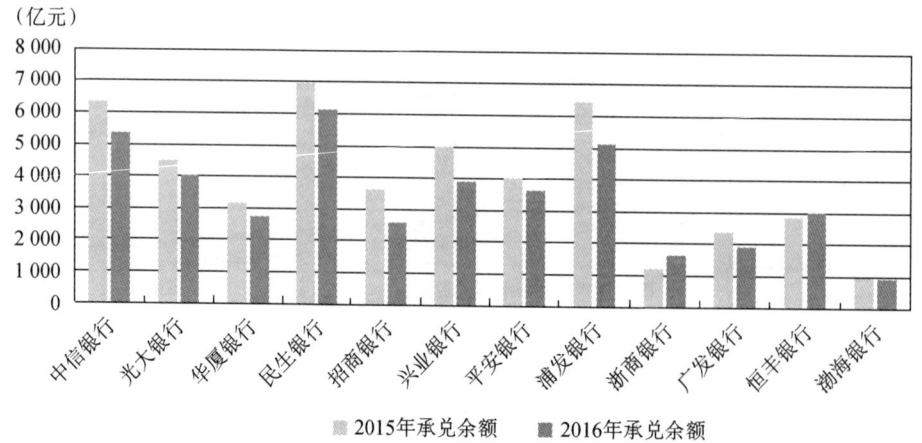

图4-6 2015~2016年12家股份制银行票据承兑余额情况

数据来源:根据12家股份制银行2016年年报数据整理编制。

从票据承兑业务的风险抵补能力看,除招商银行的票据承兑余额/所有者权益指标为63.63%以外,其余11家代表性股份制银行该指标均超过100%。其中:恒丰银行最高,为478.15%;浙商银行和渤海银行也超过了200%(见表4-3)。整体而言,与5家国有上市银行相比,股份制银行票据承兑余额/所有者权益指标普遍较高。

表4-3　　　　　　　　　2016年12家股份制银行票据承兑情况

机构	2016年承兑余额（亿元）	同比增幅（%）	票据杠杆率（%）
中信银行	5 353.13	-15.22	139.22
光大银行	4 014.20	-10.67	159.88
华夏银行	2 732.35	-13.31	178.62
民生银行	6 125.83	-11.77	174.02
招商银行	2 566.55	29.30	63.63
兴业银行	3 911.54	-21.55	110.37
平安银行	3 646.23	-9.01	180.35
浦发银行	5 107.67	-20.84	136.96
浙商银行	1 643.61	34.54	243.59
广发银行	1 937.64	-18.20	182.84
恒丰银行	3 028.78	5.77	478.15
渤海银行	929.98	-6.56	224.29

数据来源：根据12家股份制银行2016年年报数据整理编制。

(二) 票据贴现业务余额增速放缓

截至2016年末,12家代表性股份制银行票据贴现(含直贴、转贴)余额为7 633.71亿元,约为5家上市国有银行合计票据贴现规模的34.74%,略高于中国工商银行的票据贴现余额。其中:民生银行和招商银行年末票据贴现余额均超过1 000亿元,分别为1 644.53亿元和1 545.17亿元;广发银行、中信银行、浦发银行、兴业银行和光大银行的年末票据贴现余额均介于500亿~1 000亿元,分别为878.55亿元、750.47亿元、612.93亿元、579.29亿元和561.73亿元;恒丰银行、华夏银行、浙商银行和平安银行年末票据贴现规模分别为400.18亿元、274.59亿元、180.24亿元和148.46亿元;渤海银行年末票据贴现规模低于100亿元,仅为57.57亿元。

2016年,股份制银行的票据贴现余额增速较2015年有所放缓,较2015年增加了1 492.90亿元,同比增速仅为24.31%,低于5家上市国有银行的票据贴现增幅。其中,广发银行、恒丰银行增速最快,年末票据贴现余额分别同比增长223.83%、158.00%。与此同时,渤海银行、浙商银行、光大银行、中信银行、兴业银行、华夏银行和浦发银行年末票据贴现余额同比出现下滑,降幅分别为75.60%、54.74%、21.10%、19.08%、17.10%、12.76%和1.27%(见图4-7)。

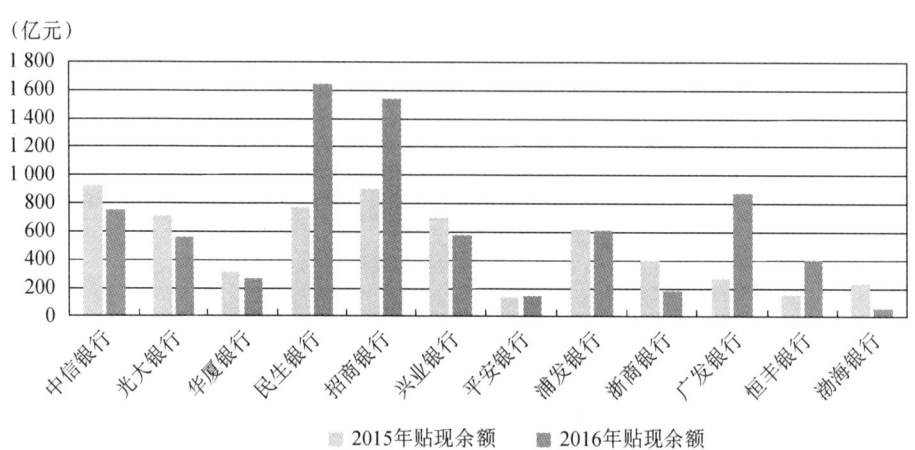

图4-7 2015~2016年12家股份制银行票据贴现余额情况

资料来源:根据12家股份制银行2016年年报数据整理编制。

从票据贴现业务量来看,招商银行作为最主要的做市交易银行,一家独大,票据贴现业务量远高于其他银行,全年票据贴现业务量为29.20万亿元,同比增长率高达61.32%。市场上重要的做市交易银行还包括民生银行和平安银行,其全年票据贴现业务量也位居市场前列,分别为8.46万亿元和4.73万亿元。从票据贴现业务量的同比增长情况看,除招商银行贴现业务量同比增长61.32%外,其余机构同比均大幅下滑。

从直贴业务占比看,中信银行直贴业务占比最高,为69.23%,除中信银行外,其余股份制银行的直贴业务占比普遍低于国有商业银行,其中招商银行的直贴业务占比仅为6.70%。这表明股份制银行在转贴现业务方面表现更为活跃(见表4-4)。

表4-4　　　　　　　　　2016年股份制银行票据贴现业务量情况

机构	票据贴现(亿元)	增长率(%)	其中:直贴(亿元)	直贴业务占比(%)
招商银行	291 994.90	61.32	19 577.90	6.70
民生银行	84 640.70	-70.42	8 199.60	9.69
平安银行	47 266.70	-40.20	6 210.10	13.14
浦发银行	14 804.20	-10.87	3 676.50	24.83
中信银行	9 921.90	-39.12	6 868.7	69.23
兴业银行	3 498.30	-50.93	656.6	18.77
光大银行	3 009.00	-53.69	912.00	30.31
华夏银行	1 114.71	-	308.14	27.64

数据来源:中国银行业协会、全国商票联数据交换。

从股份制银行票据贴现业务量与票据贴现余额的对比看，相较于国有商业银行，股份制银行更加注重票据资产的周转，从公布数据的银行可以看出，大都采取"流量经营"的策略。

从贴现承兑比（贴现余额/承兑余额）指标看，股份制银行该项指标为18.62%，远低于国有银行的152.26%，表明股份制银行更加着重于发展票据承兑业务，从而提高中间业务收入并借以拉动负债。

（三）票据买入返售业务大幅下滑

截至2016年末，12家股份制银行票据买入返售余额合计为1 441.51亿元，同比大幅下降88.34%。其中，9家股份制银行票据买入返售余额剧烈下滑，浦发银行、光大银行和浙商银行分别由2015年末的1 052.38亿元、805.95亿元和141.11亿元降为0；招商银行、华夏银行、兴业银行、民生银行票据买入返售余额较2015年的下降幅度也均在90%以上；广发银行和平安银行票据买入返售余额分别下降89.67%和71.97%。其余3家股份制银行中，渤海银行2015年和2016年末的票据返售余额均为0；恒丰银行和中信银行的余额则分别上涨77.66%和6.17%至497.85亿元和291.88亿元（见图4－8）。

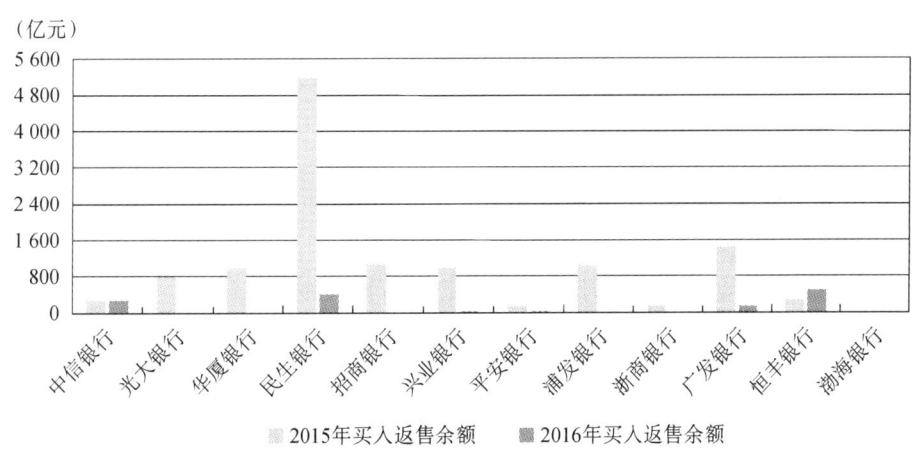

图4－8　2015～2016年12家股份制银行票据买入返售余额情况

数据来源：根据12家股份制银行2016年年报数据整理编制。

2016年，从股份制银行的票据买入返售业务量来看，民生银行买入返售业务量超过2万亿元，远高于其他股份制银行，兴业银行和平安银行的买入返售业务量也在千亿元以上，其余机构业务量则低于千亿元。从同比增速看，2016年各机构买入返售业务量均大幅下滑。其中，平安银行降幅最低，为63.41%；中信银行降幅最大，为98.99%。除平安银行和民生银行票据买入返售业务量分别下滑63.41%和70.26%外，其余银行[1]买入返售业务量降幅均超过90%。从票据买入返售的绝对业务量看,民生银行以2.20万亿元的规模远超其余股份制银行,规模在千亿元以上的还包括兴业银行(1 381.60亿元)和平安银行(1 116.00亿元)(见表4-5)。

表4-5　　　　　　　　2016年股份制银行票据买入返售业务量情况

机构	累计票据买入返售（亿元）	增长率（%）
招商银行	772.6	-96.97
民生银行	22 034.10	-70.26
平安银行	1 116.00	-63.41
浦发银行	554.10	-94.91
中信银行	144.20	-98.99
兴业银行	1 381.60	-90.73
光大银行	178.00	-96.75
华夏银行	2 140.05	—

数据来源：中国银行业协会、全国商票联数据交换。

2016年,12家股份制银行的买入返售余额与买入返售业务量均显著下滑,究其原因：一方面和5家上市国有银行相同,受到监管加强的影响和机构资产配置策略的变化;另一方面,则是因为2016年票据资管呈爆发式增长,以股份制银行为代表的机构在开展票据业务时普遍将重心由传统的买入返售业务转向票据资管业务,从而形成了对票据买入返售业务的挤出。

（四）票据卖出回购业务平稳运行

截至2016年末,12家股份制银行票据卖出回购余额合计为2 444.46亿元,较2015年微涨3.07%。其中,招商银行卖出回购票据余额最高,为853.46亿元,民生银行以716.95亿元的余额紧随其后。票据卖出回购余额在百亿元规模以上的银行还包括中信银行、兴业银行和平安银行,其票据卖出回购余额分别为290.55亿元、240.37亿元和203.44亿元。平安银行年初和年末的票据卖出回购余额均为0。从同比增速看,民生银行卖出回购余额较2015年上涨885.36%,涨幅最为显著,广发银行和兴业银行余额分别较2015年增长223.74%和199.12%,涨幅较大。恒丰银行卖出回购余额则由2015年的17.64亿元降为0,华夏银行、浦发银行、光大银行和渤海银行票据卖出回购余额则大幅下滑,降幅均在50%以上（见图4-9）。

---

[1] 除华夏银行外,华夏银行无2015年可比数据。

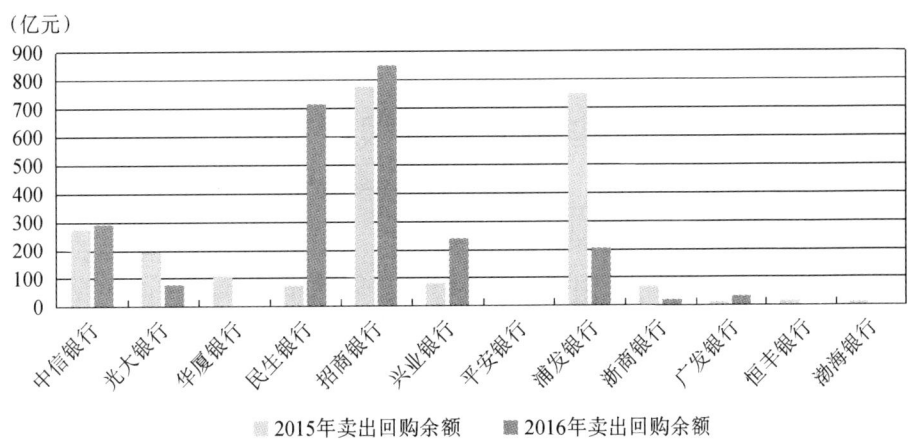

图 4-9　2015~2016 年 12 家股份制银行票据卖出回购余额情况

数据来源：根据 12 家股份制银行 2016 年年报数据整理编制。

（五）票据贴现收益率有所下降

2016 年，12 家股份制银行中有 5 家公布了 2016 年票据贴现平均收益率，集中在 2.00%~3.70%，均值为 3.09%，较 2015 年的均值 4.04% 下降了 95 个基点。其中，光大银行全年票据贴现加权平均收益率最高为 3.69%，招商银行收益率最低，为 2.06%，兴业银行、浦发银行和中信银行的贴现平均收益率则分别为 3.49%、3.12%、3.08%。总体而言，2016 年的票据贴现收益率较 2015 年有所下降。从贴现利息收入看，12 家股份制银行票据贴现利息收入整体较 2015 年略有上涨（见表 4-6）。

表 4-6　　　　　　2016 年股份制银行票据贴现利息收入情况

机构	贴现利息收入（亿元）		贴现平均收益率（%）	
	2015 年	2016 年	2015 年	2016 年
中信银行	32.14	27.05	3.58	3.08
光大银行	29.57	27.61	4.03	3.69
华夏银行	3.04	8.31	-	-
民生银行	25.53	47.06	-	-
招商银行	48.66	38.34	4.04	2.06
兴业银行	19.53	26.15	4.20	3.49
平安银行	4.13	4.27	-	-
浦发银行	29.47	25.62	4.35	3.12
浙商银行	-	-	-	-
广发银行	7.28	22.74	-	-
恒丰银行	36.33	36.38	-	-
渤海银行	10.03	5.66	-	-

数据来源：根据 12 家股份制银行 2016 年年报数据整理编制。

第二节　中小型商业银行票据业务

2016年，城商行（含城市信用社）、农村金融机构①等中小金融机构票据业务均有所增长但增速分化较为明显，年末票据贴现余额分别为8 756亿元和11 161亿元，同比分别增加了370亿元和1 912亿元，增幅分别为4.42%和20.68%。

一、城商行票据业务开展情况

本书选取市场上资产规模较大、具有一定影响力的15家样本城商行（北京银行、上海银行、江苏银行、南京银行、盛京银行、宁波银行、杭州银行、天津银行、厦门国际银行、锦州银行、哈尔滨银行、广州银行、中原银行、包商银行、贵阳银行，下同）作为分析对象，以总结归纳城商行票据业务的发展情况和特点。

（一）票据承兑业务小幅下降

截至2016年末，15家样本城商行承兑余额为1.03万亿元，较2015年底的1.05万亿元减少了224.55亿元，降幅为2.14%。其中，承兑余额超千亿元规模的有江苏银行、盛京银行和北京银行，承兑余额为500亿~1 000亿元的有锦州银行、上海银行、宁波银行、南京银行、包商银行和哈尔滨银行。其余6家城商行的承兑余额均低于500亿元。从同比增长情况看，厦门国际银行承兑余额增速最高，为92.19%，杭州银行增速最低，为-33.93%。15家城商行中仅6家同比增速为正，其余9家则呈现负增长态势（见表4-7）。总体而言，相较于国有、股份制银行，2016年城商行票据承兑余额下降较为缓慢，从侧面反映出城商行的票据承兑业务在结构方面的重要性有所增强。

表4-7　　　　　　　2015~2016年15家样本城商行票据承兑余额情况

机构	承兑余额（亿元）		同比增速（%）
	2015年	2016年	
北京银行	1 484.53	1 412.20	-4.87
上海银行	966.81	663.24	-31.40

---

① 农村金融机构包括农村商业银行、农村合作银行、村镇银行、农村信用社。

续表

机构	承兑余额（亿元）		同比增速（%）
	2015年	2016年	
江苏银行	1 544.36	1 542.62	-0.11
南京银行	608.61	638.23	4.87
盛京银行	1 343.79	1 429.48	6.38
宁波银行	697.17	655.83	-5.93
杭州银行	551.16	364.14	-33.93
天津银行	573.41	486.12	-15.22
厦门国际银行	245.94	472.67	92.19
锦州银行	577.02	782.23	35.56
哈尔滨银行	494.53	548.83	10.98
广州银行	209.60	139.24	-33.57
中原银行	467.05	332.39	-28.83
包商银行	448.80	557.46	24.21
贵阳银行	273.21	236.76	-13.34

数据来源：根据15家样本城商行2016年年报数据整理编制。

（二）票据贴现业务小幅下滑

2016年末，15家样本城商行票据贴现余额合计为2 830.32亿元，较2015年的3 017.42亿元减少了187.10亿元，降幅为6.20%。其中：贴现余额超过500亿元的有江苏银行、上海银行；贴现余额为100亿~500亿元的有北京银行、杭州银行、广州银行、宁波银行和南京银行；贴现余额低于100亿元的则包括中原银行、包商银行、盛京银行、天津银行、贵阳银行、哈尔滨银行、厦门国际银行和锦州银行[①]。从同比增长情况来看，盛京银行和包商银行票据贴现业务增长迅猛，同比增速分别高达4 777.33%和1 294.87%；锦州银行、厦门国际银行和贵阳银行票据贴现业务则显著回落，同比降幅均在50%以上（见表4-8）。总体而言，城商行票据贴现业务增长情况显著分化，在一定程度上反映出不同机构对于票据业务经营的策略不尽相同，导致的经营结果也呈现出较大差异。

---

① 厦门国际银行和锦州银行的票据贴现余额均低于1亿元。

表4-8　　2015~2016年15家样本城商行票据贴现余额情况

机构	贴现余额（亿元） 2015年	贴现余额（亿元） 2016年	同比增速（%）
北京银行	252.85	274.54	8.58
上海银行	1 054.01	752.76	-28.58
江苏银行	836.26	807.96	-3.38
南京银行	98.10	100.61	2.56
盛京银行	0.75	36.58	4 777.33
宁波银行	286.34	203.24	-29.02
杭州银行	157.93	239.55	51.68
天津银行	58.10	29.41	-49.38
厦门国际银行	1.77	0.59	-66.67
锦州银行	2.37	0.41	-82.70
哈尔滨银行	4.09	8.10	98.04
广州银行	115.86	203.90	75.99
中原银行	119.65	95.96	-19.80
包商银行	4.87	67.93	1 294.87
贵阳银行	24.47	8.78	-64.12

数据来源：根据15家样本城商行2016年年报数据整理编制。

从贴现利息收入方面看，15家样本城商行中共有13家在年度报告中披露了贴现利息收入数据，合计为127.82亿元，较2015年的178.74亿元减少了50.92亿元，降幅为28.49%。贴现利息收入减少，一方面是由于2016年城商行票据贴现余额有所下滑，另一方面则是由于2016年市场利率水平整体较2015年下降。从绝对规模上看，上海银行的票据贴现利息收入最高，为33.93亿元；锦州银行贴现利息收入最低，仅为0.21亿元。从同比增长情况看，北京银行同比增速最高，为85.83%；盛京银行同比降幅最大，较2015年下降90.73%（见表4-9）。

表4-9　　2015~2016年15家样本城商行票据贴现利息收入情况

机构	贴现利息收入（亿元） 2015年	贴现利息收入（亿元） 2016年	同比增速（%）
北京银行	6.07	11.28	85.83
上海银行	46.68	33.93	-27.31
江苏银行	37.26	29.72	-20.24
南京银行	14.45	9.08	-37.16

续表

机构	贴现利息收入（亿元）		同比增速（%）
	2015 年	2016 年	
盛京银行	14.67	1.36	-90.73
宁波银行	15.51	18.55	19.60
杭州银行	7.04	6.81	-3.27
天津银行	6.50	1.66	-74.46
厦门国际银行	-	-	-
锦州银行	0.53	0.21	-60.38
哈尔滨银行	2.50	1.40	-44.00
广州银行	13.93	7.97	-42.79
中原银行	10.15	4.37	-56.95
包商银行	-	-	-
贵阳银行	3.45	1.48	-57.10

数据来源：根据15家样本城商行2016年年报数据整理编制。

（三）票据买入返售业务大幅下滑

2016年末，15家样本城商行中共有14家在年度报告中披露了买入返售余额数据，合计109.52亿元，较2015年的2603.08亿元减少2493.56亿元，降幅高达95.79%。从绝对规模来看，天津银行买入返售余额最高，为100.98亿元；哈尔滨银行和北京银行的买入返售余额分别为7.99亿元和0.55亿元（见表4-10）。与2015年相比，各家银行的买入返售余额均有所下滑，江苏银行、中原银行、上海银行、盛京银行、杭州银行和南京银行的买入返售余额均降为0，天津银行、哈尔滨银行和北京银行同比下滑80.51%、98.34%和99.93%，宁波银行、厦门国际银行、锦州银行、广州银行和贵阳银行2015年和2016年的买入返售余额则均为0。与上市国有银行和股份制银行类似，2016年城商行票据买入返售余额亦大幅下滑，背后的原因主要是监管部门对于票据买入返售业务的监管趋严所导致的。

表4-10　　　　2015~2016年15家样本城商行票据买入返售余额情况

机构	买入返售余额（亿元）		同比增速（%）
	2015 年	2016 年	
北京银行	832.10	0.55	-99.93
上海银行	93.32	0.00	-100.00
江苏银行	331.47	0.00	-100.00

续表

机构	买入返售余额（亿元）		同比增速（%）
	2015年	2016年	
南京银行	35.37	0.00	-100.00
盛京银行	69.39	0.00	-100.00
宁波银行	0.00	0.00	—
杭州银行	60.63	0.00	-100.00
天津银行	518.15	100.98	-80.51
厦门国际银行	0.00	0.00	—
锦州银行	0.00	0.00	—
哈尔滨银行	481.78	7.99	-98.34
广州银行	0.00	0.00	—
中原银行	180.87	0.00	-100.00
包商银行	—	—	—
贵阳银行	0.00	0.00	—

数据来源：根据15家样本城商行2016年年报数据整理编制。

（四）票据卖出回购业务快速攀升

2016年末，15家样本城商行中共有14家在年度报告中披露了卖出回购余额数据，合计531.87亿元，较2015年的114.95亿元增加416.92亿元，增长幅度高达362.70%。其中：上海银行和北京银行的卖出回购余额分别由2015年的13.76亿元和0.15亿元上升至446.58亿元和8.17亿元，上升幅度高达3 145.49%和5 346.67%；广州银行卖出回购余额也从0升至19.52亿元；天津银行和南京银行卖出回购余额则分别从39.61亿元和1.78亿元降至0和0.51亿元，降幅高达100%和71.35%（见表4-11）。

表4-11　2015~2016年15家样本城商行票据卖出回购余额情况

机构	卖出回购余额（亿元）		同比增速（%）
	2015年	2016年	
北京银行	0.15	8.17	5 346.67
上海银行	13.76	446.58	3 145.49
江苏银行	46.69	48.86	4.65
南京银行	1.78	0.51	-71.35
盛京银行	0.40	3.13	682.50
宁波银行	11.77	4.55	—
杭州银行	0.12	0.10	-16.67

续表

机构	卖出回购余额（亿元）		同比增速（%）
	2015年	2016年	
天津银行	39.61	0.00	-100.00
厦门国际银行	0.67	0.45	—
锦州银行	0.00	0.00	—
哈尔滨银行	0.00	0.00	—
广州银行	0.00	19.52	—
中原银行	0.00	0.00	—
包商银行	—	—	—
贵阳银行	0.00	0.00	—

数据来源：根据15家样本城商行2016年年报数据整理编制。

2016年，城商行票据卖出回购业务快速攀升，其主要原因在于城商行在市场上主要是作为资金融入方，近年来逐渐加强盘活票据资产，以拓宽资金来源渠道。

二、农村金融机构票据业务开展情况

由于农村金融机构数量众多，票据业务发展情况各不相同，因此本文选取2016年末总资产规模居前的、已在A股上市的共10家样本农商行（北京农商银行、重庆农商银行、成都农商银行、上海农商银行、广州农商银行、江阴农商银行、常熟农商银行、无锡农商银行、张家港农商银行、吴江农商银行，下同）作为分析对象，以此为切入点分析农村金融机构票据业务发展现状。

（一）票据承兑业务小幅回落

2016年末，10家样本农商行票据承兑余额合计为758.18亿元，较2015年的782.40亿元下降24.22亿元，降幅为3.10%。其中，承兑余额超百亿规模的有广州农商银行、重庆农商银行和吴江农商银行，承兑余额在50亿~100亿元的有上海农商银行、常熟农商银行、张家港农商银行和无锡农商银行。其余3家农商行的承兑余额则均低于50亿元。从同比增长情况看，10家农商行中仅4家同比增速为正，其余6家则呈现负增长态势。其中：张家港农商银行承兑余额增速最高，为34.05%；成都农商银行增速最低，为-28.03%（见表4-12）。总体而言，与城商行类似，2016年农商行票据承兑余额下降亦较为缓慢，主要原因或在于农商行票据业务起步较国有、股份制银行晚，因此基数较低。

表 4-12　　2015～2016 年 10 家样本农商行票据承兑余额情况

机构	承兑余额（亿元）		同比增速（%）
	2015 年	2016 年	
北京农商银行	17.65	15.19	-13.94
重庆农商银行	131.05	123.23	-5.97
成都农商银行	28.61	20.59	-28.03
上海农商银行	77.72	92.01	18.39
广州农商银行	180.71	142.55	-21.12
江阴农商银行	35.73	36.26	1.48
常熟农商银行	100.94	90.61	-10.23
无锡农商银行	42.77	55.34	29.39
张家港农商银行	59.83	80.2	34.05
吴江农商银行	107.39	102.2	-4.83

数据来源：根据 10 家样本农商行 2016 年年报数据整理编制。

（二）票据贴现业务有所下滑

2016 年末，10 家样本农商行票据贴现余额合计为 1 773.57 亿元，较 2015 年的 1 975.67 亿元减少了 202.10 亿元，降幅为 10.23%。其中，贴现余额超过 500 亿元的有上海农商银行和北京农商银行，贴现余额在 100 亿～500 亿元的有重庆农商银行、广州农商银行和无锡农商银行，其余 5 家农商行贴现余额则均低于 100 亿元。从同比增长情况看，广州农商银行票据贴现业务增长迅猛，同比增速高达 163.19%；成都农商银行票据贴现业务则显著回落，同比降幅为 43.52%（见表 4-13）。总体而言，农商行票据贴现余额增速显著低于全国平均增速。

表 4-13　　2015～2016 年 10 家样本农商行票据贴现余额情况

机构	贴现余额（亿元）		同比增速（%）
	2015 年	2016 年	
北京农商银行	732.69	549.87	-24.95
重庆农商银行	69.82	123.28	76.57
成都农商银行	72.13	40.74	-43.52
上海农商银行	734.8	602.28	-18.03
广州农商银行	45.58	119.96	163.19
江阴农商银行	88.03	94.36	7.19
常熟农商银行	50.95	52.85	3.73
无锡农商银行	108.04	105.76	-2.11
张家港农商银行	44.14	44.56	0.95
吴江农商银行	29.49	39.91	35.33

资料来源：根据 10 家样本农商行 2016 年年报数据整理编制。

(三) 票据买入返售业务大幅下滑

2016年末，10家样本农商行中共有8家在年度报告中披露了买入返售余额数据，合计201.18亿元，较2015年的1 127.76亿元减少926.58亿元，降幅高达82.16%。其中，各家银行的买入返售余额均有所下滑。成都农商银行、重庆农商银行和吴江农商银行的买入返售余额均降为0；北京农商银行、上海农商银行和广州农商银行同比下滑88.45%、59.81%和17.74%；无锡农商银行和张家港农商银行2015年和2016年的买入返售余额则均为0。从绝对规模看，广州农商银行买入返售余额最高，为112.06亿元；上海农商银行和北京农商银行的买入返售余额则分别为55.70亿元和33.42亿元（见表4-14）。与其他类型银行类金融机构类似，2016年农商行票据买入返售余额同比降幅亦较为显著，背后的原因仍然是票据买入返售业务的监管明显趋严。

表4-14　2015~2016年10家样本农商行票据买入返售余额情况

机构	买入返售余额（亿元）		同比增速（%）
	2015年	2016年	
北京农商银行	289.39	33.42	-88.45
重庆农商银行	209.99	0	-100.00
成都农商银行	347.22	0	-100.00
上海农商银行	138.6	55.7	-59.81
广州农商银行	136.22	112.06	-17.74
江阴农商银行	-	-	-
常熟农商银行	-	-	-
无锡农商银行	0	0	-
张家港农商银行	0	0	-
吴江农商银行	6.34	0	-100.00

数据来源：根据10家样本农商行2016年年报数据整理编制。

(四) 票据卖出回购业务快速攀升

2016年末，10家样本农商行卖出回购余额合计为464.14亿元，较2015年的348.13亿元增加116.01亿元，增长幅度高达33.32%。其中，上海农商银行的卖出回购余额由2015年的2.09亿元上升至30.69亿元，上升幅度高达1 368.42%，成都农商银行、北京农商银行和常熟农商银行卖出回购余额同比增速也均在20%以上。张家港农商银行卖出回购余额则从2亿元降至0（见表4-15）。

表 4-15　　2015~2016 年 10 家样本农商行票据卖出回购余额情况

机构	卖出回购余额（亿元）		同比增速（%）
	2015 年	2016 年	
北京农商银行	301.16	392.86	30.45
重庆农商银行	29.91	24.22	-19.02
成都农商银行	7.76	10.72	38.14
上海农商银行	2.09	30.69	1 368.42
广州农商银行	0	0	—
江阴农商银行	0	0	
常熟农商银行	4.06	4.93	21.43
无锡农商银行	1.15	0.72	-37.39
张家港农商银行	0	0	—
吴江农商银行	2	0	-100.00

数据来源：根据 10 家样本农商行 2016 年年报数据整理编制。

第三节　其他金融机构票据业务

近年来，政策性银行、中国邮政储蓄银行、财务公司、外资银行等金融机构在票据市场上发挥着越来越重要的作用，其业务定位和在市场上扮演的角色也各不相同。

一、政策性银行和邮政储蓄银行票据业务开展情况

2016 年，政策性银行的票据业务开展基本延续前一年的运行态势，整体运行较为平稳，其中中国农业发展银行仍然是 3 家政策性银行中的票据业务主力军。截至 2016 年末，3 家政策性银行票据融资规模合计为 413 亿元，较 2015 年末小幅增加 13 亿元，增幅为 3.25%。相较于 5 家上市国有银行，政策性银行的票据贴现余额始终较小，在全部贷款中的占比偏低，其主要原因在于国家开发银行和进出口银行服务的客户中，中小企业的占比较低，而市场上 2/3 左右的银行承兑汇票都是由中小企业签发的。中国农业发展银行由于服务对象中有许多"三农"企业，因此票据业务的发展情况在 3 家政策性银行中处于领先地位。

2016 年，邮储银行票据承兑和贴现业务维持良好的上升势头，年末票据承兑余额

为413.27亿元，较2015年末的207.39亿元同比增长99.27%；年末票据贴现余额为3 490.81亿元，较2015年末的2 683.03亿元同比增长30.11%；年末票据买入返售余额为502.27亿元，较2015年末的327.96亿元同比增长53.15%；年末票据卖出回购余额为60.77亿元，较2015年底的80.50亿元同比下降24.51%。邮储银行票据承兑、贴现、买入返售余额均显著上涨，表明该行加强了对票据资产的配置力度。与此同时，卖出回购余额减少表明其资金融入规模有所减少，从侧面印证了邮储银行资金较为充足的市场优势地位。2016年以来，中国邮政储蓄银行对于票据业务的重视程度持续上升，加大了票据转贴现等业务的开展频率，并且凭借其自身资金成本较低的优势，使得票据业务经营各项数据继续快速增长。与5家上市国有银行相比，尽管邮储银行的票据承兑余额相对较少，但票据贴现余额已超过中国银行和交通银行，买入返售余额和票据贴现利息收入均超过中国建设银行、中国银行和交通银行，而票据卖出回购余额更是仅次于中国工商银行。

二、集团企业财务公司票据业务开展情况

根据中国财务公司协会公布的数据，截至2016年末，集团企业财务公司数量为236家，资产总额达到4.76万亿元，同比增长16.89%，发放贷款（含贸易融资和贴现）2.08万亿元，同比增长23.14%，全年实现净利润619.92亿元，同比增长6.14%。随着集团企业财务公司数量的增加以及各项经营指标的增长，其在金融市场上的重要性日益显著，同时在票据市场上也日渐成为更加重要的市场参与者。

根据人民币信贷收支表数据，截至2016年末，财务公司票据贴现余额合计为1 091亿元，同比减少64亿元或下降5.55%。尽管同比略有下降，但总体上看业务运行仍较为平稳。在2016年前三季度票据市场利率整体低位运行的背景下，财务公司抓住低成本融资时机，丰富了票据业务办理模式，以提升灵活性。例如，据中国电力网报道，2016年6月，大唐财务公司为3家成员单位办理了金额共计2.4亿元的票据承兑，并于当日全部由收票单位在公司办理了买方付息贴现，隔日大唐财务公司便将上述贴现票据全部转贴现卖断给商业银行，首次实现票据"即开即贴即转"。

随着上海票交所的成立，票据市场的交易逐渐由线下转为线上，并且2016年电票业务加速发展，电票的市场份额也进一步显著提升，票据市场的不断发展完善为财务公司的票据业务创新发展创造了空间。中石化财务公司等机构表示[①]，预计财务公司未来在票据资管、衍生产品、资产证券化、跨市场、电子化产品等方面都会有所创新，

---

① 此处是根据中国贸易金融网的相关报道信息进行整理所得。

未来以保理、票据等基础产品为依托，可以发展信息服务、业务撮合等功能，从而更好地服务于实体企业。

三、外资银行票据业务开展情况

根据人民币信贷收支表数据，截至2016年末，在华外资银行票据贴现余额合计为744亿元，较2015年末的余额1 075亿元同比下降30.79%，连续两年的降幅均较为显著。从外资银行贴现资产配置比重看，其票据融资占贷款余额的比重较年初下降3.4个百分点至6.8%，比重逐渐接近其他类型金融机构。

以汇丰（中国）银行为例，2016年末票据承兑余额为80.96亿元，较2015年末的64.22亿元增长了26.07%，显著高于全国平均增幅；票据杠杆率（票据承兑规模/所有者权益）为17.84%，仍然维持在较低水平；年末票据贴现余额为60.70亿元，较2015年末的118.89亿元大幅下降48.94%，占全部贷款（1 649.24亿元）的3.68%，较2015年下滑3.23个百分点，贴现资产配置比例下滑明显。2016年，汇丰（中国）银行实现贴现利息收入3.08亿元，较2015年的6.11亿元利息收入减少3.03亿元，同比降幅为49.59%。2016年末，汇丰（中国）银行无票据买入返售、卖出回购余额。

四、非银行金融机构票据业务开展情况

近年来，互联网票据理财、票据资管、票据ABS业务相继出现，推动票据业务的创新发展与多样化发展。以票据资管业务为例，2015~2016年迎来爆发式增长，2015年末、2016年末全国从事票据业务的国有和股份制银行[①]票据资管业务余额分别为15 047.34亿元和13 864.22亿元，成为非银行金融机构与银行合作开展票据业务的最重要途径。此外，2016年3月，华泰资管—江苏银行融元1号资产支持专项计划在上海证券交易所成功发行，作为全国首单票据ABS产品，开启了非银机构参与票据业务的新模式。截至2016年11月底，华泰资管共发行了6只票据ABS，规模超过40亿元。

2016年9月，中国人民银行下发《关于规范和促进电子商业汇票业务发展的通知》（银发〔2016〕224号），规定自2016年9月1日起除银行业金融机构和财务公司以外的、作为银行间债券市场交易主体的其他金融机构可以通过银行业金融机构代理接入电票系统，开展电票转贴现（含买断式和回购式）、提示付款等规定业务。2016年12月，中国人民银行下发《票据交易管理办法》（中国人民银行公告〔2016〕第29

---

① 根据中国银行业协会的数据口径，共有13家商业银行。

号），明文规定非银行金融机构可以从事票据交易。上述两个文件从政策层面承认了非银行金融机构开展票据业务的合法地位，并拓宽了其从事票据业务的经营范围。2016年12月8日，上海票交所开业当天，华泰资管和平安银行共同完成全市场首单非法人产品的票据交易业务，标志着非银行金融机构及其管理的非法人产品都可在票交所平台进行交易，有利于非银行金融机构票据业务的推陈出新，并为整个票据市场增强了流动性和活力。

第五章

2016年中国票据市场利率运行情况

2016年，我国经济呈现企稳迹象，国内生产总值（GDP）同比增长6.7%，产业结构持续优化，居民消费价格（CPI）同比上涨2.0%，通货膨胀保持温和态势。在房地产市场泡沫膨胀、地方债务高企和金融市场高杠杆的隐忧下，政府经济工作重点由稳增长、调结构转向抑泡沫、防风险，加之面临海外市场"黑天鹅"频现、美联储加息预期强烈、人民币贬值压力等外部环境，中国人民银行货币政策从年初的中性偏松转向年中的稳健，再转向年末的中性偏紧。在此背景下，票据市场利率呈现年初多次冲高、年中一路下行、年底强势反弹的走势。

第一节 票据市场利率运行情况概述

从各个季度来看，2016年的票据市场利率走势（以中国票据网转贴现平均利率为例分析）大致表现为第一季度冲高回落，第二季度波动下行，第三季度低位徘徊，第四季度快速回升。影响各季度走势的主导因素有所不同：第一季度主要是监管、风险和资金因素推升；第二季度主要是资金宽松和票源供不应求所致；第三季度主要是供求关系和其他因素平衡交织；第四季度则是货币信贷政策转向和资金面趋紧推升。

从利率绝对水平来看，2016年票据市场利率绝大部分时期远低于2015年同期水平，2016年全年平均利率为3.10%，比2015年下降93个基点。前三季度的差距尤其明显，日均利差保持129个基点，但由于第三季度以后货币信贷政策转向中性偏紧，叠加年末资金趋紧等因素，票据利率快速拉升，与2015年同期利率形成较大"剪刀差"（见图5-1）。

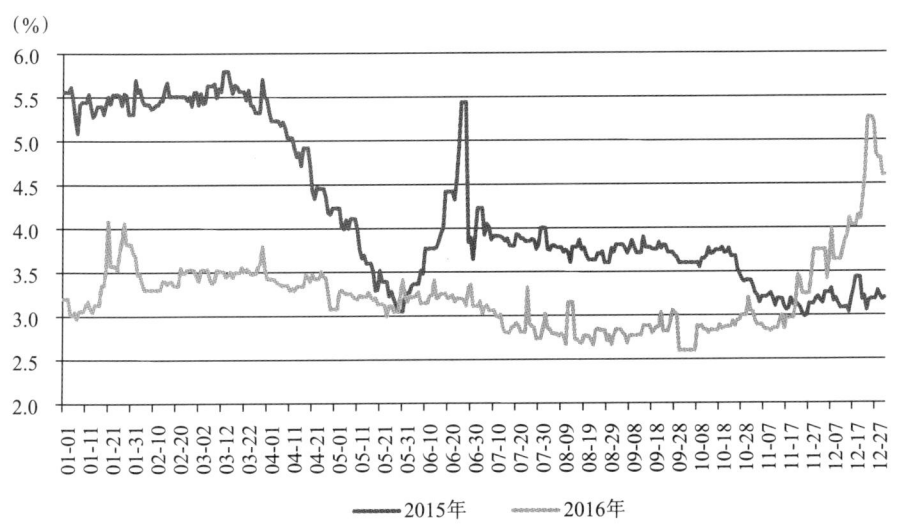

图 5-1　2015 年和 2016 年中国票据网转贴现报价利率走势

数据来源：Wind 资讯。

一、第一季度利率冲高回落

2016 年第一季度，票据市场利率出现数次反弹，但均未能有效向上突破。第一季度的票据利率走势大致可以分为两个阶段。

第一阶段为 2016 年 1 月初至春节前。2015 年 12 月 31 日，中国银监会办公厅发布了《关于票据业务风险提示的通知》（银监办发［2015］203 号），对七种典型的票据业务违规问题进行了风险提示，并要求金融机构全面加强票据业务内控合规与风险管理，将票据业务全口径纳入统一授信范围，同时完善绩效考核机制，防止资金空转，确保信贷资金有效服务实体经济。2016 年初，该文件在票据市场广泛传播，引起机构对未来监管环境趋严的担忧，加上股市"熔断"、人民币贬值等因素挫伤市场信心，票据市场利率一反往年初惯性下跌的常态，开始缓慢上行。2016 年 1 月 15 日，市场开始传出某银行票据逆回购发生巨额风险事件的消息，引起交易人员的猜测和恐慌，加上企业缴税，跨月、跨春节的中短期资金需求增加，推动利率加速上行。2016 年 1 月 22 日，某银行发布公告称，该行北京分行票据买入返售业务发生重大风险事件，涉案金额为 39.15 亿元，证实了此前市场传闻，票据利率进一步加速上涨，一举突破 3.7%。之后，风险和监管文件的影响逐渐被消化，利率出现短暂回调，但在跨年、跨春节资金需求紧张加剧导致流动性大幅趋紧的情况下，利率又继续攀升，并于 1 月 29 日另一家银行发布公告称又发生一起 9.69 亿元票据风险案件后，票据利率涨至 4.0% 的峰值。

第二阶段为 2016 年 2 月初至 3 月末。期间经历了农历春节（2 月 7 日~2 月 13

日）。春节前几日，绝大部分机构已做好春节备付金准备，加上1月下旬以来中国人民银行持续投放大量逆回购驰援流动性，净投放规模创历史新高，且临近春节部分票据经营机构退出交易，市场交易活跃度出现下降，利率快速回落至3.2%左右。春节后，随着节前投放的大量逆回购集中到期，资金面出现结构性紧张，隔夜、7天等期限的短端资金利率大幅上行，R007最高涨至2.6%，驱动票据利率持续反弹至2月末的3.4%左右。3月初，中国人民银行宣布降准0.5个百分点，资金利率有短暂回调，但3月中旬开始，资金价格以更大的幅度继续上涨，带动票据利率继续上行，加上金融机构首次迎接季度MPA考核，提前压缩相关口径资产规模主动应对，票据融资规模首当其冲，带动票据利率反弹至3月29日的3.6%左右。

第一季度，票据市场利率出现两次较大的反弹，大反弹中又带有小波动，第一次反弹高度逼近4.0%，第二次动能有所减弱，反弹至3.6%，两次都未能有效突破，利率总体维持在3.0%~4.0%，成为前三个季度的利率高点（见图5-2）。

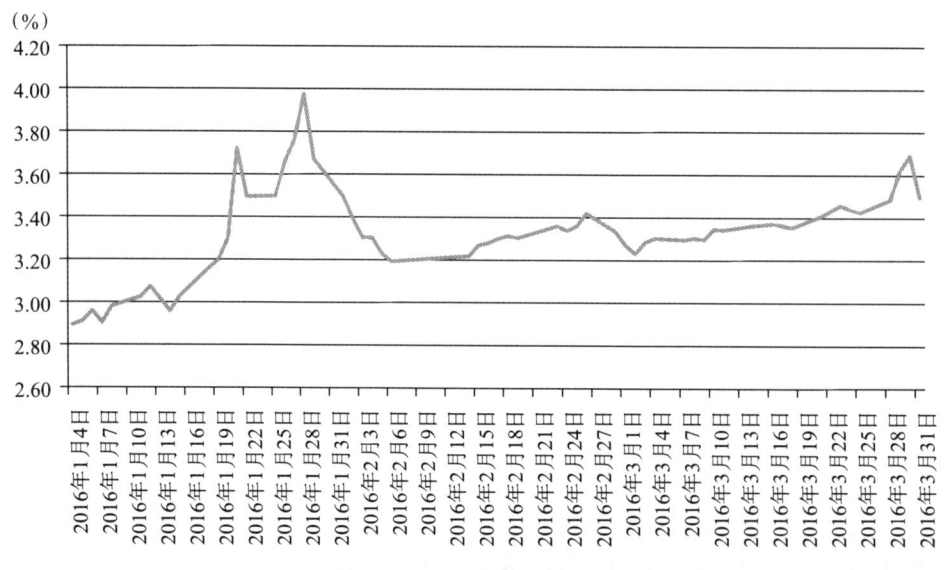

图5-2 2016年第一季度中国票据网转贴现报价利率走势

数据来源：Wind资讯。

二、第二季度利率波动下行

第二季度，票据利率总体呈现波动下行态势，季初延续第一季度冲高回落的态势，反弹动能减弱后，利率开始阴跌后在窄幅区间运行。该阶段票据利率走势可以分为两个阶段来看。

第一阶段为2016年4月份。2016年4月初，纸票开票到期日对应国庆节，企业减少开票，导致市场上票源减少，加之在资金、规模回归宽松的带动下，票据利率从3月末的3.6%高点快速回落至3.1%~3.2%。随后，2016年4月7日，中国银监会通报了一起不法分子冒用某银行名义办理商业承兑汇票贴现、转贴现风险案件，涉案金额为6亿元；4月8日另一家银行发布公告称，该行某分行票据买入返售业务发生一起风险事件，涉案金额为7.86亿元，该行作为逆回购方，回购到期后票据担保物被取走，但款项未能全部收回。两则消息公布后，票据利率掉头快速上行，信用风险溢价显著上升，加上MLF集中到期和月中企业缴税等因素引起流动性紧张，导致中短期限资金利率上行，票据利率上行幅度进一步扩大。2016年4月20日，上海银监局率先向辖内机构下发了票据业务风险提示和监管要求；4月27日，中国人民银行和银监会共同发布《关于加强票据业务监管 促进票据市场健康发展的通知》（银发［2016］126号）。频繁的监管动作和趋紧的资金面促使票据利率持续走高，最高反弹至4月26日的3.35%左右。随后，中国人民银行通过"逆回购+MLF"组合操作，投放大量资金驰援银行间市场，同时部分机构月末大量配置票据资产以填补信贷投放缺口，票据利率开始回落，月末最后两个工作日快速跌至3.0%左右。

第二个阶段为2016年5~6月。在前三个阶段反弹动能减弱后，5月和6月票据市场总体处于监管检查、内部整顿和市场修复的状态，期间也没有出现明显导致市场波动的因素，市场交投平淡，利率波澜不惊，维持在3.0%~3.15%的较窄区间运行，波动幅度较小。2016年5月的利率走势是持续向下的。这一方面是由于经济下行压力较大，企业信贷需求少，开票量受影响；另一方面是银行为了补充信贷规模积极配置票据资产，部分规模资金富裕的银行加大了抢票力度，买入方势头强劲，票据市场处于供不应求的格局。同时，尽管当月面临企业缴税高峰、外汇占款下降、资金到期较多等因素的影响，但中国人民银行不断通过"逆回购+MLF"向市场注入流动性，维持整个市场资金面的相对宽松状态，资金利率波动不大，票据市场利率持续小幅下行。增值税政策实施和上海票交所筹备小组成立是这一时期的两大消息，但其市场利率的影响尚未显现，处于消息证实和研究讨论阶段，影响的是参与者情绪和对未来市场的想象。2016年6月呈先涨后跌月末翘尾的走势。由于6月是MPA、LCR考核期，该月资金面一向比较脆弱，加上债市高杠杆和违约风险爆发，机构非常谨慎，资金大行不愿出借跨季资金，融入机构也早早提前安排资金，因此市场出现负反馈效应，预期转为现实，票据市场利率逐步走高，在6月15日左右达到3.15%的高点。随着6月中旬过后宏观经济金融数据陆续公布，数据显示金融机构信贷投放较前期回落，部分机构的贷款规模尚未用足，票据资产成为争相配置的首选，一些银行开始在市场上降价抢票。2016年初以来，票据签发承兑和贴现量都在下降，票源供不应求的矛盾持续存在，此时成为带动利率下行的主导因素。临近月末，随着机构逐步完成资产配置和规模调剂，票据市场利率开始止跌回升，呈常见的月末翘尾走势（见图5-3）。

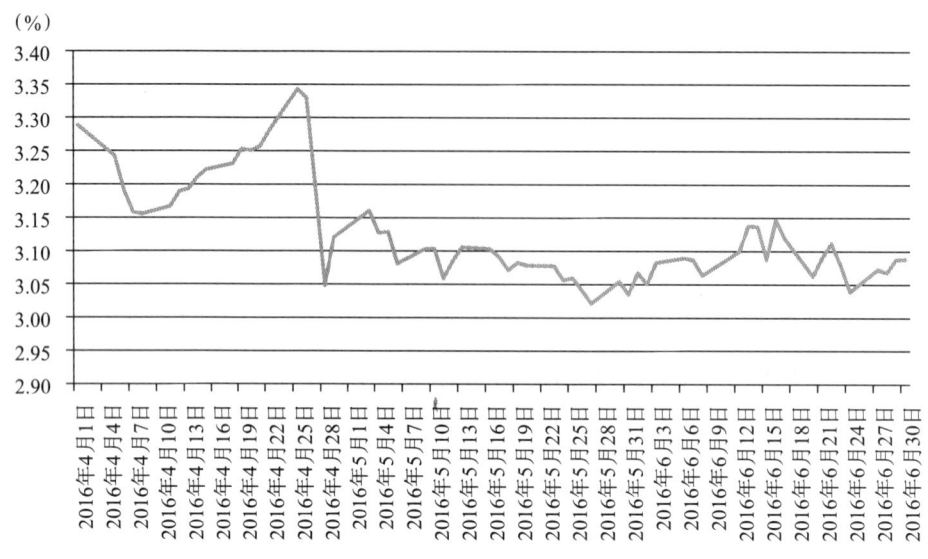

图5-3 2016年第二季度中国票据网转贴现报价利率走势

数据来源：Wind资讯。

三、第三季度利率低位徘徊

第三季度，票据市场利率整体处于低位徘徊，呈先跌后稳再上行的走势，但总体波动幅度较小。从走势上看，可分为三个阶段。

第一个阶段为2016年7月。当月票源供不应求的状况进一步凸显，一是因为当月签发的票据到期日恰逢元旦及春节，企业开票意愿减弱，票源供给下降，买方机构"一票难求"，卖方市场特征显现；二是由于商业银行资产集中到期，叠加信贷规模投放不足，导致各家银行配置票据资产的需求旺盛，尤其部分大行降价收票，引领市场跌势；三是市场流动性整体呈月初宽松、月中平稳的态势，中国人民银行通过逆回购、MLF、国库现金定存等业务向市场投放流动性，稳定市场预期，各期限资金利率小幅下行；四是经济悲观预期再现，"稳增长"意图有所增强，中国人民银行货币政策略显宽松，部分机构预期后续价格仍有下降空间，提前采取降价代持的做法囤积票源。以上因素叠加影响，导致票据市场利率快速下行，从3.0%左右快速下行至2.7%附近。期间再次出现宁波银行32亿元的商票案件以及中国银监会要求城商行开展票据业务风险排查等事件，但仅对票据利率造成短暂小幅冲击，并未改变利率下行的走势。

第二个阶段为2016年8月。2016年8月，票据市场利率整体保持稳定，在2.6%~2.7%内窄幅运行。月初受供求关系的影响，票据利率延续7月跌势，最低下探至

2.6%附近,此后至8月底,利率在2.6%~2.7%的窄幅区间运行。一方面是票据利率已跌至资金成本线,金融机构收票意愿逐步减弱,该阶段票据利率处于2016年的最低位置;另一方面是期间流动性保持稳健中性,公开市场业务到期量不大,中国人民银行仍延续"逆回购+MLF"组合操作来维持稳定局面。尽管期间再次曝出中国工商银行电票系统代理接入风险案件,以及广发银行票据买入返售到期未收回款项的案件,但市场参与者似乎已对众多风险案件感到麻木,并未对票据利率造成明显的冲击。

第三个阶段为2016年9月。进入9月,货币政策出现边际收紧,资金价格不断抬升,市场供求关系逐步改善,促使票据利率持续小幅上行。9月初,中国人民银行发布《关于规范和促进电子商业汇票业务发展的通知》(银发〔2016〕224号),弱化了电票贴现的贸易背景审查要求,简化了电票贴现的手续流程,扩大了电票交易主体,规范了交易结算方式,强制要求超过一定金额的票据全部通过电票系统办理。该文件对电票的大力推广极大提振市场信心,电票直转贴利率下降、纸电票利差扩大、整体利率稳中有降。9月中旬以后,多重因素叠加影响导致票据利率持续上行:一是中国人民银行加紧去杠杆,货币政策开始转向中性偏紧,通过重启14天和28天逆回购,拉长投放资金的期限和加权利率,引导货币市场、债券市场减少短期错配,降低操作杠杆。二是银行面临企业税收上缴国库、国庆节备付金需求增加等因素的影响,跨月、跨国庆节的资金价格开始上涨。三是在经历了前几个月的下跌行情后,票据利率长期低于大多数银行的FTP,部分机构看涨未来票据利率,将前期票据卖出获利了结,出票行增多,同时大行开始主动上调买入指导价。资金价格的抬升和票据市场供求关系的转换共同推动票据利率持续上行(见图5-4)。

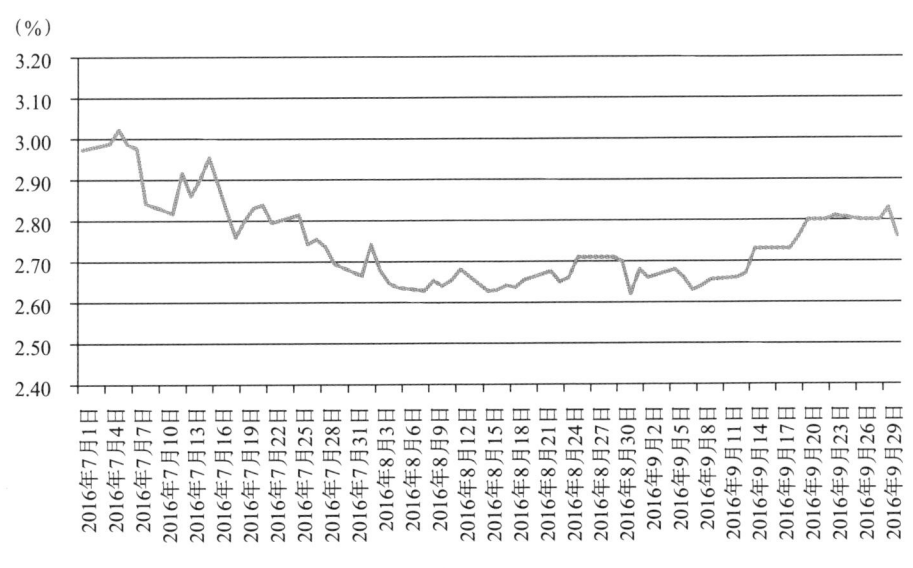

图5-4 2016年第三季度中国票据网转贴现报价利率走势

数据来源:Wind资讯。

四、第四季度利率快速上行

第四季度,票据市场利率持续快速上行,累计涨幅超过200个基点,主导因素是货币信贷政策转向和资金面趋紧的叠加。

第一阶段是2016年10月初至11月中旬。该阶段票据利率持续小幅上涨,重新站上3.0%的整数关口,并为下一阶段快速攀升积蓄力量,主导因素是资金面。10月份以来尤其是10月中下旬,受企业缴税、商业银行缴存准备金、大量资金到期、政策利率隐性上调、月末时点等因素的影响,Shibor持续上涨并创3个月以来新高,市场资金面逐步紧张,机构资金头寸难平,受此影响,机构买票意愿降低,大行较少操作或下调交易量,主要是有规模的中小银行涨价买入。因此,资金面趋紧促使投资者形成对未来流动性进一步趋紧的预期,推动票据利率持续小幅上行。10月28日,中央政治局召开会议研究经济形势和经济工作,提出注重抑制资产泡沫和防范经济金融风险的基调,此后去杠杆、抑泡沫、防风险成为金融市场和银行间市场的主要声音,同业业务收缩、监管环境趋严等因素致使银行间市场流动性全面告急,金融资产价格普遍上涨,票据市场利率也无例外,至11月中旬重新站上3%的整数关口。

第二阶段是2016年11月下旬至年底。11月以来,资金面紧张情绪持续蔓延,货币市场利率一路飙升,创近一年以来新高。受此影响,票据市场利率快速上行,11月中下旬以后,Shibor连续10多个交易日全线上扬,市场拆借困难增大,大行陆续大幅上调FTP,买方机构持续上调收票价格。11月底,多家银行收到中国人民银行窗口指导意见,要求控制票据融资规模,市场上卖出需求大量增加,而买入意愿急剧下降,票据市场利率持续上涨,月末报收于3.4%。进入12月之后,中国人民银行窗口指导的效应逐渐消退,资金利率的快速上涨再度成为主导票据市场利率继续攀升的最重要因素,票据利率连续快速突破4%、4.5%,最终以全年最高位4.68%报收。12月8日,上海票交所正式成立,运营初期导致纸票操作人工成本明显增加,机构不愿办理纸票,纸票利率出现抬升、纸电利差扩大,对持续上行的票据利率可谓雪上加霜(见图5-5)。

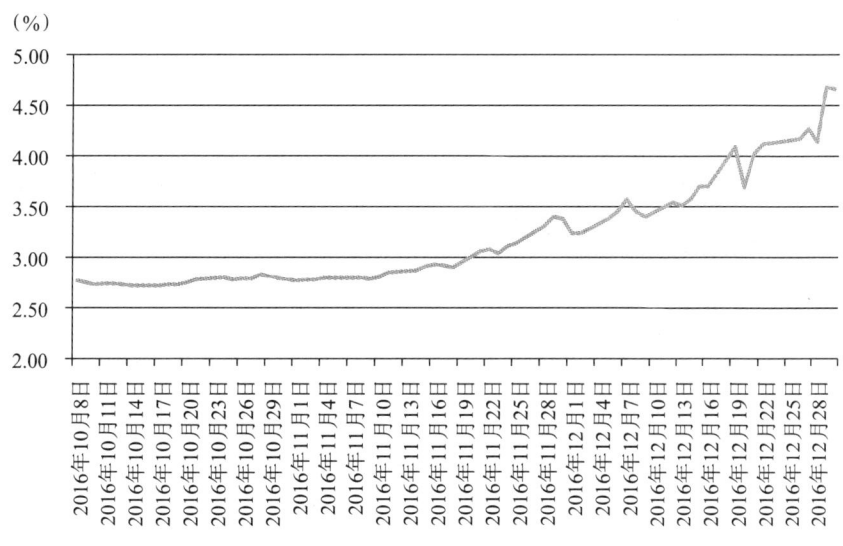

图 5-5 2016年第四季度中国票据网转贴现报价利率走势

数据来源：Wind 资讯。

第二节 票据市场利率运行特征

一、2016 年票据利率处于近六年以来的最低水平

长期来看，票据市场利率走势受经济周期的影响。2008~2009 年，以美国次贷危机为导火索，金融危机在全球蔓延，国内经济面临较大的下行压力，政府推出 4 万亿元信贷刺激计划，货币信贷环境异常宽松，票据利率降至历史低位。经济强刺激一度把 GDP 增速拉高至 10%，对稳定经济起到立竿见影的作用，但同时也导致流动性严重过剩和通货膨胀的局面。2010 年开始，中国人民银行收紧了货币政策，主动回收过剩的流动性，抑制信贷过快增长，票据市场利率迅速上涨到 13.5% 左右（2011 年 10 月）。随后，欧债危机爆发，国内经济也在短暂回升后再次出现下滑，货币政策转向宽松，向稳增长目标倾斜，票据融资又出现较快增长，票据利率高位回落，快速跌至 5% 左右，2012 年保持在 5%~6%。新一届政府对经济发展形势有了新的认识，对 GDP 增速回落的容忍度明显提高，政策上不再搞大水漫灌，而是注重预调微调和定向调控，但由于前期流动性过剩导致大量错配交易加杠杆，风险逐渐积累爆发。2013 年中国人民银行开始回收流动性，导致 2013 年 6 月银行间市场资金紧缺，出现所谓的"钱荒"，

6月前后票据利率出现大起大落。2014~2016年,经济增速换挡,从高速转向中高速发展,货币政策总体稳健偏松,且随着外汇占款趋势下降,货币政策的主动性明显增强,更加注重定向精准调控和稳定预期,票据利率的跌幅和区间波动有收敛趋势,从7%缓慢跌至4%,最低至2.8%左右。自2016年9月以来,在金融去杠杆、防风险的调控基调下,中国人民银行通过在公开市场"锁短放长"操作,拉高了货币市场利率水平,票据利率才结束了长达三年的下行阶段(见图5-6)。

总的来看,2016年的票据利率处于近六年的最低水平,这是由经济增长趋势、通货膨胀状况以及货币政策周期所决定的。

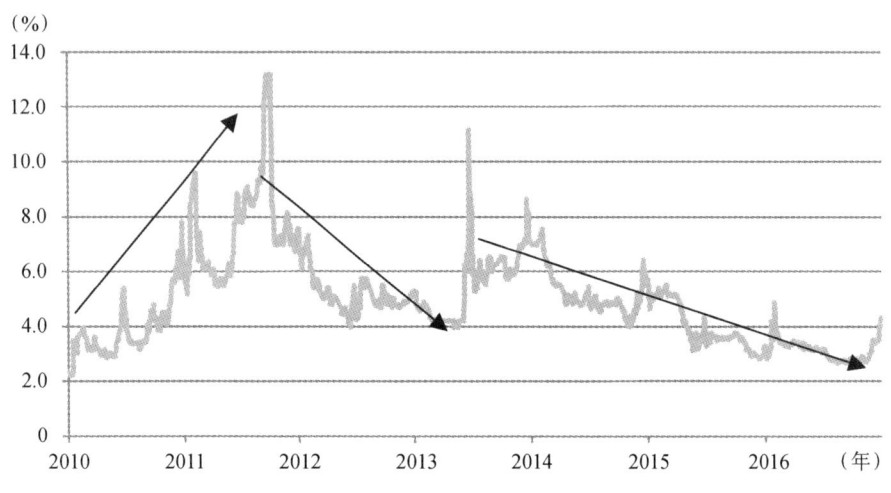

图5-6 2010~2016年票据市场转贴现利率走势

数据来源:Wind资讯。

二、2016年票据利率呈两头高、中间低的走势

2016年是中国票据市场极不平凡的一年,风险案件、资金趋紧、窗口指导、供求关系变化等因素影响着票据利率走势,全年呈现"U形"走势,年初、年末影响因素多,利率波动较大。

2016年,票据市场处于三期叠加的过渡期,导致票据市场变化较大,票据利率出现一波三折之势。一是风险出清。在经济下行期,企业生产经营状况和偿债能力普遍下降,银行承兑的商业汇票面临垫款压力,企业签发的商票出现兑付风险。同时,国内外"黑天鹅"事件增多,股市、汇市波动加剧,票据市场和其他金融市场具有很高的关联性,受到其他金融市场的风险传染,票据市场利率波动更剧烈。此外,2014~2016年票据市场处于趋势下行阶段,很多机构加大了票据周转交易和错配交易来赚取价差和错配收益，在操作中放松了业务门槛，简化了交易流程，埋下了风险隐患。二是业务整顿期。2016年出台的多分监管文件和检查行动都表明中国人民银行和中国银监会整治票据市场的态度和决心，商业银行也跟随大势主动调整票据业务经营架构和业务模式，导致票据市场整体业务量出现萎缩，票据市场供给和需求都出现明显下降，票源供给不足成为长期影响票据利率的一大因素，也是2016年大部分时间票据利率都在低位运行的主要原因。三是市场转换期。首先是交易主体转换，票据中介受风险事件影响面临生存危机，多数银行也减少了与中介的业务合作。部分城商行的通道、过桥类业务也随着监管加强而减少，同时票交所成立，导致其他非银交易机构增多。其次是纸电转换。电票在票据市场的占比迅速提升，纸票电子化进程加快，电子化程度比以往更高，纸电转换也导致纸票利率和电票利率出现反转，电票利率普遍低于纸票利率，因此与前两年相比电票利率大幅占比的提升也拉低了整个票据市场利率水平。

三、纸票利率长期低于电票的不正常现象开始扭转

2015年12月31日，中国银监会办公厅下发了《关于票据业务风险提示的通知》，对票据业务的违规行为进行提示，要求各行规范票据经营，严查违规行为。随后，部分银行先后出现了票据大案，造成了票据市场，甚至是金融市场的震动，票据市场开始进入调整期。为了避免陷入风口浪尖，绝大多数金融机构或收缩业务范围，或提高业务标准。部分银行严控商业承兑汇票转贴现业务，而且对银票转贴现交易对手、银票承兑行甚至出票企业也进行了限制，市场交易多以信用较高、流动性较好的票据品种为主，小企业、小银行开出的票据及中介票据难寻买家。票据市场风险集中爆发，给票据交易链条上的各类参与者带来了较大冲击，特别是给以中介为核心、以买入返售票据为主体的业务模式带来较大冲击。

由于发生的案件集中于纸票业务，很多银行将票据业务的重点转向电子票据，电票业务出现大幅增长，电票承兑量、贴现量市场占比迅速提高。电票优势的凸显和交易活跃度、市场流动性的提升，大大缩小了原来电票高于纸票、与纸票形成一定利差的格局。第一季度以来电票和纸票的利差逐步缩窄，最终电票利率长期低于纸票利率，两者维持平均10个基点的利差，最高时达40个基点（见图5-7）。

四、风险溢价和规模溢价在部分时段表现突出

2016年大部分时期，票据市场利率在低位运行。大多数时段，票据利率与资金利

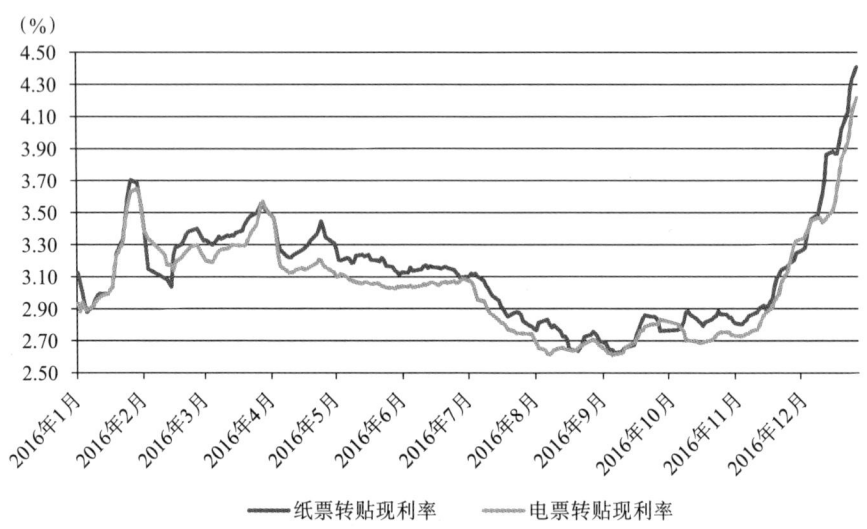

图 5-7 2016 年中国票据网纸票和电票转贴现报价利率走势

数据来源：中国票据网，Wind 资讯。

率的运行步调基本一致，两者的利差平均保持在±10BP以内，但其中有两个阶段出现背离，票据利率大幅上涨，远超过 6 个月和 1 年期 Shibor 利率，第一个阶段是 2016 年 1 月~2 月，主要是票据风险案件爆发叠加资金面趋紧所致，先是某银行爆发票据大案，引起票据市场的震动，同时年初下发的 203 号文充分彰显出监管层对票据业务的高度关注和整治动向。春节前居民体现需求增加，银行体系流动性高度紧张，尤其短期、跨节的资金需求非常旺盛。受上述三个因素叠加的影响，票据利率上涨幅度远高出 6 个月 Shibor。第二个阶段是 2016 年 11 月~12 月，票据利率出现翘尾，上涨幅度超过各期限 Shibor，该阶段的票据利率上涨主要是由信用规模溢价引起的。从图 5-8 可以观察出，2016 年 7 月~10 月票据利率低于 6 个月/1 年期 Shibor，当时由于票源供给不足，导致票据信贷规模溢价趋弱，出现机构主动降价抢票的市场现象。但是，从 2016 年 11 月以来，中国人民银行对部分大型商业银行进行了窗口指导，要求压缩票据融资规模，控制信贷过快增长，导致市场上出票机构明显增多，票据交易和配置需求显著下降，从而引起票据利率大幅上涨，高于 6 个月 Shibor 报价 100BP 左右（见图 5-8）。

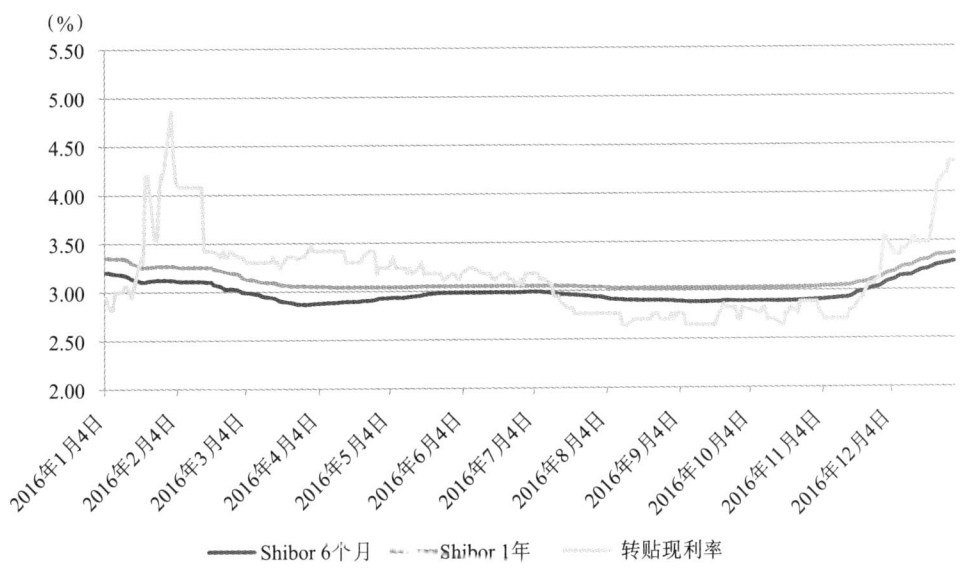

图 5-8 2016 年中国票据网转贴现报价利率与 Shibor 走势对比

数据来源：Wind 资讯。

第三节 票据市场利率变动的原因探析

2016 年票据市场利率在绝大部分时间内的走势变化可以用政策因素、监管因素、资金面因素、供求因素来解释。

一、票据风险案件的影响

2016 年发生了多起票据案件。例如，2016 年 1 月 22 日，某国有银行发布公告称，该行北京分行票据买入返售业务发生重大风险事件，涉案金额 39.15 亿元；1 月 29 日，某股份制银行发布公告称，该银行兰州分行发生票据业务风险事件，涉案金额 9.69 亿元；4 月 6 日，中国银监会通报了一起不法分子冒用某中小银行名义办理商业承兑汇票贴现、转贴现风险事件，涉案金额 6 亿元；7 月 7 日，某城商行发布公告称，该行深圳分行员工违规办理票据业务，涉案金额 32 亿元。2016 年票据案件涉案总金额超过百亿元，引起社会各界的高度关注。分析发现，票据市场风险案件对票据利率的影响有以下三个特点：首先，刚开始发生案件时对票据市场的震动较大，甚至改变了票据利率原来的向下趋势。上半年多起案件发生后，市场反应开始钝化，下半年发生的票据案件对市场影响就比较小,并没有造成明显冲击。其次,票据案件对利率的影响只是市场的单一因素,并不是全部,因为票据市场各个阶段的主要矛盾不同,影响利率的主要因素也不尽相同。很多时候,票据风险案件只是加速原来的上行趋势,或减缓下行趋势,属于趋势中的波动,加剧利率变化的幅度。最后,只有造成实质风险的案件,才会对票据市场利率带来明显的、持续的冲击,无实质损失的案件只会给市场参与者带来情绪上的扰动,导致利率出现短暂波动,这种变化持续的时间非常短,大致为1~3天(见图5-9)。

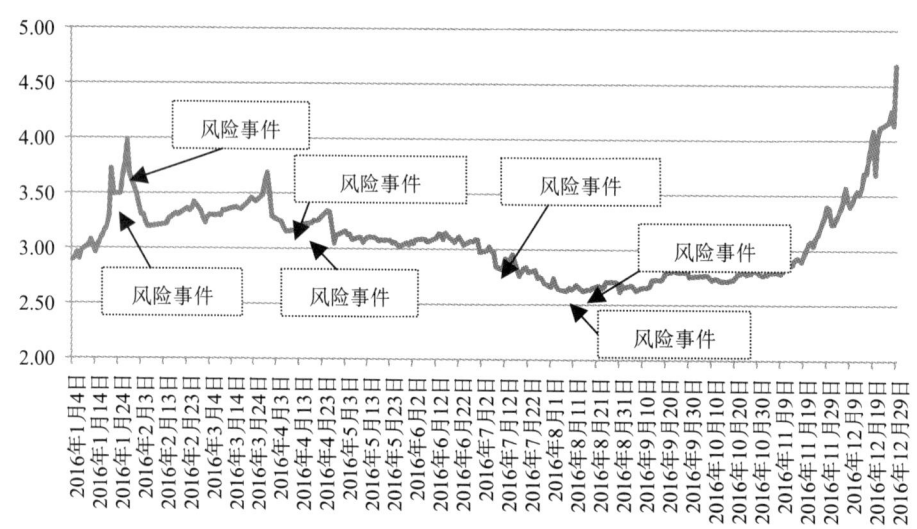

图5-9 票据市场风险事件与票据利率走势的关系

数据来源:Wind资讯。

二、政策因素的影响

2015年12月31日,中国银监会办公厅发布了《关于票据业务风险提示监管的通知》(银监办发〔2015〕203号),对七种典型的票据业务违规问题进行了提示,并要求金融机构全面加强票据业务风险管理,将票据业务全口径纳入统一授信范围,同时完善绩效考核,防止资金空转,确保信贷资金有效服务实体经济。2016年4月24日,中国人民银行和中国银监会联合发布了《关于加强票据业务监管 促进票据市场健康发展的通知》(银发〔2016〕126号),要求严格贸易背景真实性审查,严格规范同业账户管理,有效防范和控制票据业务风险。2016年9月7日,中国人民银行发布《关于规范和促进电子商业汇票业务发展的通知》(银发〔2016〕224号),弱化了电票贴现的贸易背景审查要求,简化了电票贴现的手续流程,支持扩容电票交易主体,规范了交易结算方式,强制要求超过一定金额的票据全部通过电票系统办理。2016年11月

2日,中国人民银行办公厅发布了《关于做好票据交易平台接入准备工作的通知》(银办发〔2016〕224号),要求从事票据承兑、贴现、交易、质押、保证业务的金融机构分批加入票据交易平台交易系统,并明确了系统试运行及推广上线期间的时间和业务安排。2016年12月6日,中国人民银行制定公布了《票据交易管理办法》(人民银行公告〔2016〕第29号),明确上海票交所是中国人民银行指定的提供票据交易、登记托管、清算结算和信息服务的机构,对票交所新规则下的市场主体、票据行为、交易规则、结算清算等做出了详细规范。2016年12月8日,上海票交所开业运营,全国统一的票据交易市场正式形成。

上述政策性文件中,银监办发203号文和银发126号文是票据市场的监管性文件,主要是提示违规风险,规范市场行为,短期来看,限制了票据市场的需求,导致票据市场利率上行。银发224号文是促进电票业务发展的重大鼓励政策,利好票据市场,尽管对整体利率走势没有明显影响,但从结构上影响了纸票和电票的利率走向以及二者利差变动,导致电票利率低于纸票利率成为趋势。银发224号文以及票据交易管理办法都是为上海票交所的运行奠定基础的政策文件,属于基础性文件,对票据利率没有造成直接冲击,而是通过票交所的运行间接作用于票据市场,比如票交所运行后,短期内大大增加了纸票的操作成本和运营成本,导致纸票利率相对于电票利率进一步上行(见图5-10)。

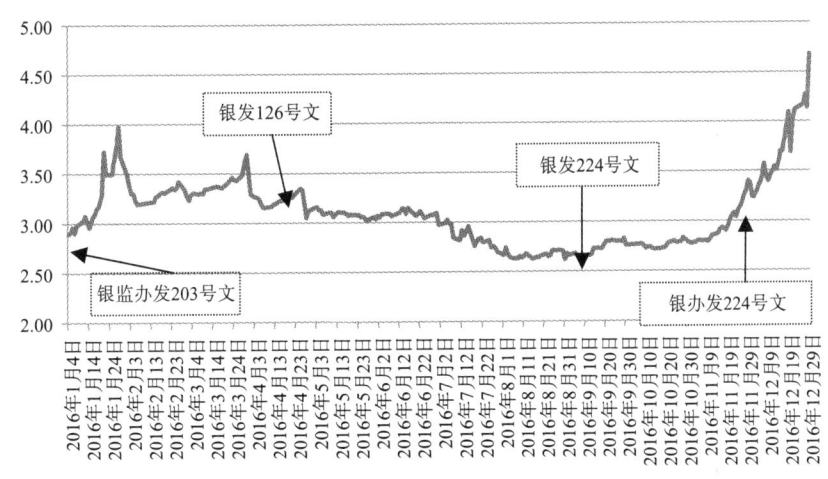

图5-10 相关政策变动对票据利率的影响

数据来源:Wind资讯。

三、市场资金面的影响

2016年的资金市场并不平静。先是春节前居民提现需求增加,导致金融机构备付金需求上升，加之企业缴税的影响，导致流动性收紧，票据利率快速上行。随后，中国人民银行在公开市场通过 MLF、SLO、逆回购等操作投放大量流动性，票据利率在春节前几日快速下跌。春节后，随着大量逆回购集中到期，资金面又出现结构性紧张，短期利率大幅上涨带动票据利率回升。2016 年 3 月初，中国人民银行进行了一次降准操作，流动性的宽松预期导致票据利率出现短暂下行，但随后 MPA 考核和季末资金需求上升，票据利率又止跌回升。4 月，MLF 集中到期和企业大量缴税再次引起资金面紧张，票据利率也紧随而上。9 月，货币政策由稳健中性开始转向中性偏紧，在银行间市场通过"缩短放长"的政策工具操作实现隐性加息，成为票据市场利率年末翘尾的转折点。10 月，中央金融工作会议召开，此后金融去杠杆、防风险成为货币政策的主要目标，同业业务收缩、监管环境趋严、缴税和 MLF 到期等因素叠加，使资金面再次变紧。11 月以后，票据市场利率开始直线式拉升，出现一波年底行情。从上面资金面对票据市场利率的影响可以看出，资金面对票据市场的冲击是短期的、内生的，因而票据市场利率也会随着这些影响因素的消失而回归常态。真正促使票据市场利率呈趋势性走向的，还是中国人民银行对金融市场的调控态度以及货币政策基调，一旦政策基调转变方向，将导致货币市场利率向某个方向一致性变动，形成一个运行周期的上行或下行阶段（见图 5－11）。

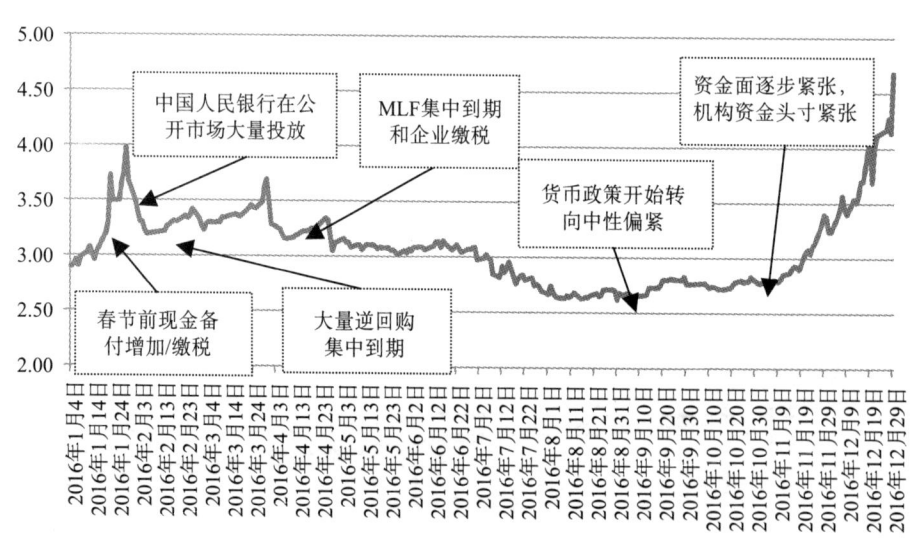

图 5－11　银行间市场资金面变化对票据利率的影响

数据来源：Wind 资讯。

四、票源供求的影响

2016 年，票据供求关系在众多影响因素的交织作用下占据主导位置的阶段主要有三个：第一阶段是3月份。从3月中旬开始，金融机构为了迎接首次MPA季度考核，提前压缩相关口径资产规模，票据融资规模首当其冲，金融机构的票据资产配置需求下降，导致市场上出票机构多、收票机构少，票源供过于求引起票据利率快速上行，第二次向上冲击并突破3.7%。第二阶段是6~7月。由于经济下行压力较大，企业信贷需求少，开票量受影响，银行为了补充信贷规模积极配置票据资产，部分规模资金富裕的银行加大了抢票力度，买入方势头强劲，票据市场处于供不应求的局面。7月，票源供不应求的状况进一步凸显。一方面，因为当月签发的票据到期日恰逢元旦及春节，企业开票意愿减弱，票源供给下降，买方机构"一票难求"，卖方市场特征显现。另一方面，由于商业银行资产集中到期，叠加信贷规模投放不足，导致各家银行配置票据资产的需求旺盛，尤其部分大行降价收票，引领市场跌势。此外，经济悲观预期再现，"稳增长"意图有所增强，中国人民银行货币政策略显宽松，部分机构预期后续价格仍有下降空间，提前采取降价代持的做法囤积票源。第三阶段是11月底以来，多家银行收到中国人民银行窗口指导意见，要求控制票据融资规模，市场上卖出需求大量增加，而买入意愿急剧下降，票据市场利率持续上涨，12月份由于月末因素的影响，票据供求关系基本维持上个月的局面。从年内三个阶段来看，票据供求关系对票据市场利率的走势不容忽视，市场上的供求关系失衡会导致票据利率在一段时间内出现趋势延续，需要另一个强大的因素出现才能改变这一种现状。从两端来看，供给侧的影响是长期的、持续的，比如经济走弱，开票需求不足，导致供给减少；需求侧的冲击是短期的、外生的，比如中国人民银行MPA考核、中国人民银行窗口指导等。

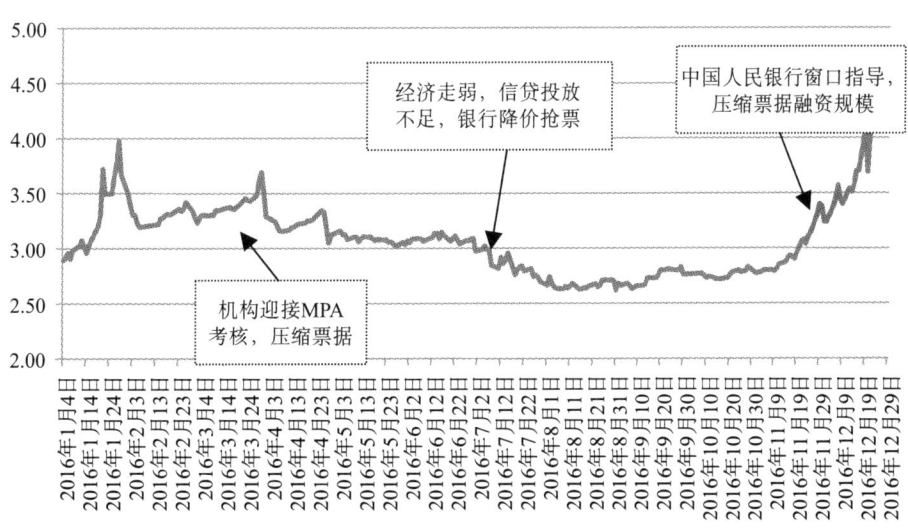

图5-12 票据市场供求变化对票据利率的影响

第六章

2016年票据市场与相关金融市场联动发展

第一节 票据市场与货币市场的关联性

一、货币市场概况

2016年,在银行体系流动性相对充裕、货币信贷和社会融资规模平稳较快增长的背景下,货币市场利率水平保持低位运行,贷款结构继续改善,全年银行间债券回购、现券交易、拆借总额为824亿元,同比增长215亿元,增幅为35%;全年票据贴现交易量85亿元,同比减少17亿元,降幅为17%。

(一)货币政策回顾

2016年货币政策坚持稳中求进的总基调,加强精细化管理,提高调控的针对性和有效性,具体表现在5方面:一是建立起公开市场每日操作机制,将操作频率由每周两次提高到每日一次,提高精细化管理程度,维护短期利率平稳;二是丰富常备借贷便利期限结构,如将中期借贷便利期限由6个月增加为3个月、6个月、1年,引导金融机构降低贷款利率,支持实体经济增长;三是下调金融机构人民币存款准备金率(0.5个百分点),并改革存款准备金考核制度,对存款准备金的交存基数实施平均考核,保证金融体系流动性合理充裕;四是完善宏观审慎政策框架,将差别准备金动态调整机制"升级"为宏观审慎评估（MPA），以七大维度、十多个指标为抓手对金融机构进行引导，兼顾量和价、直接融资和间接融资，由事前引导转为事中监测、事后评估，防范系统性金融风险；五是深入推进利率市场化改革，完善人民币汇率市场化形成机制，健全市场利率定价自律体系，提高金融机构的自主定价和风险管理能力。

（二）货币市场规模增长情况

从交易规模上看，2016年货币市场交易活跃，成交量同比大幅增加。银行间市场债券回购累计成交601.3万亿元，日均成交2.4万亿元，同比增长30.3%；同业拆借累计成交95.9万亿元，日均成交3 821亿元，同比增长48.2%；债券现券累计成交127.1万亿元，日均成交5 063亿元，同比增长45.4%；票据承兑发生额为18.1万亿元，同比下降19.3%；期末承兑余额为9万亿元，同比下降13.3%；票据贴现累计发生额为84.5万亿元，同比下降17.2%；期末贴现余额为5.5万亿元，同比增长19.6%，各季度规模变动情况见图6-1。

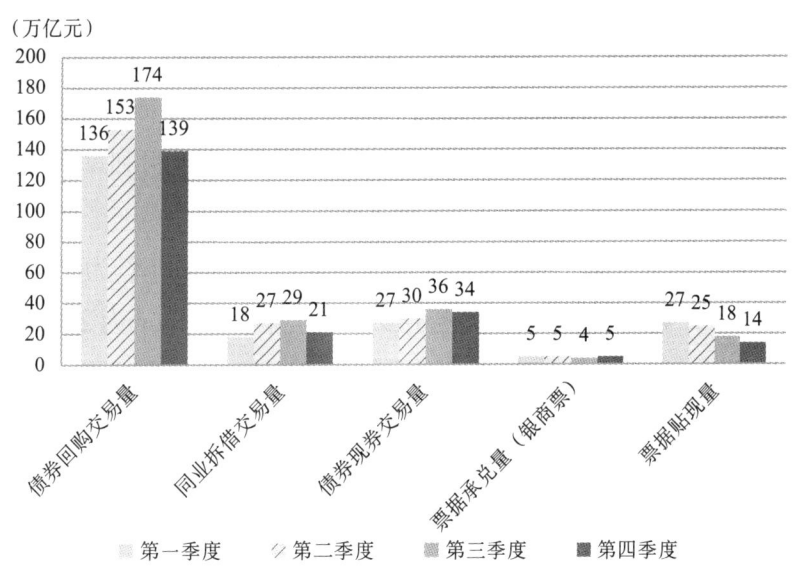

图6-1 货币市场规模增长情况

数据来源：2016年各季度货币政策执行报告。

从期限结构看，市场交易更趋集中于短期限品种。以债券回购和拆借业务为例，隔夜品种的成交量分别占据交易总量的85.2%和87.6%，占比较2015年同期分别上升0.1个和3.5个百分点。

从交易主体结构看，资金融出方仍以中资大型银行为主，累计回购、拆借融出资金219.1万亿元，同比增长5.8%；资金融入方仍以中资中小型银行、外资银行和证券业机构为主，但与2015年相比，证券业机构的资金需求更为强烈，全年净融入66.6

万亿元,同比增长41.2%;中资小型银行融入量同比明显减少,全年净融入37.6万亿元,同比下降36.9%;保险业机构的资金需求大幅下降,并从第三季度以来由资金融入方转为资金供给方,全年累计净融出资金3.14万亿元。

(三)货币市场利率变动情况

2016年,货币市场利率总体平稳,具体到每个季度,体现为:第一、第二季度低位平稳运行,第三季度略有上升,第四季度持续走高。

第一季度,受春节期间资金紧张的影响,资金利率小幅度抬升,但节后迅速回落,3月份Shibor短端保持平稳,中长端利率持续下行,3月末,隔夜Shibor为2.02%,较2015年末上升3BP;1周Shibor为2.33%,较2015年末下降3BP;3个月Shibor为2.82%,较2015年末下降27BP,1年期Shibor为3.05%,较2015年末下降30BP。3月份同业拆借利率加权平均为2.09%,同比下降160BP;质押式回购利率加权平均为2.1%,同比下降151BP。

第二季度货币市场利率继续保持平稳,6月末隔夜Shibor利率为2.04%,较2015年末上升5BP;1周Shibor为2.39%,较2015年末上升3BP;3个月Shibor为2.97%,较2015年末下降12BP,1年期Shibor为3.05%,较2015年末下降30BP。6月份同业拆借利率加权平均为2.14%,较3月份上升5BP;质押式回购利率加权平均为2.1%,与3月份持平。

第三季度货币市场利率稳中有升,9月末隔夜Shibor利率为2.33%,较6月高29BP;1周Shibor为2.48%,较6月末上升9BP;3个月Shibor为2.80%,较6月末下降16BP,1年期Shibor为2.8%,较6月末下降2BP。9月份同业拆借利率加权平均为2.25%,较6月上升11BP;质押式回购利率加权平均为2.28%,较6月上升18BP。

第四季度货币市场利率持续走高,12月末隔夜Shibor利率为2.23%,较9月末下降10BP;1周Shibor为2.54%,较9月末上升6BP;3个月Shibor为3.27%,较9月末上升47BP,1年期Shibor为3.37%,较9月末上升57BP。12月份同业拆借利率加权平均为2.44%,较9月上升19BP;质押式回购利率加权平均为2.56%,较6月上升28BP。

二、票据市场利率与货币市场利率的关联性分析

票据市场利率包括承兑手续费率、贴现利率、转贴现利率、回购利率及再贴现利率。转贴现、回购利率由资金供求和票源供求关系决定,利率市场化程度最高;贴现利率具备更多的信贷属性,其价格走势除受货币市场资金供求关系影响外,也受银行

第六章　2016年票据市场与相关金融市场联动发展

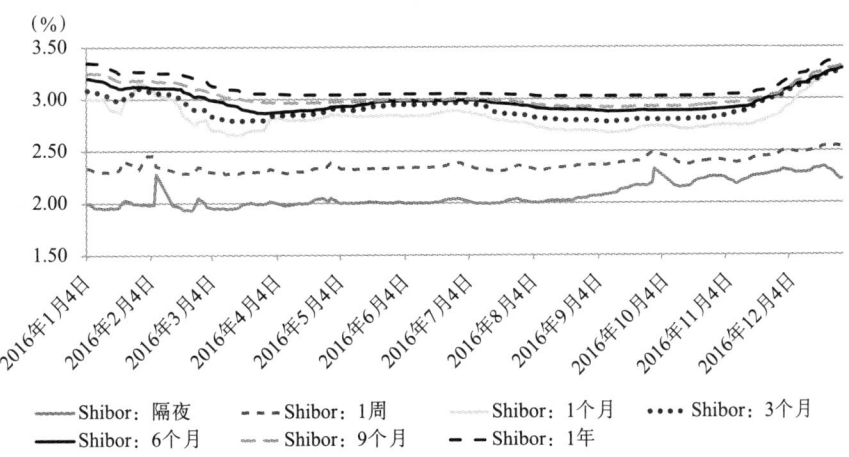

图 6-2　2016 年 Shibor 利率走势图

数据来源：Wind 资讯。

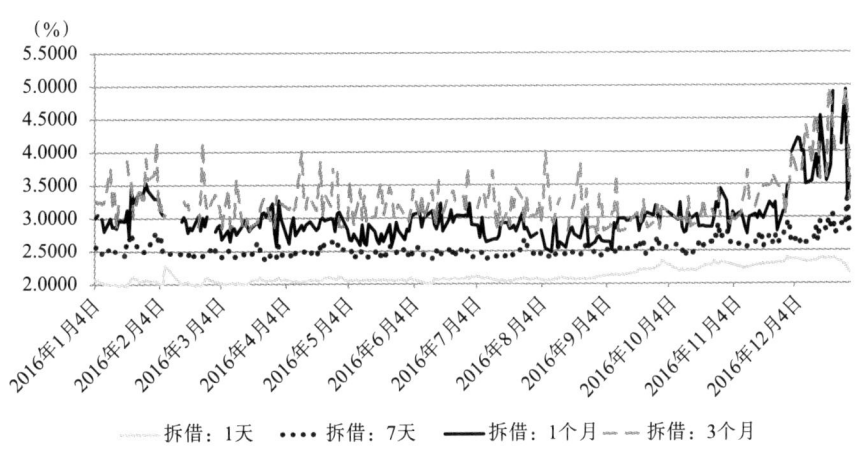

图 6-3　2016 年同业拆借利率走势图

数据来源：Wind 资讯。

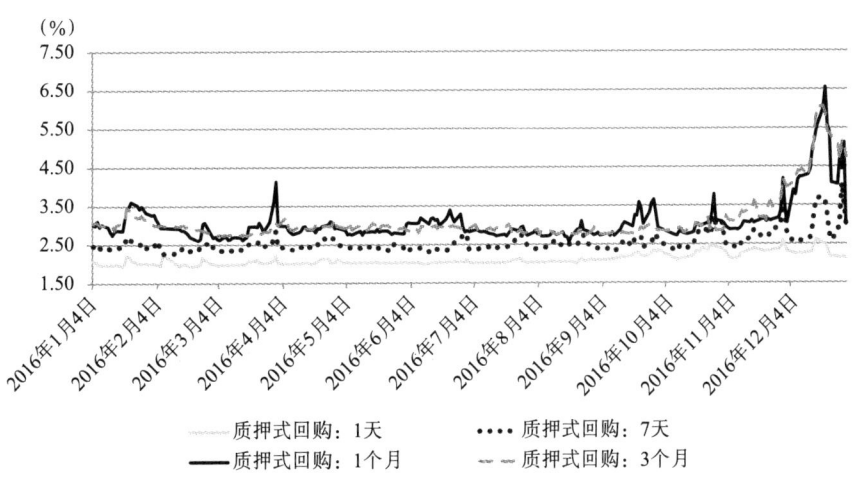

图 6-4　2016 年质押式回购利率走势图

数据来源：Wind 资讯。

整体的资产负债政策、客户的信用水平等因素制约,市场化程度次之;承兑费率在中国银监会和国家发展和改革委员会颁布《商业银行服务价格管理办法》之后,打破了固定收取万分之五手续费的标准,可以执行"市场调节价",但尚无公开统计数据;再贴现利率由中国人民银行制定,自2010年12月起即为2.25%,相对稳定。货币市场利率体系中,最具代表性的是Shibor、债券质押式回购利率、同业拆借利率(见图6-2、图6-3、图6-4)。票据市场利率与货币市场利率走势既有相似之处,又蕴含各自的特点。以下重点对市场化程度较高的票据转贴现、回购利率与Shibor、债券质押式回购利率、同业拆借利率进行走势比较,剖析票据利率与资金利率之间的关联性。

（一）票据利率与Shibor的关联性

上海银行间同业拆放利率（Shibor）是由信用等级较高的商业银行组成报价团自主报出的人民币同业拆出利率计算确定的算术平均利率,是单利、无担保、批发性利率。目前对市场公布的Shibor有8个期限品种,包括隔夜、7天、14天、1个月、3个月、6个月、9个月和1年期限。本书主要选取1个月、3个月、6个月期限品种与票据利率进行比较（见图6-5）。

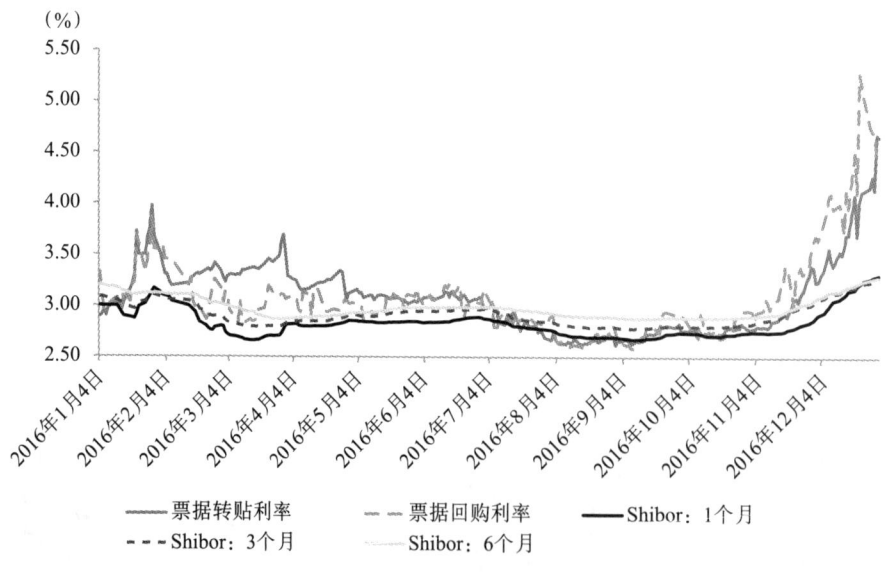

图6-5 票据利率与Shibor利率对比

数据来源：Wind资讯。

1. 转贴现利率与Shibor的关联性。首先,转贴现利率与Shibor的总体走势一致。转贴现利率与Shibor利率本质上都是同业间资金供求关系的体现,因此二者走势的拟合程度较高。其次,转贴现利率较Shibor波幅更大。除受资金供求关系影响外,转贴现利率也受直贴端信贷属性的影响,利率异动因素较多,波动幅度较Shibor更为明显。

最后，转贴现利率总体上高于 Shibor 利率。在大部分情况下，转贴现利率要在 Shibor 的基础上加点体现，这反映出票据资金的价格是在银行同业拆借资金基础上的再利用，但该结论在个别时点不完全适用，如在信贷规模投放不足的时期，银行为维持资产规模，会以低于市场资金价格的利率实现业务续作目的，形成利率倒挂局面。

2. 票据回购利率与 Shibor 的关联性。票据回购利率与 Shibor 更接近，这主要因为二者同样都反映资金的价格。2016 年 1 月~10 月，票据回购利率分别比 Shibor 隔夜、1 周、1 个月、3 个月、6 个月、1 年期利率高 94BP、62BP、16BP、8BP、1BP、-12BP，同期票据转贴利率分别比 Shibor 隔夜、1 周、1 个月、3 个月、6 个月、1 年期利率高 100BP、69BP、23BP、15BP、7BP、-5BP。

（二）票据利率与同业拆借利率的关联性

同业拆借利率是指金融机构同业之间的短期资金借贷利率。它是拆借市场的资金价格，是货币市场的核心利率之一，也是整个金融市场上具有代表性的利率，能够及时、准确地反映货币市场乃至整个金融市场短期资金供求关系。目前公布的 11 个同业拆借利率品种包括隔夜、7 天、14 天、21 天、1 个月、2 个月、3 个月、4 个月、6 个月、9 个月及 1 年期。由于同业拆借交易主要集中在短期品种，本书选取其中较具代表性的隔夜、7 天、1 个月和 3 个月四个期限品种的同业拆借利率与票据利率进行比较（见图 6-6）。

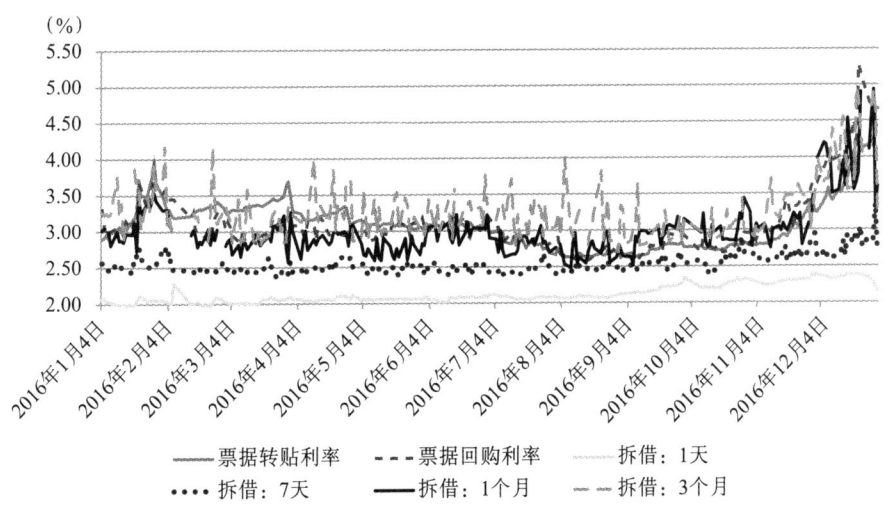

图 6-6 票据利率与同业拆借利率定价对比

数据来源：Wind 资讯。

首先,与 Shibor 利率相比,短期同业拆借利率与票据市场利率的关系更稳定,尤其是 1 个月拆借利率与票据市场利率吻合度更高。这是因为同业拆借市场主要是为了弥补银行短期资金不足、清算差额及临时性资金余缺调剂的信用拆借,能间接反映信贷类金融机构的资金余缺情况。从 2016 年历史数据来看,隔夜、7 天、1 个月的短期拆借利率与票据利率在走势、波动频率、定价水平上均较 Shibor 都更为接近;由于 3 个月期限的同业拆借成交量小,且利率波动大,因此该期限的利率与票据利率的相关性明显偏低。

其次,票据转贴利率的走势与同业拆借利率总体成正相关,但同样是因为后者为更纯粹的资金属性,因此在市场信贷规模收紧、票据价格攀升时,会出现票据转贴利率走高、同业拆借利率稳定甚至走低的局面;反之,在市场信贷规模宽松、票据价格下行时,会出现票据转贴利率下行,同业拆借利率走高的局面(见图 6-7)。

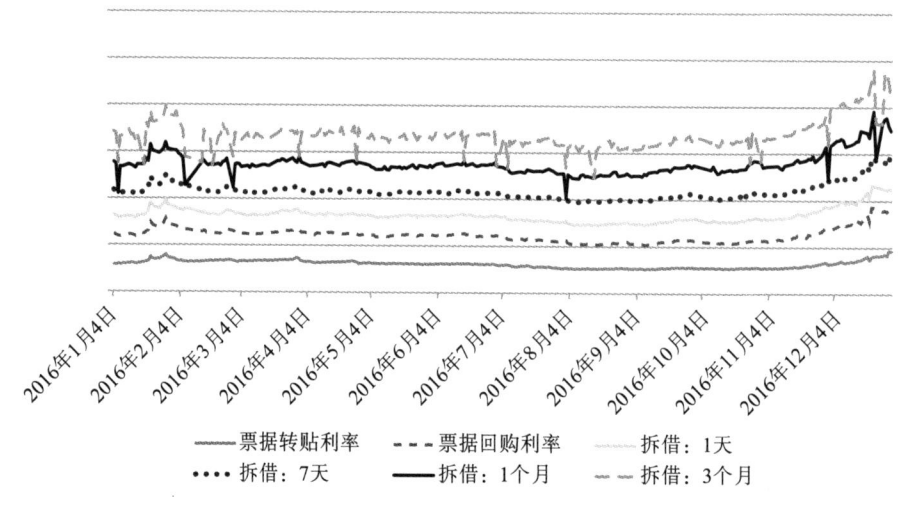

图 6-7 票据利率与同业拆借利率走势对比

数据来源:Wind 资讯。

最后票据回购利率和同业拆借利率契合度相对更好,因为二者均反映资金价格,受信贷规模因素的影响相对较小。2016 年全年票据回购利率约为 3.1%,同期 1 个月同业拆借利率约为 3.0%,相差 10BP。

(三)票据利率与债券质押式回购利率的关联性

银行间债券质押式回购利率,是指银行间以国债等高信用等级债券作为质押物,通过回购方式进行资金借贷所产生的利率。目前公布的 11 个品种债券质押式回购利率包括隔夜、7 天、14 天、21 天、1 个月、2 个月、3 个月、4 个月、6 个月、9 个月及 1 年期,此处选取隔夜、7 天、1 个月、3 个月期限进行比较分析(见图 6-8)。

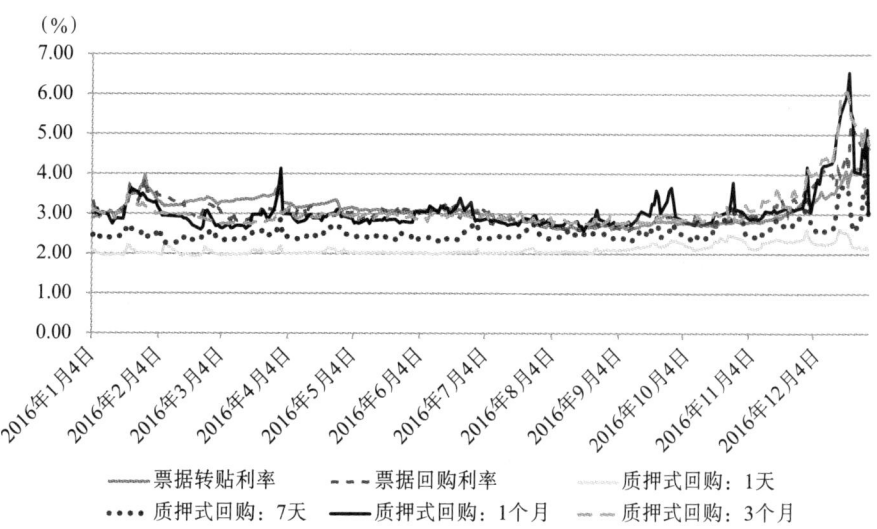

图 6-8 票据利率与质押式回购利率对比

数据来源：Wind 资讯。

与 Shibor 报价市场和同业拆借相比，债券回购和票据均有实物交易，非纯信用市场，因此从利率相关性对比来看，票据利率与债券回购利率的相关性更高于与 Shibor 和同业拆借利率的相关性。具体而言，质押式回购利率与票据转贴现利率的走势较为一致，但与 Shibor、同业拆借市场相同，质押式回购利率不受信贷规模影响，因此与票据回购利率的一致性更高，与票据转贴现利率走势在个别时点会出现分歧，如信贷规模紧张时点，质押式回购利率与票据转贴现利率走势的差异较大（见图 6-9）。

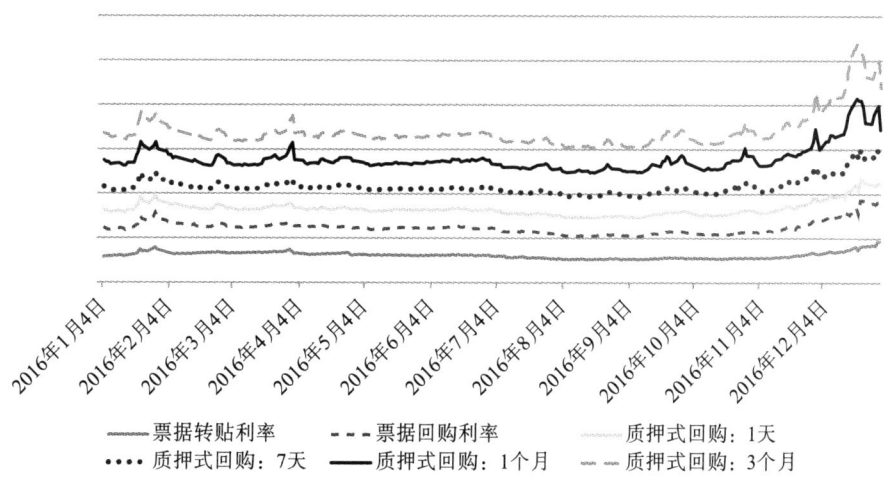

图 6-9 票据利率与质押式回购利率走势对比

数据来源：Wind 资讯。

(四) 小结

总体来讲，通过对票据市场利率和货币市场利率的走势对比及相关性分析可以得出以下结论：一是票据市场利率与货币市场利率的联动性强，体现在不论是票据转贴现利率还是票据回购利率，均与 Shibor、同业拆借利率、质押式回购利率的相关程度较高，背后原因是货币市场、票据市场均为市场化程度较高的市场，因此货币市场利率的变化会及时传导至票据市场。二是票据作为一种特殊的资产，兼具资金业务和信贷业务属性，资金业务属性是票据市场和货币市场的共性特征，而信贷业务则属于票据转贴现的个性特征，因此转贴现利率和回购利率与货币市场的关联度并不完全一致。其中，票据回购利率与货币市场利率的相关性相对更高，主要体现为两者的资金业务属性，而票据转贴现利率与货币市场利率的相关性相对较低，主要体现为票据转贴现业务独有的信贷业务属性。三是票据利率与债券质押式回购利率的相关性高于其他两种货币市场利率，这可能是因为票据市场和债券回购市场均属于实物市场，资产特点有一定的相似性，两者相关性更强一些，而 Shibor 和同业拆借属于信用市场，因此与票据市场的相关性相对弱一些。

第二节 票据市场与同业存单市场的关联性

同业存单是指由银行业存款类金融机构法人在全国银行间市场上发行的记账式定期存款凭证，是一种货币市场工具。目前同业存单在银行资产负债表中记为应付债券，区别于一般性的同业存款、同业拆入等同业负债，近年来作为中小银行应对资产规模快速扩张的主动性负债得到快速发展。

一、发行规模情况

(一) 市场规模情况

与 2015 年相比，同业存单市场在 2016 年出现井喷式增长。2016 年度银行间市场陆续发行同业存单 17 643 只，较 2015 年同期增加 11 542 只，增幅为 189.2%；发行金额共计 13.04 万亿元，较 2015 年同期增加 7.74 万亿元，增幅为 146.0%；二级市场交易总量为 70.12 万亿元，较 2015 年同期增加 51.72 万亿元，增幅为 281%（见表 6-1）。

表 6-1　　　　　　　　　　2015~2016 年同业存单发行规模情况

	发行数量（只）			发行金额（万亿元）			交易总量（万亿元）		
	2016 年	2015 年	同比	2016 年	2015 年	同比	2016 年	2015 年	同比
第一季度	3 146	965	226%	2.94	0.71	314%	12.59	0.54	2 231%
第二季度	4 147	1 240	234%	3.11	0.96	224%	14.58	1.96	644%
第三季度	4 534	1 644	176%	3.62	1.62	123%	21.39	4.27	401%
第四季度	5 816	2 252	158%	3.37	2.01	68%	21.56	11.63	85%
合计	17 643	6 101	189%	13.04	5.3	146%	70.12	18.4	281%

数据来源：2015 年、2016 年《货币政策执行报告》。

（二）同业存单市场快速发展的原因分析

1. 在利率市场化及金融脱媒背景下，银行增加负债的需求旺盛。利率市场化及金融脱媒背景下，批发及零售客户理财观念转变，更倾向于通过基金、股票等渠道投资，除了国有大型商业银行和部分规模较大的全国性股份制银行外，大部分存款类机构吸收公众存款的能力有限，同期企业贷款发放需求有增无减，因此，银行负债业务的增长压力加大。

2. 同业存单较被动负债业务的优势。被动负债业务即银行通过吸收公众存款补充负债端需求。与该模式相比，同业存单的额度、期限设置更灵活，银行可根据自身资产投放需要自主决定期限及额度，以匹配负债安排，优化负债结构。同时，发行同业存单无须缴纳准备金，因该类资金属于"应付债券"，不属于缴纳准备金规定的"一般存款"范畴。

3. 同业存单较主动负债业务的优势。银行主动负债业务包括同业存款、同业拆借、买入返售、发行信用债等，与该模式相比，同业存单有四个方面的优势：一是流动性更好，同业存单在期限上的设计更标准化（分为 1 个月，3 个月，6 个月，9 个月，1 年等品种），更便于流通；二是更有利于通过 MPA 考核，MPA 关于"同业市场负债比例"有考核要求，商业银行同业负债规模不得超过银行总负债规模的 1/3，而同业存单不计入同业负债的统计范围；三是有利于提升净稳定资金比例（NSFR）指标，发行同业存单融入的资金按照 100% 的权重计入 NSFR 分子项，而同业拆借、买入返售融入的资金计提权重只有 50%；四是对投资方而言，经济资本成本较低，因其风险资产的计提比例为 20%~25%，低于信用债 100% 的权重。

二、票据市场与同业存单市场的关联性分析

(一) 票据市场与同业存单市场发行规模比较

票据市场与同业存单市场均为同业资金往来的重要市场,从发行规模上来看,2016年票据市场的发行规模超过了同业存单,但交易规模不及同业存单市场。2016年全年票据签发量为18.1万亿元,同期同业存单发行金额共计13.04万亿元;票据贴现(含银行间转贴现)累计发生量为40.3万亿元,同期同业存单二级市场交易总量为70.12万亿元。

(二) 票据市场与同业存单市场发行利率比较

以2016年剩余期限六个月的票据转贴现利率和同业存单到期收益率为取数样本,可以发现:上半年票据转贴现利率一直高于同期限同业存单的到期收益率,这是因为第一季度为商业银行全年信贷业务的布局阶段,项目集中放款,信贷规模趋紧,融资成本拉升,且第一季度票据市场陆续爆发风险案件,转贴现利率一度走高。下半年二者的走势更为贴近,均呈现出在第三季度区间震荡、第四季度企稳反弹的走势。整体上看,票据转贴现利率与同业存单收益率由于本身的资金属性,相关性较强,共同反映银行间资金面的情况。由于票据还有较强的信贷资产属性,会使得票据利率受到一定的时点性因素影响,如MPA等关键考核时点,此时票据的资金属性弱化,信贷资产属性加强,与同业存单收益率关联性减弱(见图6-10)。

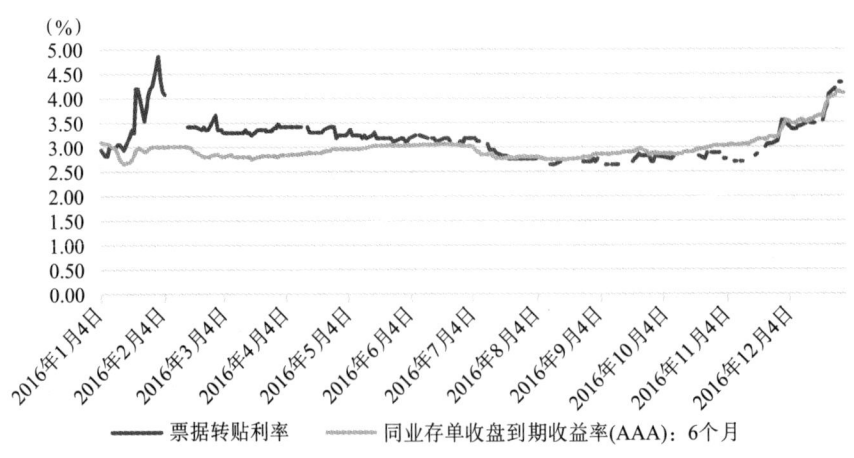

图6-10 6个月票据转贴现利率与同业存单到期收益率比较

数据来源:Wind资讯。

(三)票据市场与同业存单市场参与主体比较

1. 票据和同业存单的发行人比较。同业存单在 2013 年刚推出时,发行人以政策性银行、国有行和股份行为主,市场份额达 90% 以上。随着市场的发展,城商行、农商行、外资行和民营行对主动负债的需求更为迫切,逐渐成为市场的主力。截至 2017 年第一季度,城商行、农商行发行金额合计占比达 53%。票据根据承兑主体的不同分为银行承兑汇票和商业承兑汇票,商业承兑汇票的发行主体是企业,与同业存单不具可比性;银行承兑汇票从承兑量上来看,以国股行为主,城商行、农商行的市场份额较小。

2. 票据和同业存单的投资者比较。同业存单的投资者既包括银行,也包括证券公司等非银机构及非法人产品。根据上海清算所 2017 年第一季度末数据,非法人机构的投资占比已超过商业银行:商业银行合计持有同业存单 3.07 亿元,市场占比为 39.2%;货币、债券基金等非法人机构合计持有同业存单的规模为 3.17 万亿元,市场占比为 40.4%;两者合计占比已达 79.6%,共同构成了同业存单市场的主要投资者。在传统的票据二级市场上,参与者主要是商业银行,券商等并无从事票据转贴现的权限,但在票交所全面上线后,中国人民银行(2016)第 29 号《票据交易管理办法》,第二章中将票据市场的参与者规定为"法人类参与者、非法人类参与者和中国人民银行确定的其他市场参与者",为券商等非银行类金融机构参与票据转贴现业务提供了制度依据。在实务操作中,已经有部分券商加入了票交所开展票据转贴现业务。

第三节 票据市场与银行间债券市场的关联性

一、银行间债券市场概况

(一)银行间债券市场是债券市场的主发行和交易市场

在发行规模方面,2016 年,债券市场发行规模达 36 万亿元,较 2015 年增加 13 万亿元,增幅为 54%,其中银行间债券市场发行债券 32 万亿元,同比增加 11 万亿元,增幅为 54%,占债券市场总发行规模的 89%。在交易规模方面,2016 年债券市场现券交易量为 132.2 万亿元,同比增长 47%。其中,银行间市场现券累计成交 127 万亿元,日均成交5 063亿元，同比增长44%，市场占比97%；交易所现券累计成交5.1万亿元，日均成交207.6亿元，同比增长49%，市场占比13%。

（二）发行品种方面，信用债占主导

债券可分为利率债、信用债两类。利率债主要是指国债、地方政府债券、政策性金融债和中国人民银行票据。此类债券的特点是利率随市场利率浮动，发行人的成本和投资者的收益与市场变动趋势一致。信用债是指由政府之外的主体发行的、约定了确定的本息偿付现金流的债券。具体包括企业债、公司债、短期融资券、中期票据、分离交易可转债、资产支持证券、次级债等品种。2016年，银行间债券市场中，国债发行2.9万亿元，地方政府债券发行6万亿元，国家开发银行、中国进出口银行和中国农业发展银行发行债券3.4万亿元，政府支持机构发行债券2 250亿元，商业银行等金融机构发行金融债券1.3万亿元，信贷资产支持证券发行3 838亿元，公司信用类债券发行8.2万亿元。从债券发行品种来看，公司信用类债券占据主导地位（见图6－11）。

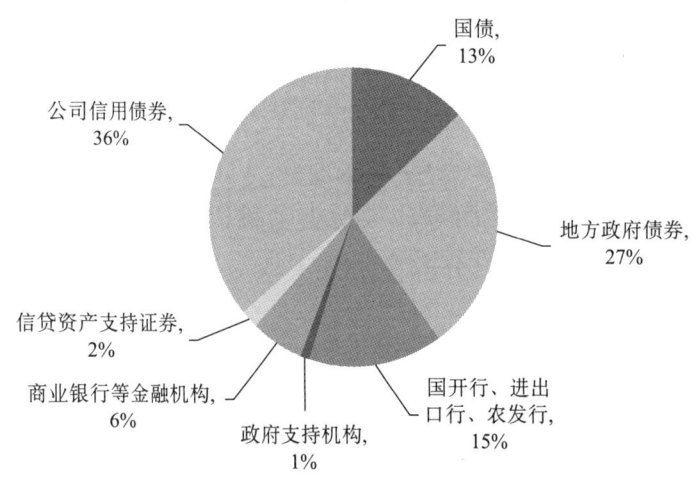

图6－11　2016年各类债券发行规模占比

数据来源：2016年金融市场运行情况。

（三）发行利率方面，收益率曲线整体上移

2016年前三季度，货币市场利率相对平稳，从第四季度开始，利率加快上行。截至年末，1年期国债收益率较2015年末上升35BP，5年期国债收益率较2015年末上升15BP，10年期国债收益率较2015年末上升19BP；银行间市场债券指数为174.44点，同比增幅为1.79%；交易所市场国债指数为159.79点，同比增幅为3.39%；公司信用类债券收益率曲线大幅上行，年末5年期AAA级、AA＋级和AA级企业债收益率较2015年末分别上行65个、44个和24个基点。

(四) 参与主体方面，投资者结构更加多元化

2016 年末，银行间市场各类参与主体共计 14 127 家，较 2015 年末增加 4 491 家，增幅为 47%。其中：境内法人类参与机构为 2 329 家，较 2015 年增加 235 家，增幅为 11%；境内非法人类机构投资者为 11 391 家，较 2015 年增加 4 151 家，增幅为 57%；境外机构投资者为 407 家，较 2015 年增加 105 家，增幅为 35%。存款类金融机构持有债券余额为 34 万亿元，持债占比为 60.4%，较 2015 年末下降 1.7 个百分点；非法人机构投资者持债规模为 14.5 万亿元，占比为 25.7%，较 2015 年末提高 3.5 个百分点。公司信用类债券持有者中存款类机构继续下降，存款类金融机构、非银行金融机构、非法人机构投资者和其他投资者的持有债券占比分别为 28.8%、7.8%、63.4%。

(五) 债券市场与票据市场的联动情况

1. 债券市场与票据市场的相似性。从法律性质上来看，均为债权债务关系凭证。债券和票据均反映发行者与投资者/持票人之间的资金往来关系，投资者/持票人是债权人，承兑人为债务人。从风险经营上看，均为经营利率风险、信用风险。二者的发行、交易均依赖于发行人/承兑人的水平，同时因为债券的二级交易市场和票据的转贴现、回购市场又有较强的资金属性，所以需要对利率走势有较强的研究和把控能力。

2. 债券市场与票据市场的不同点。第一，发行主体不同。债券的发行主体可以是政府、金融机构或企业（公司）；票据的发行主体只能是银行、企业。第二，产品类型不同。债券产品的分类较票据更为复杂，根据不同的分类标准可有多种分类方法。除了可以根据主体的信用水平区分为利率债和信用债之外，还可以按照债券形态区分为实物债券、凭证式债券、记账式债券；按照是否可转换将其区分为可转换债券、不可转换债券；按照付息方式将其分为零息债券、定息债券、浮息债券；按照是否能够提前偿还将其划分为可赎回债券、不可赎回债券；按照计息方式不同划分为单利债券、复利债券、累进利率债券；按债券是否记名分为记名债券、无记名债券。票据的分类更为简单，按照票据介质的不同将其区分为纸票、电票；按照承兑人的不同将其区分为银票、商票。第三，期限不同。票据的期限最长为一年，是企业短期资金融通工具，债券的期限跨度较大，既有一年以内的短融、超短融品种，也有一年甚至十年以上的国债品种，还有永续债，期限更多样，满足不同主体的资金需求。第四，功能不同。票据诞生于企业贸易往来中的支付结算需求，其主要功能是作为支付结算工具，票据的承兑须以真实贸易背景存在为前提。债券的功能在于融资，是企业直接融资的重要工具之一，不以贸易背景为必须条件。债券的开立、交易更多依托于企业的信用等级。

3. 债券市场与票据市场的利率联动情况。通过选取短期、中期、长期的债券利率

与票据利率进行比较，可以发现以下两个特征：第一，债券市场的整体利率水平低于票据市场。利率债方面，2016年10年国债的平均利率为2.85%，较票据转贴现平均利率低25BP。信用债方面，短期融资债券（AAA评级）的平均利率为2.91%，较票据转贴现平均利率低19BP；中期票据（AAA评级）因选取的数据样本为3年期，平均利率为3.2%，较票据转贴现利率高10BP。原因有两方面：一是利率债的主体多依托政府信用，信用风险低。国债、政策性金融债的信用等级高，拆借资金的成本低。二是信用债的准入门槛较高，信用评级体系完善，不论是中期票据还是短期融资债券，发行均须经历严格的尽职调查和外部评级流程，发行门槛高，发行主体的信用等级较好；票据市场的承兑和签发门槛较低，银行承兑汇票在有有效授信的情况下即可签发，商业承兑汇票由企业自主签发，银行贴现后即可进入二级交易市场，签发主体也以供应链上的中小企业为主，体量较小、议价能力有限，因此票据利率要普遍高于债券利率（见图6-12）。

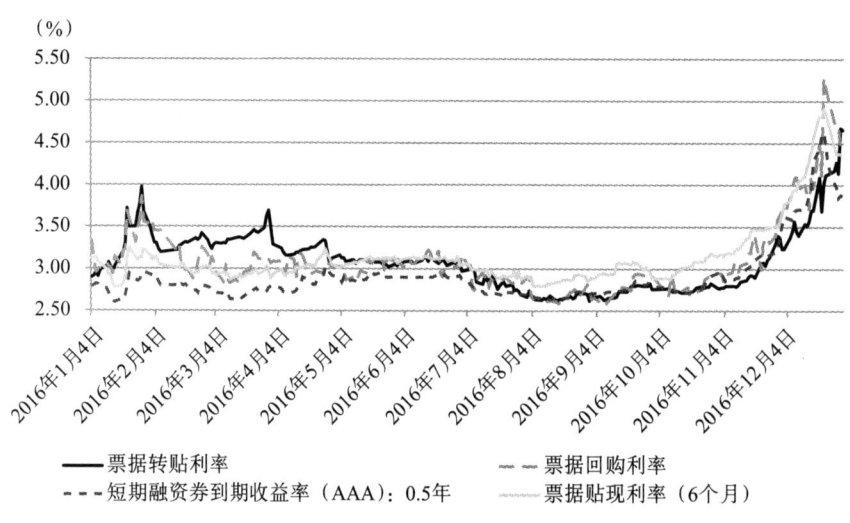

图6-12 票据市场与债券市场利率对比

数据来源：Wind资讯。

第二，债券市场与票据市场的利率走势基本一致，但个别时点出现背离。从趋势上看，无论是一年以上的国债、中期票据还是一年以内的短期融资债券，利率变动的趋势与票据转贴利率、回购利率类似，均体现出了第一季度冲高回落，第二季度略微下行，第三季度保持低位，第四季度快速拉升的特点。票据兼具信贷资产的属性，除了受资金面影响外，也受信贷规模的影响，因此在具体的时点，走势与债券出现分歧。例如2016年3月末，银行首次迎来MPA考核，票据融资规模压缩，票据市场利率大幅上升，同期债券市场仅受资金利率走势的影响，价格窄幅波动，未有明显的拉高；再如2016年12月末，在资金市场利率较月中大幅回落的背景下，票据利率受年末信贷规模紧张的影响，利率逆势提升，走势与资金市场利率相反（见图6-13）。

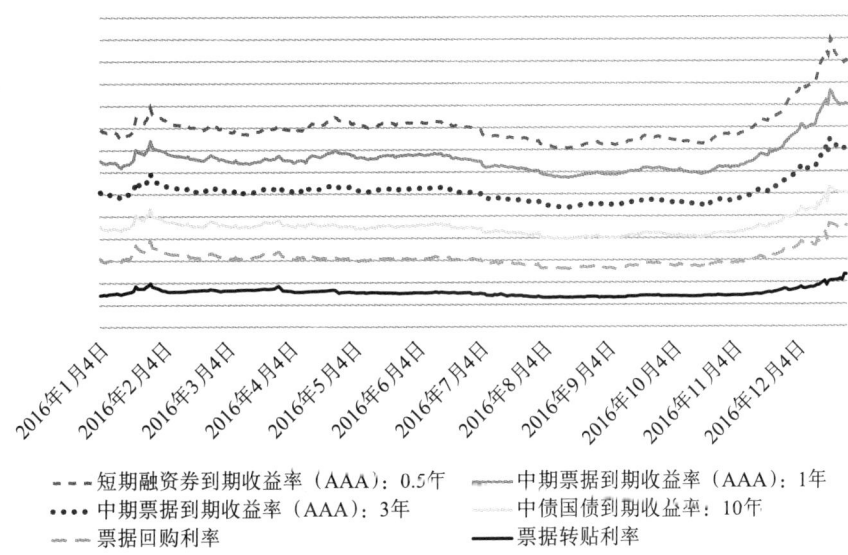

图6-13 票据市场与债券市场利率走势对比

数据来源：Wind资讯。

二、短期融资券子市场概况

如前所述，根据发行主体、期限的不同，可将债券划分为不同品种，且以政府信用为代表的利率债在风险经营和利率波动上与票据差别较大，其定价机制与票据相比参考性较低。此处选取与票据市场期限近似、风险经营要求相近的短期融资券子市场进行对比分析。

（一）发行规模情况

在发行量方面，2016年短融发行量较2015年降幅明显：全年发行短融的企业共520家，同比减少35%；发行量为687期，同比减少38%；发行规模为6 063亿元，同比减少36.07%。下降原因主要是受风险事件频发、较低信用等级以及景气度低迷行业发行人发行债券难度增加等影响。另外，超短融对短融的替代和分流作用有所加强也在一定程度上加大了短融发行量的降幅。

在发行主体方面，2016年短融发行主体向AA级（含）以上集中的趋势明显。从发行期数上看，当年无A+级主体发行短融，AA-级主体短融发行期数仅存26期；从发行规模方面看，AAA级主体发行占比达44.94%。

（二）发行利率情况

从短融利率的种类来看，2016年所发短融均采用固定利率发行，利率整体呈现平稳走势，2016年主体AAA评级、期限半年的短期融资券平均交易利率为2.91%，AAA和AA+级主体发行利率基本低于一年贷款基准利率，其余各级别主体所发短融利率因加入信用溢价，利率波动较大。

（三）票据市场利率与短期融资券利率的关联性分析

由于短融发行主体的信用等级分布向AA级以上集中趋势进一步明显，此处选取评级AAA、剩余期限半年的短期融资券交易利率与票据利率进行对比。

首先，大部分时点短期融资券利率低于票据利率。从全年绝对价格上来看，2016年主体AAA评级、期限半年的短期融资券平均交易利率为2.91%，较票据转贴现利率、回购利率低19BP，由二者的利率走势图也可看出，大部分时点短期融资券的价格在票据利率之下。从每个季度的价格上来看，第一季度票据转贴现利率与短期融资券交易利率的价差空间最大，达到46BP；第二季度次之，达37BP；第三季度短期融资券利率阶段性上涨，从9月开始价格一度超过票据转贴现利率，当季两个产品的平均价差缩窄为2BP；第四季度短期融资券交易利率持续拉升，当季两个产品价差出现反转，票据转贴现利率较短期融资券交易利率低11BP。短期融资券利率低于票据的原因在于短融的发行主体多为外部评级较好的优质企业，融资渠道多，议价能力强，通过短期融资券进行融资为企业多渠道比价的结果，从一级市场开始就保持了较低的发行利率，相应的二级市场交易价格也保持相对低位。相比之下，票据的签发和贴现门槛较低，贴现主体以供应链上较为弱势的中小企业为主，融资渠道少、议价能力弱，贴现成本较高，二级市场上价格的弹性空间较大，整体价格水平也高于短期融资债券（见表6-2）。

其次，票据转贴现利率走势与短期融资券利率基本一致。票据转贴现交易与短期融资券交易本质上都是同业机构间的资金融通行为，因此利率均受银行间市场资金宽紧的影响，在大部分时点二者利率波动趋势相近。因为债券不纳入中国人民银行信贷规模口径，而票据资产在各商业银行中承担着重要的信贷规模调控职能，所以，逢季度末中国人民银行MPA考核时点，二者的价格走势或相悖，如2016年12月下旬短期融资券交易利率冲高回落，同期票据利率保持持续上升势头。除受信贷规模影响外，票据交易的价格也受风险案件影响较大，如2016年1月中旬，个别商业银行发生票据风险大案，票据市场利率闻声飙涨，同期债券市场利率保持平稳（见图6-14）。

第六章 2016年票据市场与相关金融市场联动发展

表6-2   2016年各季度票据利率与短期融资利率对比   （单位:%）

	票据贴现利率（6个月）	票据转贴利率（全期限）	票据回购利率（全期限）	短期融资（AAA—6个月）
2016年第一季度	3.00	3.33	3.13	2.88
2016年第二季度	3.08	3.13	3.04	2.76
2016年第三季度	2.93	2.75	2.78	2.72
2016年第四季度	3.59	3.19	3.46	3.29
全年平均	3.15	3.10	3.10	2.91

数据来源：Wind 资讯。

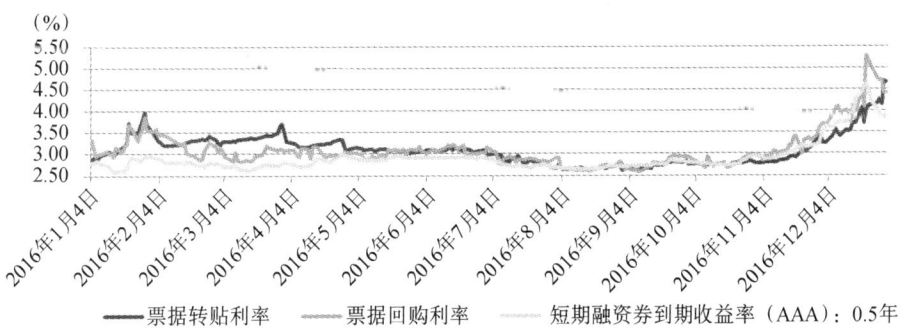

图6-14 票据市场与短期融资券市场利率对比

数据来源：Wind 资讯。

第七章

2016年票据市场风险状况与防控

第一节 票据市场风险状况概述

2016年，票据市场面临的风险形势严峻，票据风险事件频繁出现，包括企业违约向银行传导，票据中介挪用资金风险向银行转嫁，票据从业人员投资失败诱发道德风险，票据经营机构迫于利润压力不审慎经营等。此外，风险的关联性、传染性和转化特性较为明显。

一、票据案件频发、金额巨大

2016年，全国各地发生了多起银行票据案件，数额巨大。从年初某银行披露票据业务重大风险事件开始，部分国有银行、股份制银行和地方商业银行也接连爆出票据业务风险事件，涉及风险金额从几亿元到几十亿元不等。根据已经披露的数据，全年票据案件涉案金额近百亿元。

二、信用风险逐渐加大

基于实体经济面临压力，传统出票行业的经营面临较大挑战，导致部分行业和企业资金链断裂、债务违约、逃债等事件时有发生，信用风险逐渐由企业端向银行端蔓延，商业银行承兑垫款余额有所攀升，票据逾期率明显提高，银行票据业务法律纠纷及金融案件不时发生，票据业务整体信用环境形势严峻。

三、操作风险、道德风险突出

目前，票据业务的发展正处在从纸票向电子化转变的过程中，传统的纸票业务以及电子化票据业务的操作风险仍有所凸显。票据业务由于流程长，环节多，专业性强，操作风险点数量多、分布广，加之部分金融机构为追求盈利，放松对部分业务环节的审核和监督，导致假票、假章、一票多卖、清单交易等风险事件时有发生；此外，由于票据交易涉及金额较大，非法票据中介与部分银行人员在频繁发生资金往来的同时容易内外勾结，套取银行资金，诈骗行为渗透至票据办理过程中的多个环节。

四、市场风险凸显

票据业务的市场风险主要是指利率风险，不断波动的市场利率带来较大的收益不确定性。2016年中国人民银行停止过去多次降准降息"大水漫灌"的刺激方式，通过灵活的公开市场操作控制市场流动性，维持市场资金面相对宽松的局面。票据利率自2016年初高点一路震荡下行。一方面，从市场整体来看，票据业务资金化运作趋势越来越明显，而票据利率波动频繁，经营机构波段操作、错配交易的难度有所加大；另一方面，2016年初、年末等信贷重要时点票据利率出现明显波动，监管政策以及市场重要事件均会对市场利率形成较大冲击，导致市场利率有所凸显。

五、合规风险不容忽视

一方面，随着近年来影子银行快速发展，票据市场参与主体迅速增多，各类机构在票据审验、保管等基础工作上的水平参差不齐，在贸易背景审查、贴现资金用途监控等方面存在诸多不完全合规的现象。部分金融机构为追求业务的迅速扩张，放松对部分业务环节的审核和监督，导致非法集资、票据融资"空转"等现象凸显。另一方面，非法票据中介参与票据流转，加大了金融机构对贸易背景真实性审查的难度，同时抽屉协议等现象仍存在，导致合规风险不容忽视。

第二节 票据市场风险类型及成因分析

2016年，票据市场进入了不断自我整顿和自我修复的过渡期。归纳起来，票据市场风险类型主要有信用风险、操作风险、市场风险、合规风险、道德风险和创新业务风险。

一、信用风险及成因

信用风险是指票据承兑人或付款人的付款能力发生问题的时候，使持票人的资金受到损失及转贴现业务中不能按期履行合同导致交易对手方的利益受到损失的风险。具体表现为：

（一）票据付款人的违约风险

票据付款人的违约风险可以分为两类：一是出票企业经营不善无法到期兑付导致的违约风险；二是企业间因经济纠纷导致的违约风险。2016年整体经济处于企稳阶段，潜在信用风险形势严峻。产能过剩行业的去产能可能导致个别企业风险暴露加快，同时相关风险会沿产业链向周边关联行业蔓延，对上下游相关行业带来冲击。去杠杆、去库存、去产能对实体经济造成较大影响，企业资金链断裂、债务违约率提升，票据逾期、承兑垫款时有发生，导致票据付款人违约风险提高。

（二）转贴现买断和回购等传统业务中的信用风险

随着票据市场规模的扩大和交易的活跃，越来越多的中小金融机构、非法票据中介加入市场，深度渗透票据流转链，票据贴现、转贴现、买入返售等环节交易对手信用风险更趋复杂。在市场交易周转速度加快的情况下，部分机构为减少资金占用快速买入卖出，但缺乏有效的流程控制和风险跟踪、监测机制，从而蕴藏了一定的信用风险。

（三）票交所新的业务模式中的信用风险

票交所明确了票据市场信用主体规则，将承兑行、贴现行及保证增信行纳入信用主体的范畴，票交所内其他交易主体将不再承担被追索清偿的责任，信用风险主体发生变化，使得承兑和贴现银行兑付责任加重，由此带来的信用主体信用风险不容忽视。此外，系统参与者范围扩大至证券、基金、保险等非银行金融机构以及各类非法人产品，交易对手范围的扩大所带来的交易主体信用风险也值得重点关注。

二、操作风险及成因

操作风险发生在商业汇票的承兑、贴现、转贴现等各个环节，一般是由于操作环节把控不严、流程不规范导致的。票据业务由于流程长、环节多、专业性强、涉及人员众多，操作风险点数量多，分布广，在银行票据业务风险管理中存在难点，同时也是审计、监管等关注的重点。

（一）纸票的操作风险

纸票的操作风险主要体现在操作人员未能有效识别真假票据。票据签发、承兑、转让等整个业务环节是在一个开放的环境中进行的，参与交易的个人、企业众多，容易被不法分子觊觎，特别是纸质票据更容易被不法分子伪造、变造及克隆等。在实际操作中，企业辨识票据真伪的能力有限，各家银行主要采用的辨假手段是通过肉眼配合票据鉴别仪审核纸票实物票据的真伪。对员工的业务技能要求较高，辨别工作难度大。若票据流转对象及银行工作人员风险防范意识不强，容易给不法分子以可乘之机。

（二）电票的操作风险

电票的操作风险包括：票据岗位职责不明确，重点岗位监督管理及内部检查不严，对内部违规发展票据业务缺乏有效监督，以及因现阶段系统功能仍在逐步完善中，易导致电票信息不对称。电票允许代理接入后，可能存在利用代理接入环节将交易资金非法转移等行为。管理和制度上的缺陷和漏洞，使得票据从业人员容易在操作环节产生违规操作甚至内外勾结等事件。

三、市场风险及成因

票据业务市场风险主要是指利率风险。市场风险管理难度有所增加，一方面，受利率市场化推进、资本市场挤压、货币投放路径改变等因素的影响，票据业务资金成本不断抬高；另一方面，除了受信贷规模调整和资金供给因素的影响以外，经济资本约束、流动性管理、跨市场波动传导影响增强，票据利率波动频率和幅度不断增强，市场风险影响因素叠加，银行机构票据资产错配和加杠杆仍然存在，利率风险不容忽视。

四、合规风险及成因

合规风险是指由于没有严格执行相关制度和政策而引起的风险，主要包含以下三类。

（一）承兑及贴现业务贸易背景真实性风险

《票据法》规定，票据的签发、取得和转让，应当以真实的交易关系和债权债务关系为基础，严禁签发和流转融资性商业汇票。票据业务由于手续简便、收入稳定，规模容易成倍增加，成为银行扩大资产规模，稀释不良贷款的重要手段。部分金融机构不断追求业务扩张，放松对承兑及贴现业务贸易背景的真实性审查，加剧了票据市场的潜在风险。

（二）贴现资金用途监控不力

票据贴现实质是一种贷款，在办理完贴现后，银行需调查资金流向。金融机构或因未严格遵循审慎经营原则，导致贷后资金监控不力，贷款资金被挪用于保证金或为商票保贴业务质押存单等。企业连续增加杠杆，通过融到的贷款资金进行投资理财等，造成贴现资金未按规定用于实质用途，加剧了资金流向的不可控性。

（三）非法票据中介参与票据流转带来的潜在票据风险

票据市场上中介规模迥异、资质良莠不齐，部分中介不规范的运作对其他市场参与主体的合规经营构成冲击。票据中介过度参与票据流转导致两类风险：一类是通过中小银行异地大量办理无真实贸易背景的票据贴现业务，助长票据融资"空转"现象；另一类是利用银行的内控疏漏，造成一票多卖等违规事件。

五、道德风险及成因

票据业务的道德风险主要来自于银行工作人员，虽然银行人员进行内外勾结作案的概率较小，但此类风险一般会对银行造成直接的经济及声誉损失。主要有以下形式：一是银行人员与企业人员相互勾结，套取银行资金。例如，银行人员协助企业办理严重超出企业经营规模的银行承兑汇票，最终企业资不抵债，无法偿付银行承兑汇票。二是银行内部员工联合中介利用同业户进行交易造成一票多卖、清单交易的违规操作行为。三是银行人员参与制作伪假票、克隆票等进行欺诈。

六、创新业务风险及成因

票据创新业务风险是指金融机构除传统业务之外，对业务模式进行创新，由于监管政策的滞后性和业务笔模式的复杂性、隐蔽性导致的风险。票据业务的主要创新领域集中在纸票电子化、混业合作等方面。当前金融市场层次不断丰富，信托、证券、基金、保险、资产管理公司以及企业、个人进入票据市场，使得票据业务创新风险波及范围加大。票据经营机构如果对跨市场客户资质、新业务运作模式不了解，资金支付管理、风险识别与风险定价不到位，业务系统支持不配套，则产品创新容易存在潜在设计缺陷与管理漏洞。

第三节　商业银行票据业务风险防控情况

2016年，在复杂严峻的国内外经济金融形势下，各家商业银行在票据业务风险防控上都做出了许多积极的努力与尝试，正确地平衡了业务发展与风险的关系，建立健全风险管控制度，提高精细化管理，加强队伍建设，通过提高技术手段加强信息管理，全面推进票据业务风险管理建设，努力打造统一协调、高效强大的风险管理体系。

一、加强统筹兼顾，正确处理票据业务发展与风险的关系

2016年，各大商业银行积极采取各种措施，加强对票据业务的把控，提高了风险管控效率。

（一）加强贸易背景的审查

2016年，在《票据法》的基础上，中国人民银行和中国银监会共同发布的《关于加强票据业务监管促进票据市场健康发展的通知》（银发［2016］126号）要求严格贸易背景真实性审查，严格规范同业账户管理，有效防范和控制票据业务风险，促进票据市场健康有序发展。多数商业银行从服务实体经济的角度，进一步加强票据业务贸易背景真实性的审查，并将监控工作延伸至贷后管理环节。部分银行在加强合同和增值税发票管理方面积累了丰富的经验：一是交易合同或者增值税发票所记载的交易内

容不得超过企业的经营范围；二是交易合同和增值税发票的相关要素必须相符并可相互印证，同时认真辨别增值税发票的真伪；三是坚持在增值税发票上按照规定加盖"已办理银行承兑汇票"的印章，防止一票多用、重复使用。同时，部分银行强化票据业务授（贷）后管理，结合资金流向情况，分析是否存在关联对开、信贷资金转保证金、签发明显超出经营规模和生产周期的票据、挪用资金参与风险高发领域等非正常行为，进一步加强对贸易背景真实性的研判。

（二）进一步落实客户名单制管理

延续中国银监会《关于规范商业银行同业业务治理的通知》（银监办发［2014］140号）要求，商业银行建立同业业务交易对手准入机制，由法人总部对交易对手进行集中统一的名单制管理，定期评估交易对手风险，动态调整交易对手名单。一是2016年更多商业银行建立了交易对手和承兑行准入名单，实施严格的准入控制，不与名单外的机构开展票据业务；二是部分银行深化名单制管理的内涵，创新运用票据业务灰名单等管理手段。通过内部风险监测系统和平台，在对票据背书和查询查复等信息进行还原和梳理的基础上，筛查流转过程高度一致、流转节点高频出现的风险信息，实时更新票据灰名单，实现票据全流程、全周期的管理，并从静态判断向动态监测转变。

（三）严格执行票据查询查复制度

操作风险是近年来票据业务监管检查中被重点提示的内容之一，银行在业务风险防控中也对此给予了高度重视。处在电票和纸票共存的时代，查询查复的执行情况依然与纸票风险密切相关。实际的操作中，各家商业银行都高度重视查询查复的执行。在办理贴现、质押等纸质票据业务需要查询时，除严格审核票据要素和承兑行回复的常规查询内容外，多数商业银行也特别注意回复中存在的多地多次查询的情况。同时，充分利用票面防伪特征，通过人工、仪器等手段重点检查票据号码、大小写金额等记载事项有无涂改痕迹。此外，作为承兑行受理他行查询时，一旦发现多地多次查询或克隆变造等可疑情况，多数承兑行都会及时向他行提示风险，防范不法分子利用伪造票据进行诈骗。

二、加强科学管理，建立健全票据风险管控制度

（一）强化票据统一授权和业务专营

近年来，各家商业银行积极落实监管部门对票据业务统一授权管理，加快票据业

务专营的步伐，大多商业银行已实现票据回购业务的专营。根据中国银监会发布的《关于加强银行承兑汇票业务监管的通知》（银监办发〔2012〕286号）的要求，原则上支行或一线经营单位仅负责票据承兑和直贴业务，转贴现、买入返售、卖出回购等业务由总行或经授权的分行专门部门负责办理。根据《关于规范商业银行同业业务治理的通知》，商业银行开展同业业务实行专营部门制，由法人总部建立或指定专营部门负责经营票据回购业务。在落实统一授权和业务专营的监管要求时，尽管各家银行对相关业务流程、具体操作模式的设计不尽相同，但客观上都实现了规范经营行为、防范票据业务风险，发挥了积极的作用。

（二）强化企业授信和同业授信管理

"了解客户、客户的业务及客户的真实需求"是授信管理中的基本要求，也是授信环节控制票据业务风险的主要手段。从企业授信的角度来看，多数银行的票据从业人员都能够通过实地查访经营场所、物流仓储等多种调查手段，交叉验证客户主体真实性、业务资料和贸易背景真实性，查询征信系统，查验纳税证明和财务报告等材料。在综合分析票据授信需求合理性的基础上，充分考虑他行票据授信情况，使核定的票据业务授信额度及使用条件符合企业实际经营规模和风险承受能力，避免过度授信。从同业授信的角度来看，多数商业银行票据同业授信额度已经由总行统一审批，纳入全行综合授信风险管理范畴，遵循"先授信、后提用"的原则，所有票据转贴现和占用同业额度的贴现业务均纳入该同业机构的同业授信额度管理。

（三）强化对交易资金账户的管理

根据监管要求，各家商业银行进一步加强票据交易资金账户的统一管理，防止随意开户和资金体外循环。多家银行要求内部各经营机构禁止与"同业户"办理票据业务，必须将资金划入票据转出行在中国人民银行开立的存款准备金账户，或票据转出行在本行开立的一般存款账户，不得转入票据转出行在他行开立的账户，加强交易资金账户的监测和管理。

（四）强化实物票据的保管和监测

从多数商业银行实物票据集中保管的经验来看，已贴现纸质票据、质押票据一般都是作为重要会计凭证入库，由总行或者分行专门部门集中保管，支行或一线经营单位无权自行保管。具体来说，对于票据贴现和质押，均强调按照规定制作背书，确保背书完整、连续，防止银行合法权利悬空。对于已贴入的票据实物，原则上都将贴现凭证和票据按到期日排列，专夹保管。各家商业银行都制定了严格的查账、查库程序，确保账实相符，防范票据传递和保管风险。

三、加强精细化管理，切实防范和化解票据风险隐患

随着票据市场风险事件的不断出现，各家商业银行纷纷提高警惕，全面加强内部监督，正风肃纪，实行精细化管理，及时开展定期与不定期、现场与非现场的业务检查，做了一些有益的尝试并形成了一些较成熟的经验。在行业发展压力大、外部经济环境复杂的背景下，明确风险底线及行为红线，坚守底线做业务，杜绝违法违规乱象出现，切实防范和化解票据风险隐患。

（一）加强制度执行及从业人员行为监督

多数商业银行不断加强和完善制度建设及业务流程梳理，通过成立专门的风控团队，叠加前中后台责任分离、相互制约，确保各项规章制度得到切实有效的执行。严格执行相关人员的轮岗、轮调和强制休假制度，做到换人核实和有效监督。除此之外，部分商业银行建立对经营机构负责人、客户经理的定期与不定期访谈和动态考评机制：一是加强对票据从业人员履职行为的检查；二是加强从业人员之间的相互监督；三是密切关注相关人员的思想动态、发现异常行为。同时，严格防范员工与非法票据中介及社会不法分子相互勾结，努力提高道德风险防范水平。

（二）加强对票据业务的合规自查及专项检查力度

在风险高发的态势下，除监管检查外，部分商业银行票据业务主管部门根据所在区域的特点，有针对性地开展票据业务合规自查和专项检查，重点关注区域金融环境严峻、票据业务量大、交易活跃、风险多发地区的经营机构。一方面，加强指导和监督各经营单位对相关规定的执行情况，依法合规开展票据业务；另一方面，及时主动发现倾向性、苗头性风险，提前预防，切实防范风险。

四、加强信息管理，完善票据市场管理的技术手段

（一）积极推动票据经营管理系统建设

票据业务领先的银行均有一套功能完善的票据业务系统，从而可以提高自动化水平，较好地支撑业务发展，有效提升工作质效和风控水平。2016年以来，票据风险频发，票交所系统上线，各家商业银行更加重视票据系统建设，纷纷加大对系统建设的

投入，既打造开发新一代票据经营管理系统，也在现有系统上开发新功能、增加新模块，积极对接票交所系统。总体来看，各家银行都遵循整合在产品、功能和业务拓展上的需求和资源，实现全行票据业务一体化统一运作的建设思路。在产品上，构建集承兑、贴现、转贴现为一体，全行统一运作的票据经营管理系统，以核心账务系统、信贷管理系统、电票系统、票交所交易系统为后台支撑，以客户经理平台为前端延伸，并与管理会计、资本核算等系统相互融通，实现票据业务流程全覆盖。在功能上，实现业务操作、营运操作、风险控制、绩效考核、市场分析、客户行为分析、收益预判等一系列功能模块，提升票据业务精细化管理水平，为全行票据业务做大、做强、做优提供系统支撑。

（二）整合提高风险数据收集运用能力

准确收集风险数据信息，如银行票据的挂失止付公示催告的数据信息等，是及时化解潜在票据风险的重要前提。部分商业银行在风险数据的收集和大数据运用方面做了有益的尝试：一是拓展数据获取渠道，变被动查询为主动搜索。通过采购外部软件和专业数据库，形成覆盖了中国法院网、各大全国性报纸、各省市相关报纸及各大网站中的关于企业、同业机构风险提示等相关信息等数据库。通过技术改造和优化，实现风险信息数据库与存量信息的自动更新和定期检查，提高筛查的工作效率，最大限度地降低问题票据带来的风险。二是加强数据分析及利用，变被动收集为主动提示。部分银行积极推动票据业务管理系统的优化改造，建立数据分析模型，用活用好电子商业汇票系统及票交所系统中的相关数据资源，在初步实现业务录入的同时完成风险识别和过滤，并主动发起提示。

（三）加快对接票交所系统的建设

票交所的筹建具有合法权威的地位和重要的现实意义，有助于强化票据对实体经济融资的支持和推进票据市场向公开规范统一的市场发展。票交所运行后，操作方面尽管面临新的风险因子，但流程电子化和系统自动化将显著减少整体操作风险。各大商业银行积极研究业务需求，加强系统开发，加快对接票交所系统，一方面认真研究票交所交易模式及交易规则，另一方面积极改进已有系统以适应票交所交易。

五、加强队伍建设，持续提升票据团队的风险合规意识

在纷繁复杂的经营环境中，票据从业人员素质和票据团队建设成为制约票据发展、决定风险把控质量的关键因素。各家商业银行一直把提高从业人员业务素质及综合风

险把控能力当作提高市场竞争力的重要手段，纷纷采取提高前台业务人员风险把控能力、风控队伍建设及培训机制建立等措施，加强团队建设。

（一）提高前台业务人员合规意识及风险把控能力

前台票据业务人员是风险把控的重中之重，是市场风险的第一接触人，提高前台营销及交易人员的合规意识与风险把控能力是做好风险防控的第一道屏障。一是提高前台票据业务人员的合规意识，有助于防范道德风险的出现；二是由于丰富的业务经验，积累了较强的风险把控经验，在操作业务时，能够首先发现业务风险点，把好风险的第一道关口，做好业务风险防范；三是由于与市场的密切接触，前台业务人员具有敏锐的市场嗅觉和风险舆情搜集能力，能够在第一时间做出较准确的市场预判。

（二）探索票据团队风险管理专家队伍建设

针对票据市场当下的风险形势，各家商业银行积极推进票据风险人员队伍建设继续向纵深发展。部分商业银行通过选调、引进、招聘等多种方式和渠道加强票据风险管理专业团队的建设，组建业务经验丰富、风险合规管理过硬、人员结构合理的风控部门或机构，充分挖掘既懂票据业务、又懂风险的人才，发挥他们的优势，切实做到在票据风险分析、识别、提示等方面提供有效的风控意见和改进建议，为持续提升票据业务风险管理水平夯实基础。

（三）建设全覆盖的票据从业人员培训

商业银行大多建立了覆盖全行、不同层次、多种渠道的票据从业人员培训机制。针对不同的培训对象，票据从业人员培训分为基础培训、专业培训和高级培训三个层次，分别面向基层票据从业人员、票据风控人员和票据中高级管理人员，通过完善票据业务定期培训风险管理内容，丰富票据条线业务培训；做好基础培训；通过设计开发网络培训课程，健全风险管理专业的持续培训体系，做好专业培训；通过整合利用各类资源，建立票据业务风险管理宣讲机制，做好高级培训。在不断的培训学习中，提高票据从业人员的业务水平和风险意识，建立良好的风险文化，持续提升票据从业人员风险控制水平和风险管控执行力。

第四节　票据业务风险防控发展趋势

一、新时代下票据市场宏观风险形势

宏观环境复杂多变增加了票据市场风险管理难度。一是国际环境、市场不确定性增加。近年来，伴随着我国金融改革步伐的不断加快，国内经济金融运行与国际因素不断接轨，国际市场特别是美国对国内市场的影响成为不可忽视的因素之一。市场不确定因素增加，导致金融市场波动性加大。二是国内经济面临压力，货币政策稳中偏紧，金融市场去杠杆深入发展。2017年经济工作总基调是稳中求进，深化供给侧结构性改革，实施稳健的货币政策，保持人民币汇率在合理均衡水平上的基本稳定，抑制房地产泡沫，防范系统性风险。宏观环境趋紧、市场不确定性增加、金融去杠杆等将促进票据市场理性回归，风险管理不容忽视。

二、票交所时代的新风险

随着票交所的建立与发展，我国票据业务迈入全面电子化、参与主体多元化、交易集中化的新时代。票交所时代票据风险管理也将迎来新的挑战：一是信用风险陡然上升。票交所模式下，交易主体增加，信用风险主体发生变化，承兑和贴现银行兑付责任加重。二是摩擦性风险不容忽视。票交所模式下，票据操作交易形式变换，各家同业都面临着传统业务流程与票交所业务流程的磨合与再造，技术的不完善、交易员权限高、新旧模式并存导致的摩擦性风险不容忽视。三是市场风险管理难度加大。票据市场与货币市场、债券市场、股市、汇市的关联性不断增强，机构间利率风险共振日益明显，票据利率受资本约束、流动性管理、资金供给叠加因素的影响日益明显。票交所模式下，票据交易业务节奏加快，价格波动将引发市场风险和流动性风险上升。四是创新合规风险不容忽视。跨市场、跨产品的票据创新可能超出当前监管政策允许范畴，满足企业融资需求与审慎经营之间的创新合规风险矛盾或有所突出。五是票据经营模式变化带来新的风险。一方面票据经营模式将由分散逐渐走向集中，要求有更高的风险经营管理能力；另一方面，由于参与主体的多样性，将存在新引入的部分经营机构对票据业务关键风险点的把控缺乏经验，制度建设上也存在缺失，从而引发新

的风险的可能。

三、新时代下票据市场风险防控前景展望

（一）建立健全票据市场风险防控体系

一是牢固树立风险意识。在各类风险因素交织的市场环境下，银行将高度重视票据业务风险，坚持审慎经营理念，增强全面风险意识。二是建立健全适应票交所时代特点的票据风险防控体系。从大处着眼、从细节入手，强化票据风险集约化经营管理，建立从票据风险识别、提示、预警到风险监测、分析、评价、化解等的全面风险管理框架，实现对票据业务的全面风险管理；健全从事前风险审查与评估、事中风险审核与控制、事后风险检查与跟踪等全方位、全流程管理体系。

（二）加强票交所信息共享平台建设，防范票据信用风险

信息不对称是票据风险频发的主要成因。加强票交所建设，增强票据信息公开、透明，将票据出票、承兑、背书、创新等信息以及票据公示催告信息纳入平台；同时建立完善的信用登记、查询体系和严格的监督、执行体系，实现票据信息共享、透明，有效消除交易风险、降低交易成本，提高交易效率。与此同时，银行须警惕上下游企业之间的风险串联、下游小微企业资金链集中断裂风险，产能过剩行业和区域性企业破产风险，加强对交易对手的尽职调查和准入管理，确保保证金来源合规和票据的真实贸易背景，避免票据风险通过交易渗透扩散。

（三）加强市场分析和研判能力，防范市场风险

一是票交所时代票据交易信息更为透明，原有的地域性、交易对手价差不复存在，而随着经济资本约束、流动性管理、跨市场波动传导影响增强，票据利率波动频率和幅度将会增强，只有通过提升对于宏观经济金融政策效果、票据利率运行研判以及票据资产和资金掌控的能力，在合理分析和有效把握市场形势的基础上做好波段操作，才能赚取额外收益。二是要保持流动性警惕。随着金融去杠杆政策的不断推进，银行机构同周期性比较严重，票据流动性受到较大影响，须对资产负债结构和期限匹配进行合理安排。三是要建立相关应急处置机制和业务应变措施，积极应对因市场资金面异常变化等非预期因素导致票据市场利率短期大幅波动而带来的阶段性票据利率风险。

（四）推动实质性创新，把控合规风险

一是避免脱离实体经济。票据创新不应为了自我循环、自我膨胀和逃避金融监管而创新，应本着有利于节约客户财务成本、提高客户资产收益、提高服务效率的指导原则。二是要密切关注新业务、新模式的发展趋势和风险动向。在重点创新领域和环节，要更加注重客户准入、信息披露、业务合规。

（五）加强交易员培训，防范道德风险

一是加强票据风险教育，提高交易员的风险意识。商业银行应把员工的职业道德和风险意识放在重要位置，在加强业务能力培养的同时强化对风险意识的培养，实时了解和分享市场风险信息，提升交易员风险敏感性，及时对已经发生的重大风险案件进行深入剖析，从中吸取经验和教训，不断强化和提升风险意识。二是建立合理的人员管理制度。密切关注交易员和票据从业人员的思想和行为动向，实施定期和不定期的抽查检查制度，建立完善的考核制度，规范和约束员工的行为，防止个别员工因思想上的偏向而形成行为上的偏差。

第八章

2016年商业银行票据业务的创新发展

近年来,票据市场成为最具创新活力的金融子市场之一,创新业务品种不断涌现。2016年面对传统票据业务模式经营利差不断收窄、风险事件频发以及监管趋严的现实,票据市场各类经营机构积极探索票据业务创新并取得了阶段性成果。

第一节 商业银行票据业务创新的主要品种

2016年初,票据市场风险事件爆发,监管部门监管力度加强,监管新政纷纷出台,票据市场创新脚步并未停止。2016年12月8日,由中国人民银行筹建的具有全国性质的上海票交所正式成立,标志着票据业务迈入了全面电子化、参与主体多元化、交易集中化的新时代。与此同时,市场参与者在票据市场利差缩窄、资本约束趋严等市场环境下,积极应对挑战,加大创新力度,取得了一系列创新成果。2016年,资产证券化初步尝试,资产管理业务蓬勃发展,电商供应链票据融资方兴未艾,票据创新性发展不断推进。

一、票据资产证券化初步尝试

票据资产支持证券(ABS)产品的兴起成为2016年票据市场创新的一大亮点,是票据业务多元化和差异化业务发展道路的一支生力军。

资产证券化是指针对某项能够在未来产生可预期的现金流的资产,构建针对该项资产或该类资产组合的收益的权利凭证,并且使得这些凭证可以被众多投资者购买并在投资者之间转让的过程。典型的资产证券化过程是资产原始权益人作为发起人,将自身拥有的对借款人的债权作为基础资产,出售给特殊目的载体(SPV),该载体以基础资产为抵押发行收益凭证,即资产支持证券,出售给投资者以募集资金,用于支付给发起人作为获得基础资产的对价。支持证券发行完毕后,基础资产在未来产生的收益归集到特殊目的载体,再从该载体支付给证券持有人。

票据资产进行资产证券化有其独特优势:一是票据资产未来的现金流可以准确预测,因此票据资产可以成为信用较高的基础资产;二是票据资产具有独立性,可以明确与其他资产隔离开来进行单独转让。

(一)我国票据 ABS 产品兴起的背景和市场概况

2013 年 8 月召开的国务院常务会议提出,进一步扩大信贷资产证券化试点。2014 年 11 月,中国银监会宣布信贷资产证券化业务由审批制改为备案制,不再针对证券化产品发行进行逐笔审批,不再对基础资产等具体发行方案进行审查。2015 年 4 月,中国人民银行发布公告称,简化信贷资产支持证券发行管理流程,对已经取得监管部门相关业务资格、发行过信贷资产支持证券且能够按规定披露信息的受托机构和发起机构,可以向中国人民银行申请注册,并在注册有效期内自主分期发行信贷资产支持证券。备案制、注册制的相继出台进一步激发商业银行开展信贷资产证券化业务的积极性,而作为商业银行优质信贷资产的票据,其证券化时机已趋于成熟。

2016 年成为票据资产证券化的元年,监管层在多个发文中明确支持或提及资产证券化,其中 2016 年 2 月中国人民银行、中国银监会、中国证监会等八部委联合发布《金融支持工业稳增长调结构增效益的若干意见》,明确提出加快推进应收账款证券化等企业资产证券化业务的发展,盘活工业企业存量资产。

继 2016 年 3 月 29 日全国首单票据收益权 ABS 产品"华泰资管—江苏银行融元 1 号资产支持专项计划"成功发行之后,平安银行、徽商银行、民生银行、兴业银行、中信银行、招商银行、浙商银行和浦发银行等都相继发行票据类 ABS 产品。2016 年票据类 ABS 产品共发行 100 亿元左右(见表 8-1)。

表 8-1　　票据 ABS 产品发行一览表

序号	发起机构	管理人	产品名称	金额(亿元)	交易场所	基础资产	发行日期
1	江苏银行	华泰资管	融元 1—3 号	23.33	上海证券交易所	商票	2016 年 3 月 29 日
2	平安银行	博时资本	橙鑫橙 e	5.33	深圳证券交易所	商票	2016 年 3 月 30 日
3	徽商银行	德邦证券	徽德同赢	2.25	上海证券交易所	商票	2016 年 7 月 4 日

续表

序号	发起机构	管理人	产品名称	金额（亿元）	交易场所	基础资产	发行日期
4	江苏银行	华泰资管	融银1号	4.96	上海证券交易所	银票	2016年7月27日
5	平安银行	德邦证券	安盈1号	3.92	上海证券交易所	银票（纸）	2016年7月28日
6	民生银行	中信证券	票据收益权系列	14.59	机构间私募产品报价系统	商票	2016年8月8日
7	兴业银行	兴瀚资管	兴鑫1号	3.80	上海证券交易所	银票	2016年9月8日
8	中信银行	华泰资管	睿信1号	5.25	上海证券交易所	商票	2016年9月23日
9	民生银行	华信证券	瑞通1—6号	22.34	上海证券交易所	商票	2016年9月23日
10	招商银行	华泰资管	聚元1号	10.38	上海证券交易所	银票（纸）	2016年11月9日
11	浙商银行	华福证券	融鑫1期	8.58	上海证券交易所	商票	2016年12月23日
12	浦发银行	齐鲁资管	尚融1号	6.07	上海证券交易所	商票	2017年4月20日
13	浦发银行	博时资本	尚通1号	0.73	深圳证券交易所	商票	2017年6月12日
14	浙商银行	华福证券	融鑫1号	2.87	上海证券交易所	商票	2017年8月16日

数据来源：Wind资讯。

（二）票据资产证券化产品的交易结构

资产支持证券的投资者通过与计划管理人（券商/基金/信托）签订认购协议认购资产支持证券，计划管理人以资产支持证券持有人的认购资金通过代理人向各原始权益人购买基础资产（票据收益权或以票据结算的应收账款债权），投资者根据其所拥有的资产支持证券享有专项计划资产收益，承担专项计划资产风险。不特定原始权益人与代理人签订代理转让合同，委托并授权代理人代理原始权益人将其合法持有的基础资产转让给专项计划，并获得对价。为避免票据在专项计划存续期间被原始权益人恶意转让，一般要求原始权益人将票据质押予专项计划作为控票手段。计划管理人负责设立以及管理资产支持专项计划。资产服务机构为专项计划提供与基础资产及其回收有关的管理服务和其他服务，包括回收款的资金管理、基础资产回收情况的查询和报告、基础资产预警管理、基础资产出险管理和资料保管等。托管人为专项计划提供资金托管服务（见图8-1）。

（三）票据类ABS产品的分类

1. 根据基础资产种类不同分类。

（1）按照基础资产是票据收益权或以票据结算的应收账款债权分类。

①基础资产为票据收益权模式。在大资管业务极速发展的背景下，金融同业市场上出现了以票据收益权为交易标的的非标融资模式。已发行的ABS产品中，江苏银行"融

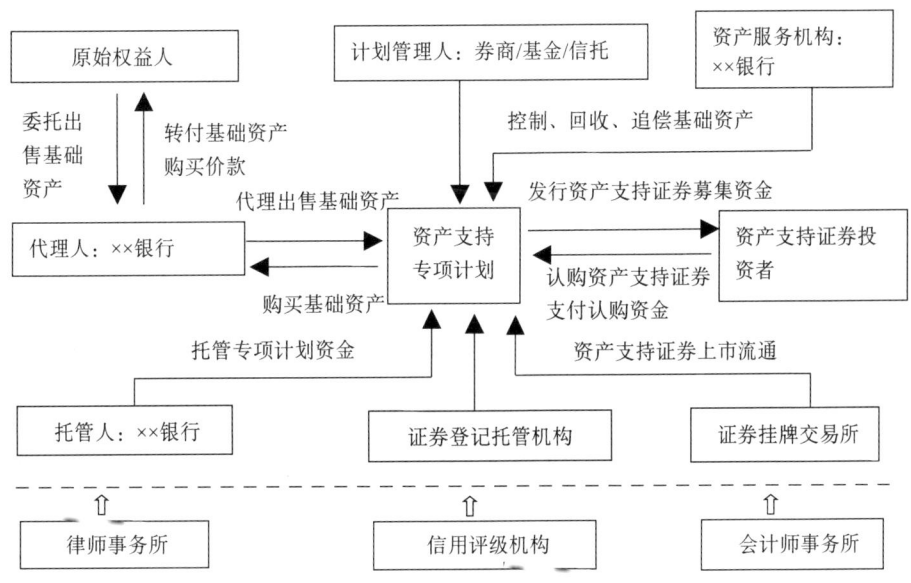

图 8-1 票据 ABS 产品的交易结构

元 1 号"、兴业银行"兴鑫 1 号"、平安银行"安盈 1 号"、徽商银行"徽德同赢"等沿用了非标市场上的常用模式,以票据收益权为基础资产,该票据收益权是指与票据相关的因持票人提示付款、票据贴现或其他处置、票据担保等所产生的任何资金流入收益。

②基础资产为应收账款债权模式。基础交易合同项下债权人有权向债务人收取相关款项,该款项以明示或默示的方式约定票据为结算方式。例如,平安银行"橙鑫橙 e"的基础资产为以商票结算的应收账款债权。在此模式下,应收账款债权将以票据金额为第一还款来源。除了票据 ABS 之外,市场上还涌现出了将多种贸融类基础资产进行融合的产品,如德邦证券—浙商银行池融 1 号资产支持专项计划中,基础资产融合了国内信用证开证行确认付款的应收账款债权、银行付款保函担保的应收账款债权、以电子银行承兑汇票作为结算方式的应收账款债权、以银行提供保兑承诺的电子商业承兑汇票作为结算方式的应收账款债权。

(2) 按照商票 ABS 和银票 ABS 分类。相比较而言,银行承兑票据 ABS 推广性较差,发行动力弱,主要因为银行承兑票据是银行信用,因此票据信用资质好、流动性强,能够高效且低成本地实现贴现和转贴现。目前我国 ABS 市场流动性较弱,活跃度较低,银行信用的票据打包发行 ABS 产品后流动性反而弱化。商业承兑票据本身具有流动性不强、信用风险相对较高、其贴现和转贴现的成本较高等特点,发行 ABS 产品一方面可以分散商票的信用风险,另一方面能够拓宽企业的融资渠道,相对而言发行动力更强。

(3) 按照基础资产的介质分类,可将其分为纸票 ABS 与电票 ABS。随着市场上电票占比不断攀升，电票收益权或以电票为支付手段的应收账款债权占大多数。中国人民银行下发《关于规范和促进电子商业汇票业务发展的通知》（银发〔2016〕224号）提出目标："自2017年1月1日起，单张出票金额在300万元以上的商业汇票应全部通过电票办理；自2018年1月1日起，原则上单张出票金额在100万元以上的商业汇票应全部通过电票办理"。可见，纸票的开票金额受到限制，未来票据ABS中基础资产更多为电票。

（4）按照票据是否经过贴现环节，可将其分为企业票据资产证券化和银行已贴现票据资产证券化。目前已发行的产品多为企业票据资产证券化产品。

①企业票据资产证券化产品原始权益人均为企业，银行作为基础资产转让的代理人和资产服务机构，主要起到了撮合成交和资产管理的作用，银行通过主导发起票据ABS产品，为企业客户特别是没有能力到资本市场上进行融资的企业客户开辟了一条面向资本市场的融资渠道。票据资产证券化区别于贴现等传统的票据融资方式，能够降低企业的融资成本，盘活企业的存量票据资产，改善企业的资产负债表。提升应收票据周转率，拓展融资渠道，增强企业的直接融资能力。票据资产证券化解决了部分拥有较高信用评级基础资产的中小企业无法参与债券市场直接融资的问题，不仅丰富了投资渠道，极大激活了市场潜力，对促进金融脱虚入实，对实体经济的发展及经济结构的调整都起到了积极作用。从银行的角度来看，相较于直接为客户提供贴现融资，发行票据ABS产品可以节约银行的资金占用，节省资本消耗，以及增加中间业务收入等。

②银行已贴现票据资产证券化。银行表内票据资产证券化可以盘活商业银行已经持有的大量优质的存量票据资产，吸纳充裕的社会资金真正进入实体经济。将银行的存量票据资产推向资本市场，不仅便利企业间的资产整合，还有利于银行释放出充足的流动性，增强其支持新兴产业的能力，从而达到迅速调整经济结构的目的。

2. 根据商票增信方式不同分类。目前，我国企业信用评级体系尚不健全，没有担保措施的商票发行ABS的可能性较小，因此发起行一般需要对商业承兑汇票进行增信。增信方式主要有保贴、保证/保函等方式。此外，票据出票人或其他第三方可以设置保证金并质押来为专项计划增信。监管部门对银行提供不同的增信方式规定了不同的风险资本计量方式，且风险资本的计提比例和资本占用也不尽相同。商业银行会根据实际情况选择不同的商票增信方式。随着企业信用评级体系的完善，未来无担保的商票证券化市场也有望逐步推出。

（1）银行保贴模式。市场上商票ABS主要的增信方式为商票保贴。在银行保贴模式下，发起银行分别对转让的商业承兑汇票做出保贴承诺，一般会以在商票上加盖保贴标识、出具保贴函或签订保贴协议的方式做出承诺。目前市场上保贴类票据资产证券化产品包括"中信证券—民生银行票据收益权1号"资产支持专项计划,以及"华信证券—民生银行瑞通1号"资产支持证券。

(2) 银行保证/保函模式。保证/保函模式下,发起银行为担保票据债务人履行到期付款义务而以加盖保证章或保函等方式提供担保或保证,若票据债务人未能在汇票到期日足额给付票据金额,则银行需要承担票据金额的给付责任。票据保证和保函的区别是票据保证是票据行为,需要在票据上做票据保证并加盖章,受到《票据法》的规范,而保函则是《民法》上的范畴。2017年5月15日在深圳证券交易所成立发行的"德邦证券浙商银行池融1号"资产支持专项计划中,基础资产包含以银行提供保兑承诺的电子商业承兑汇票作为结算方式的应收账款债权。平安银行为"橙鑫橙e"产品项下的商票提供票据保证,承诺为承兑人的到期还款义务提供连带责任保证。

(3) 保证金模式。保证金模式下,票据出票人或其他担保方在发起银行存入等值于票面金额的保证金,以保障到期票据的按期兑付。2016年3月29日发行的"华泰资管—江苏银行融元1号"资产支持专项计划及2016年7月4日德邦证券发行的"徽德同赢1号"资产支持专项计划,都采用了全额保证金质押的方式进行增信。

3. 根据产品发行模式分类。目前票据ABS产品发行场所包括证券交易所和机构间私募产品报价系统。根据ABS产品发行模式的不同,可将其分为储架发行和单期发行。

(1) 储架发行模式,即在拟入池基础资产未形成的情况下,对专项计划拟采用的法律结构进行论证,一次性取得证券交易所出具的无异议函并于后续发行多期产品。在每一期的产品发行过程中,计划管理人、律师事务所及评级机构均需要在短时间内对拟入池基础资产进行尽职调查,以便确认该期产品所购买的基础资产符合论证阶段所提交的入池标准,如平安银行"橙鑫橙e"、江苏银行"融银"等产品均采用储架发行的方式。

(2) 单期发行模式,即仅就存量资产设立专项计划发行资产支持证券的挂牌转让事宜向证券交易所申请无异议函,并在完成挂牌确认手续后直接发行单期产品,如江苏银行"融元"系列产品采用单期发行模式进行发行。

在票据资产证券化的项目中,主要是以储架发行模式为主。储架发行模式就是一次核准,多次发行,极大地缩短了发行审批时间,提高了发行的效率,使得ABS产品设计有利于朝同质化、标准化方向发展。

(四) 目前票据资产证券化存在的主要问题

目前国内资产支持证券投资者主要集中在商业银行、证券投资基金和社保基金等。

据了解,目前已发行的票据资产支持证券大部分为发起行自己持有或银行之间互相持有,投资主体范围相对较窄,不利于信用风险的分散和提高二级市场的流动性。未来随着发行规模逐渐增加,在二级市场实行做市商制度或者一级市场采取公募发行方式或许可以解决票据资产支持证券流动性不足和投资主体相对窄小的问题。

二、票据同业投资业务

2016年,票据同业投资业务不断趋于成熟并创新发展,成为多家银行票据业务获利的支撑点。票据同业投资业务是指商业银行委托券商资管成立资管计划,受让票据资产的收益权,商业银行用自有资金对接该资管计划。2014年5月,中国人民银行、中国银监会、中国保监会和国家外汇管理局联合发布《关于规范金融机构同业业务的通知》(127号文),规定了商业银行利用自有资金开展资管业务在会计处理时须列为同业投资科目。根据受让的票据资产来源不同,可以将其分为投资本行票据资产收益权和投资他行票据资产收益权。

2016年以来,随着监管力度的加强和电票交易的日趋广泛,市场上通过买卖断、正逆回购进行组合交易以削减规模和赚取利差的业务模式逐渐淡化,票据回购业务回归到银行间资金融通的本质,交易量也呈现断崖式下跌。从数据上来看,票据市场上较活跃的几家股份制银行[①]买入返售年度发生额平均值从2015年的2.4万亿元骤降至2016年的4 300亿元,卖出回购全年发生额平均值从2015年1 360亿元略升至2016年1 860亿元。与此同时,票据同业投资业务异军突起,成为替代票据回购业务的主流产品。从数据上来看,上述几家股份制银行同业投资年度发生额平均值从2015年的3.5万亿元陡升至2016年的6.3万亿元。

本质上而言,票据同业投资是商业银行经过跨市场的运作,为其提供信贷规模之外调控票据资产的"蓄水池"。近年来,商业银行票据同业投资业务操作模式更趋灵活,使得商业银行在票据市场利差逐渐收窄的背景之下,提高了票据业务的综合盈利能力。其特点包括以下三点。

一是资金错配。商业银行可以通过投资连续成立的资管计划,滚动操作,实现利用短期资金配置长期票据资产的目的,在把控市场风险的前提下适度放大杠杆,扩大收益。

二是提前中止。商业银行可以在市场价格下行时,提前中止资管计划,将票据资产从资管计划中买回,在市场上卖出获利。

---

① 几家股份制银行包括浦发银行、平安银行、民生银行、兴业银行、招商银行和中信银行。数据来源为同业交换数据。

三是到期后转让给其他资管计划。在滚动操作中，一期资管计划到期后，银行一般情况下需要将票据从资管计划中买回，再就该批票据发起成立另一期资管计划。创新做法是到期后商业银行可以不用从资管计划中买回，将原计划项下的票据收益权转让给另外的资管计划（本行或他行发起的资管计划），以达到缩短业务流程、节约操作成本的目的。

2016年，随着电子商业汇票突飞猛进的发展，票据同业投资业务的基础资产多为电子商业汇票的收益权。电票模式中，券商、票据提供行、票据服务行三方签订委托背书协议，约定票据提供行直接将电票背书给保管行，视同向资管计划交付了票据。保管行利用行内代理保管模块进行表外签收（见图8-2）。

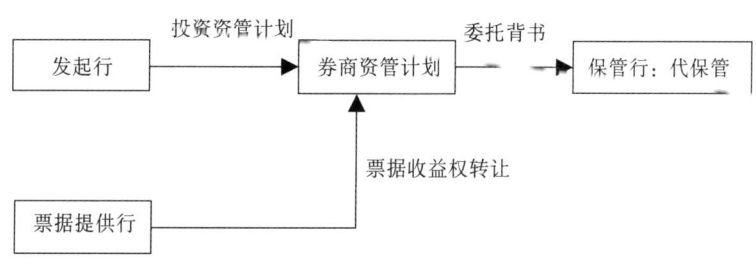

图8-2 电票同业投资业务结构

三、电商供应链票据融资创新

随着供应链金融生态圈的不断演进，市场竞争已经从单一客户之间的竞争转变为供应链与供应链之间的竞争，而供应链金融则是供应链竞争的核心。电商平台将在未来供应链金融发展过程中起到至关重要的作用，如欧浦钢网、怡亚通、瑞茂通、世联行等供应链融资平台目前已形成在钢贸、零售、煤炭、房地产等行业的"一站式"实体物流与电子商务相结合的垂直供应链模式，这类平台的供应链两端企业往往是票据签发、持有大户，是商业银行票据业务重要的潜在客户。

商业汇票作为参与供应链金融的标准载体，已经成为供应链关系中应付账款的标准支付凭证及大额远期商业往来的支付方式。一般而言，电商供应链票据融资是指商业银行与电子商务/互联网平台合作，将电商平台的供应链两端企业持有的未到期商业汇票进行贴现或基于票据资产进行融资服务的供应链票据融资模式。

通常情况下，在电商平台上开展业务的企业大多数是中小企业，在日常经营中会持有大量的未到期商业汇票，而这些企业单独持票据到商业银行进行贴现比较困难，主要原因是中小企业信用资质相对较差，持有的通常是小票、散票。处于供应链核心地位的电商企业对平台上的中小企业较为了解，掌握关于票据贴现审查相关信息和必要的企业财务和资金情况,如贸易背景、企业资信质量、企业在平台缴纳的保证金及流动资金沉淀等,可以根据平台供应链企业的融资需求,将企业持有的票据集中起来,统一到商业银行进行票据批量贴现,并根据所掌握的企业情况,为商业银行提供票据贴现融资的风险定价和风险管理综合解决方案。

创新开展电商供应链票据打包融资对商业银行、电商平台和企业都具有诸多益处。

对商业银行而言,一是可以涉足原先忽略的小票、散票贴现业务,为中小企业提供全新的票据贴现融资解决方案,通过错位竞争形成自身业务优势。二是与电商平台合作推行批量处理、流水作业的"工厂化运作"模式,通过平台将多个企业的小票、散票集中贴现,并由平台提供信用风险解决方案,既可以降低贴现办理成本,提高业务运作效率,又可以有效防控中小企业的信用风险。

对持票企业而言,可以盘活应收票据资产,及时获得流动性融资,扩大业务规模。

对平台而言,可以为供应链两端的中小企业提供融资支持,增强企业对平台的黏性和忠诚度,同时平台为商业银行提供相关服务,可与商业银行分享贴现带来的部分收益作为服务报酬。

如平安银行创新推出供应链融资平台"票据通",是服务供应链金融的银企批连票据在线支付系统平台,满足很多大型企业或平台接入电票系统并实现在线票据支付的需求。"票据通"可以嵌入电商平台,通过各级账户逐级依次绑定,让平台上众多企业客户与银行实现银企批连。在交易发生时,企业客户可以直接在"票据通"平台上开具电子商业承兑汇票作为支付手段,接收商票的企业可以将票据在平台上背书转让给供应链金融服务商(保理公司等),服务商向平安银行进行申请贴现。"票据通"为核心企业以及其上下游企业提供基于票据资产的融资方案,同时优质的信用资产在闭环的"票据通"平台流通也让银行优先获得信用资产,并进行价值管理营销多元化业务(见图8-3)。

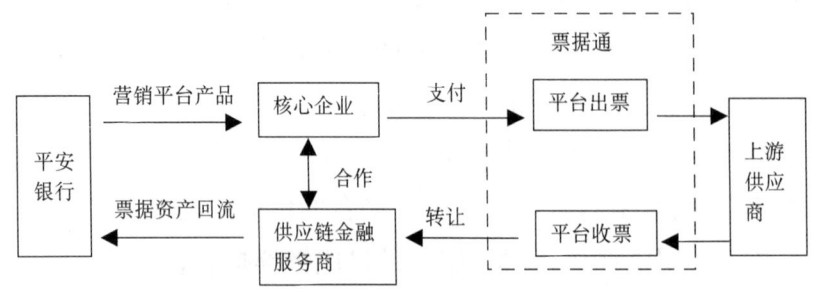

图8-3 平安银行票据通业务结构

四、票交所产品创新

上海票交所 2017 年 8 月推出票交所买断式回购业务。票据买断式回购是指正回购方将票据卖给逆回购方的同时（首期结算日），双方约定在未来某一时期（到期结算日），正回购方再以约定价格从逆回购方买回票据的交易行为。买断式回购区别于市场上双买业务和质押式回购业务，是票据市场的创新品种。

票交所买断式回购具有以下特点：（1）交易利率方面，买断式回购的交易价格中包括首期交易利率和到期交易利率，以两者计算得出的回购收益率体现买断式回购的成本。（2）允许嵌套质押式回购。买断式回购形成的待返售票据包，在回购期间可以嵌套一次质押式回购。

买断式回购可以应用于以下场景中：（1）逆回购方再融资。对于逆回购方而言，可在回购存续期内将票据包进行短期的质押式回购，进行再融资，提高担保品的利用率，为各家行流动性管理提供更多灵活性，尤其适合较长期限的回购交易。（2）可应用于回购过桥。A 银行有意向与 C 银行做质押式回购融资，但 C 银行对 A 银行没有授信，B 银行也没有足够的票据资产可以与 C 银行做质押式回购。A 银行可以将票据买断式回购给 B 银行，B 银行再将该批票据质押式回购给 C 银行，从而实现回购过桥（见图 8-4）。

图 8-4　买断式回购实现回购过桥

第二节　票据业务创新面临的问题和风险防范建议

一、票据业务创新面临的问题

（一）票据市场法律法规有待进一步健全

现行票据市场主要的法律法规如《票据法》和《支付结算办法》等均制定于票据市场刚起步的时期，在当下的市场环境中已经显现出诸多局限性和不适应性，有待进一步补充或修订。同时，在票据跨市场创新方面相关法律法规也有待完善。例如，在资产证券化领域，我国迄今为止还未建立资产证券化所需要的配套法律法规，未建立破产隔离法律制度，担保法律制度欠缺，权威担保机构缺位，对特定资产的认定、载体、配套会计准则都不明确。

（二）创新业务领域存在监管缺失或监管滞后的情况

一方面，票据产品创新跨市场运作的趋势越来越明显，由于不同市场的监管机构不同，在某些领域监管职能并不完全清晰，可能会存在监管缺失的情况，不利于引导票据创新的健康发展；另一方面，当市场出现新产品时，对于新产品的监管政策会出现监管滞后的情况，在一定程度上不利于产品创新向更合规的方向发展。

（三）产品设计和定价的风险

从微观层面来看，随着跨市场合作、综合化产品经营、资产管理服务等创新步伐的加快，票据经营机构如对跨市场客户资质、新业务运行模式不了解，资金支付管理、风险识别与风险定价不到位，业务支持不配套，则新业务品种创新很容易隐藏潜在设计缺陷与管理漏洞，一旦发生风险事件，则无法达成创新产品收益与风险之间的平衡。

（四）商业银行票据业务创新有待进一步升级

目前，票据市场的交易模式仍以传统承兑、直贴和转贴为主。总体上看，票据业务创新主要是围绕票据融资规模和交易环节的业务创新，银行同质化经营仍比较严重。个性化的中间服务类产品及能有效规避市场风险的金融衍生类产品尚未在票据领域得以广泛运用。

票据市场创新不足的原因主要有：一是创新研发资源投入不足，创新力量相对薄弱；二是对市场需求、同业金融产品的研究力度不足，未能多方位了解客户和不同领域的业务诉求；三是科技技术力量薄弱，缺乏强大的科技支持来推动产品智能化、网络化升级，改善客户体验。

二、票据创新业务的风险防范建议

（一）把握监管政策，降低合规风险

商业银行在票据业务创新过程中应密切关注监管动态，了解相关政策，把握监管重点，将创新的合规风险降到最低。2016年是"监管大年"，各种监管文件频频下发，

外部检查、内部自查不断，体现了监管层对票据业务风险的重视。在监管趋严的大背景下，商业银行需坚持审慎经营理念，创新过程中对于监管的"模糊地带"要尽量规避。与此同时，应积极推进行内票据业务专营，以符合监管机构对于同业业务专营化的要求。

（二）新产品设计将风险控制放在重要位置

商业银行应针对不同的票据创新产品类别，设置合理的风险偏好，并配置专业团队实施有效的内部控制和风险管理，尤其是需要高度重视跨市场交易中的风险传导等，使得风险管控能力跟上创新的步伐。在产品设计方面，通过开展组合风险量化分析，把握跨市场业务产品的流程、特点、风险要点等，强化风险监控。综合考虑新产品的信用风险、操作风险和市场风险，通过必要的增信措施、风险隔离措施等，有效降低各环节的风险。

（三）寻求差异化发展路径

票据产品和服务的创新是多领域的，各金融机构可根据实际资源禀赋，选择符合自身比较优势的领域进行发展，在衍生类产品、中间业务代理、咨询、顾问类产品及票据业务与证券、基金、保险等市场的组合类产品方面进行尝试，在合法合规的基础上开展创新，形成单体差异化经营、市场全方位发展的格局，避免集中于单一领域造成"产能过剩"和过度竞争，从而推动票据市场健康、有序地发展。

第三节 未来票据业务创新发展的设想与展望

在利率市场化进程加快、上海票交所成立以及票据跨市场创新进入常态化等背景下，未来票据市场创新将围绕以下三个方面展开。

一、票据衍生品的发展将步入快轨

随着近年来金融脱媒化和利率市场化改革进程的不断加快，票据市场竞争日趋激烈，票据市场利率波动更趋频繁，经营主体在票据业务经营中规避利率风险和信贷规模调节风险的业务需求增加，为票据衍生品的推出提供了良机。同时，上海票交所的成立将加快票据市场衍生品的创新。作为我国票据市场的基础设施，票交所的成立在有效降低票据市场风险的同时，也将成为票据市场产品创新有力的推动器。票交所的成立将推动票据市场新产品的研发和推广，改变票据市场长期以来衍生品创新缓慢的状况，使得票据产品的创新研发具备更加透明化、公开化和市场化的基础。

票据衍生品包括票据远期、票据期权、票据互换、票据信用违约互换等。票据市场衍生品的功能包括：（1）转移风险。市场交易主体通过票据衍生品的交易实现对持有票据资产的风险对冲，将风险转移给愿意且有能力承担风险的投资者。（2）价格发现。在票据衍生工具交易中，市场主体根据市场信号和对票据资产的价格预测，通过大量的交易，发现票据资产本身的价格。（3）提高交易效率。一般而言，衍生品的交易成本通常低于基础资产，流动性也较基础资产强。市场参与者可以通过投资票据衍生品取代直接投资票据资产，开展交易活动。

二、票据资产证券化具备较大发展空间

虽然目前票据资产证券化仍存在如投资者单一、操作周期较长而产品期限短、流动性不足等困难，但未来票据类ABS规模仍具备较大的增长空间，未来资产证券化将面临以下创新趋势。

（一）票据静态池ABS到票据动态池ABS

相较于其他ABS基础资产，票据资产的期限较短，因此票据静态池ABS产品期限也较短。未来将会涌现基础资产采用循环购买的结构而不是静态结构的票据ABS产品。动态池ABS的基础资产池不是在项目成立时就确定的，而是在产品的循环购买期内，管理人不断购买符合合同约定的新资产入池。动态池ABS可以使得以短期限的资产匹配长期限的证券，实现超额利差，降低资产池的信用风险。

（二）票交所信用数据库有利于商票ABS的发展

票交所时代，可以运用票据交易系统产生的大数据，多维度、量化形式体现票据行为人的信用价值，如对出票人违约兑付或逾期付款次数信息的披露等。信用数据库有利于资信度较高的票据资产打包为ABS在交易所（票交所）平台流转，也可根据理财产品的风险偏好在交易所平台筛选票据资产制定票据证券化产品。

（三）基于核心企业供应链金融的票据资产证券化

处于供应链中上游的供应商对核心企业的依赖性强，议价能力较弱，为获取长期业务合作而采取赊销交易方式或接受以票据作为支付手段延长账期，因此供应商资产

负债表上形成大量的应收账款，存在资产变现的需求。供应商受制于自身信用资质的制约，传统融资方式难度较大。

由于核心企业和产业链上中小企业长期稳定的业务合作，可以增加每笔基础资产的质量，相较于贸易类应收账款ABS，核心企业供应链金融ABS产品可获得更高的信用等级，从而可以降低核心企业供应链上中小企业的融资成本。

围绕核心企业的供应链金融资产（票据资产）证券化可以使得分散的、信用状况不一的各供应商应收账款（票据资产）打包为ABS产品。供应链金融是基于真实贸易背景展开的金融活动，能切实帮助中小企业解决融资难的问题。未来票据、信用证等供应链金融的嫁接和多资产池将成为基于供应链金融票据资产证券化的主流模式。

三、票据资管类业务创新成为常态化

鉴于票据资管业务有助于商业银行节约信贷规模、操作灵活等优点，未来票据资管业务将继续成为商业银行票据业务的主流模式，票据资管类业务创新具有广阔的市场潜力，尤其是上海票交所将券商、资管、基金等非银金融机构以及非法人投资产品纳入系统参与者，给未来票交所跨市场资管业务提供了更为便捷的实现路径。同时，基于票交所的资管业务创新将具有更加透明化、公开化的特点，有利于监管机构与业务创新之间有效反馈机制的建立，从而进一步推动创新的健康发展。

第九章

2016年电子商业汇票发展情况

近两年来,电子商业汇票呈现跨越式发展,逐渐取代纸质票据的市场主导地位。随着政策层面的推动和全国统一票据交易平台的上线运行,电子商业汇票面临更为广阔的发展空间。

第一节 电子商业汇票发展情况与特征

为充分发挥电子商业汇票业务的优势,防范纸质商业汇票业务风险,加快票据市场电子化进程,2016年中国人民银行推出两项重大举措促进电子商业汇票发展。在此助力的推动下,2016年商业汇票业务虽然受市场和监管等因素影响整体下滑,但是电子商业汇票业务依然实现了稳步增长。

一、监管层面,多措并举助力电子商业汇票发展

(一)基础设施方面,组建上海票交所为电子商业汇票发展提供保障

为加强票据市场制度建设,完善市场基础设施,更好地防范票据业务风险,推动票据市场规范健康发展,根据国务院有关要求,中国人民银行推动建设全国统一票据交易平台,组建上海票交所。2016年12月8日,上海票交所正式成立,全国统一票据交易系统上线运行。

上海票交所的上线运行进一步加快了电子商业汇票替代纸质商业汇票的速度。作为票据市场基础设施，上海票交所对所有纸质商业汇票和电子商业汇票进行统一登记、托管、报价、交易、清算和托收。电子商业汇票签发、承兑、质押、保证、贴现等信息可以通过电子商业汇票系统同步传送至票交所系统，票据流转效率大幅提高，为电子商业汇票业务提供了更加安全高效的多功能、综合性业务处理平台。

（二）监管政策方面，完善制度安排为电子商业汇票发展保驾护航

2016年9月，中国人民银行下发《关于规范和促进电子商业汇票业务发展的通知》（银发【2016】224号，以下简称"中国人民银行224号文"），大力推动电子商业汇票普及应用，强化业务指导与监管，制定细化措施和推进计划，加大考核力度，加快票据市场电子化进程。

2016年12月，为配合票交所纸票电子化的实施，中国人民银行公布施行《票据交易管理办法》（中国人民银行公告【2016】第29号），为纸票电子化业务操作制定了规范化准则。

二、市场层面，2016年电子商业汇票业务快速发展

从市场整体发展来看，商业汇票交易量回落，电子商业汇票逆势上扬。受监管加强的影响，年内市场上各大金融机构经历了多次内外部审查，在一定程度上影响了整体业务的开展。此外，第三季度票据利率在2.6%的低位附近徘徊，导致金融机构观望情绪浓郁，市场交投清淡。上述因素导致2016年票据市场整体交易量回落。根据中国人民银行统计，2016年商业汇票业务共计1 656.45万笔，金额为18.95万亿元，同比分别下降13.08%和9.71%，而电子商业汇票业务实现逆势上扬，电子商业汇票系统签发量（出票）230.47万笔，金额为83 443.99亿元，同比分别增长71.89%和48.96%，单张票面平均金额为362万元；承兑237.75万笔，金额为85 818.25亿元，同比分别增长72.89%和48.29%；贴现83.77万笔，金额为57 701.63亿元，同比分别增长69.09%和54.54%；转贴现325.08万笔，金额为491 822.12亿元，同比分别增长108.77%和122.26%。截至2016年末，电子商业汇票系统参与主体共计426家，较2015年末增加30家。

从市场发展趋势来看，近年来，电子商业汇票无论从业务规模上还是从全部商业汇票业务占比上看都呈现出快速增长态势，尤其是2016年。电子商业汇票业务承兑量和交易量（含贴现、转贴现）在全部票据承兑量和交易量中占比分别达48.3%和65.0%，分别比2010年提高了46.0%和64.2%（见表9-1）。2016年电子商业汇票

交易量首次超过纸质商业汇票业务。

表9-1　　　　　　　　　2010~2016年电子商业汇票业务发展概况

年份	签发量(出票)（亿元）	同比（%）	承兑量（亿元）	同比（%）	占比（%）	贴现量（亿元）	转贴现量（亿元）	同比（%）	占比（%）
2010	2 671		2 774		2.3	1 025	1 129		0.8
2011	5 396	101.0	5 488	97.9	3.6	1 716	2 151	79.5	1.5
2012	9 383	74.8	9 628	75.4	5.4	3 884	6 519	169.0	3.3
2013	15 864	69.1	16 298	69.3	8.0	6 554	19 510	150.6	5.7
2014	31 299	97.3	30 720	88.5	13.9	15 005	48 069	142.0	10.4
2015	56 000	78.9	57 873	88.4	25.8	37 337	221 286	310.0	25.3
2016	83 400	48.9	85 800	48.3	45.0	57 700	492 000	122.3	65.0

数据来源：根据历年中国人民银行支付系统运行报告数据整理编制。

从各省市发展情况看，根据中国人民银行《中国支付体系发展报告2016》统计显示，在中国人民银行224号文推动下，2016年电子商业汇票承兑额在商业汇票中平均占比已提升至45%，在32个地区中，中位数为41%。中位数列前的地区主要为江苏、山东、浙江、广东、上海、深圳、福建等东部沿海经济发达地区，以及北京、辽宁等央企多的地区。占比突破50%的已有福建、四川、北京、深圳、广东等五省市。福建电票占比已达92%，可见，电子商业汇票业务在实体经济中具有很好的发展前景（见表9-2）。

表9-2　　　　　　　　　商业汇票业务承兑额分地区发展情况

地区	商业汇票		其中：电子商业汇票承兑		电票在商业汇票中占比（%）
	业务笔数（万笔）	交易金额（亿元）	业务笔数（万笔）	交易金额（亿元）	
江苏省	365.03	22 758.02	15.01	9 640.23	42
山东省	209.81	20 679.59	24.22	9 051.80	44
浙江省	287.45	15 564.42	18.20	6 996.32	45
广东省	73.17	10 647.29	30.95	6 158.45	58
北京市	29.50	8 408.68	14.18	5 671.30	67
上海市	44.27	13 082.39	14.83	5 615.34	43
深圳市	35.42	6 148.05	11.69	4 129.59	67
辽宁省	46.09	9 928.39	8.56	4 051.63	41
福建省	29.57	4 272.07	15.44	3 948.20	92
河南省	85.93	8 893.34	8.32	3 756.06	42
河北省	46.75	7 309.51	8.70	3 339.87	46

续表

地 区	商业汇票		其中：电子商业汇票承兑		电票在商业汇票中占比（%）
	业务笔数（万笔）	交易金额（亿元）	业务笔数（万笔）	交易金额（亿元）	
四川省	26.39	4 526.25	4.75	3 157.38	70
湖北省	63.49	7 041.14	13.04	3 035.48	43
天津市	23.90	7 759.13	2.88	2 282.23	29
重庆市	38.67	5 533.73	4.91	2 086.76	38
安徽省	52.66	4 323.35	11.09	1 702.85	39
陕西省	25.63	3 290.81	5.53	1 607.76	49
山西省	29.26	3 698.99	3.03	1 543.47	42
湖南省	24.79	3 103.50	5.25	1 123.98	36
广西壮族自治区	14.54	2 694.48	3.84	980.83	36
江西省	20.34	2 370.03	2.28	942.21	40
吉林省	10.65	2 751.76	2.39	896.60	33
内蒙古自治区	14.15	2 427.66	1.14	869.01	36
云南省	6.24	1 679.19	0.85	778.37	46
甘肃省	8.25	2 078.77	1.18	624.64	30
新疆维吾尔自治区	14.27	2 205.20	1.71	547.90	25
贵州省	11.99	2 056.80	0.49	348.42	17
海南省	1.45	808.83	0.81	333.30	41
黑龙江省	9.22	2 019.39	1.33	313.26	16
宁夏回族自治区	5.54	827.51	0.94	207.81	25
青海省	1.87	484.37	0.11	51.79	11
西藏自治区	0.16	126.27	0.07	25.40	20
合 计	1 656.45	189 498.91	237.75	85 818.25	45

数据来源：中国人民银行《中国支付体系发展报告 2016》。

2016 年，电子商业汇票业务加速发展的主要原因有三个方面：一是风险事件频发，推动商业汇票业务朝着电子化方向发展。2014～2015 年市场货币过度宽松，形成"资产荒"现象，使商业汇票成为各家银行机构争抢的投资标的。一些银行机构放松了对商业承兑汇票的授信要求和票据业务的风控流程，2016 年票据市场风险案件相继爆发，监管部门对纸质商业汇票交易的监管力度加大。监管部门和金融机构都认识到票据市场必须朝着电子化的方向发展。二是中国人民银行 224 号文助推电子商业汇票发展。中国人民银行 224 号文提出"为充分发挥电子商业汇票系统和电票业务的优势，防范纸质商业汇票业务风险，需要加快票据市场电子化进程。"并在考评监管方面，要求金融机构有效提升电票业务占比。"自 2017 年 1 月 1 日起，单张出票金额在 300 万元以上的商业汇票应全部通过电票办理；自2018年1月1日起，原则上单张出票金额在100万元以上的商业汇票应全部通过电票办理。"三是企业使用电子商业汇票意愿增强，随着ECDS系统近八年来的推广以及金融机构的营销引导，电子商业汇票安全、便利、高效的特性，被越来越多的企业接受和认可。

第二节 监管文件与电子商业汇票的发展

2016年9月，中国人民银行下发《关于规范和促进电子商业汇票业务发展的通知》（银发〔2016〕224号，以下简称"中国人民银行224号文"），就增加电票交易主体、放开电票贴现的贸易背景审查、有效提升电子商业汇票业务占比等问题做出了明确并具有突破性的规定，旨在充分发挥电子商业汇票业务优势、加快票据市场电子化进程。

一、中国人民银行224号文的主要内容

中国人民银行224号文主要分四个方面提出了规范和发展电子商业汇票业务的要求，分别是：（1）扩大系统覆盖率，扩充系统功能；（2）提高服务水平，简化业务操作；（3）规范操作，确保业务有序开展；（4）健全考评机制，强化业务监管。其中，可能对市场会产生较大影响的规定主要有以下三个方面。

一是在电票系统参与和使用方面，增加了电票交易主体。自2016年9月1日起，除银行业金融机构和财务公司以外的、作为银行间债券市场交易主体的其他金融机构可以通过银行业金融机构代理加入电票系统，开展电票转贴现（含买断式和回购式）、提示付款等规定业务。此外，电票转贴现交易无须线下签订合同，如有约定事项可在系统上签订或备注。

二是在承兑和贴现业务操作方面，提高了贸易背景真实性审查的效率。对资信良好的企业申请电票承兑的，金融机构可通过审查合同、发票等材料的影印件，以及企业电子签名的方式，对电票的真实交易关系和债权债务关系进行在线审核。对电子商务企业申请电票承兑的，金融机构可通过审查电子订单或电子发票的方式，对电票的真实交易关系和债权债务关系进行在线审核。企业申请电票贴现的，无须向金融机构提供合同、发票等资料。

三是在考评监管方面，要求金融机构有效提升电票业务占比。各金融机构要确保

电票承兑业务金额占比逐年提高：自 2017 年 1 月 1 日起单张出票金额在 300 万元以上，自 2018 年 1 月 1 日起单张出票金额在 100 万元以上的商业汇票应全部通过电票办理。

二、中国人民银行 224 号文的政策效果

（一）短期影响

首先，电子商业汇票贴现环节放开对贸易背景的审查，承兑环节对资信良好的企业的贸易背景可采用在线审核的方式，这些政策均有利于企业更多地通过票据市场进行融资，促使票源增加，从而为转贴现市场的交易提供基础性条件。

其次，由于电子商业汇票转贴现交易主体扩充至整个银行间市场的所有交易主体，并且由于今后电子商业汇票转贴现交易无须线下签订合同，使得电子商业汇票转贴现交易效率提高，预计电子商业汇票转贴现市场的交投活跃度将有所提升、交易频率显著提高、交易量也将以更快的速度增长。

（二）长期影响

2015 年电子商业汇票承兑量和交易量占比分别为 25.8% 和 25.3%，而 2016 年已经迅速上升至 4.0% 和 65.0%。中国人民银行 224 号文的出台无疑将进一步推动票据电子化进程的加快，电子商业汇票将成为市场上占主导地位的品种。结合票交所的推出，票据市场容量将逐渐扩大，并激发出更大的创新活力。从长期看，将推动票据市场业务模式的变革和产品种类的创新，也将促使商业银行票据业务经营管理架构发生转变。

从业务模式看，新型的投资交易型模式和中间业务型模式将成为未来市场的主流业务模式。受益于转贴现市场交易主体增多、交易效率提高、流程简化，市场机构将改变以往单纯基于银行内部 FTP 与票据利率之间的差异赚取利差的盈利模式，而逐渐转向依靠对市场趋势的判断、信用利差的识别评估、杠杆资金的使用、多种投资交易策略的运用等方式进行配置和交易，从而赚取利息收入与资本利得的投资交易型模式。此外，随着市场参与主体的增加，业务复杂性逐渐提升，通过提供业务咨询、投资顾问、代理经纪、信用评级等相关服务而赚取佣金的中间业务型模式预计也将得到快速发展。

从产品种类看，预计未来票据市场上的产品将呈现传承和创新并存的情形。未来主流的业务品种可以分为两类。一类是占用资本金或授信额度的产品，包括银票承兑、

银票直贴、商票直贴、银票转贴现、商票转贴现等。其中，未来银票直贴、银票转贴现、商票转贴现业务相对侧重于对票据市场利率走势进行研究判断以挖掘投资和交易机会，银票承兑、商票直贴则相对侧重于对企业信用进行合理的评估和定价，赚取信用利差。这类产品从形式上看是传统票据业务产品的传承，但业务实质已经随着业务模式的变化而发生改变。另一类则是不占用资本金或授信额度的服务类产品，主要包括研究报告提供、业务咨询、投资顾问、代理经纪、信用评级业务等。这类产品属于创新类产品，预计将随着票据市场交投活跃程度的提高而逐渐出现。

从经营管理架构看，原先在纸票时代，为适应实物交割的需要，大部分银行都采取分散经营的模式，业务落地在各分支行，总行主要起到管理指导的功能。随着电票主导时代的到来，由于不再需要实物交割，地域限制大为减弱，这使得总行集中经营运作票据交易业务成为可能。同时，新的业务模式和产品种类的出现对各机构的研究、交易和风控水平提出了更高的要求，因此票据业务专业化、集中化经营的必要性更加凸显。根据产品种类不同，在占用资本金或授信额度的产品中，可以将银票承兑、银票直贴、商票直贴等产品放在分支行经营，而将银票转贴现、商票转贴现等产品经营权限收归总行，交由专营机构进行集中经营运作。对于不占用资本金或授信额度的产品，也应集中到总行专营机构集中经营（部分操作事项可委托分行办理）。由此，充分发挥总行专营机构的规模效应和专业化能力。

三、在中国人民银行 224 号文背景下，金融机构推广电子商业汇票应用的举措

根据中国人民银行 224 号《关于规范和促进电子商业汇票业务发展的通知》的政策指引，商业银行和企业集团财务公司应采取的举措包括但不限于以下内容：（1）大力做好企业电票账户的普及工作；（2）为资信状况良好、产供销关系稳定的供应链龙头企业或集团企业提供电子商票货币化支付模式，取代原来的应付款挂账模式；（3）基于《票据法》票据不可拆分的法律规定，培育出票企业养成开立小面额多张票的出票习惯，便于票据后手的连续性支付；（4）引导持票企业将电子银票作为大面额电子货币直接对后手进行支付转让，以此降低持票企业的资产负债率；（5）为资信状况良好的授信客户提供电子商票保贴、保兑的授信，为这些客户的电子商票进行增信，并提供跨行、跨区域的电子商票保贴业务；（6）针对不同出票人的违约率，进行不同的银行承兑费率定价，以确保满足风险溢价必须覆盖风险损失的风控底线；（7）培育出票人按期兑付电票的守约行为，体现守信企业的商业信用品牌价值，以此让守信企业实现零成本融资。

第三节 未来电子商业汇票发展的设想与展望

《关于规范和促进电子商业汇票业务发展的通知》（银发〔2016〕224号）的发布和全国统一票据交易平台的上线运行为电子商业汇票的发展提供了广阔空间，同时也将改变现有的票据市场业态、业务模式和产品模式。

一、市场业态的设想与展望

（一）票据业务集中化与专业化经营趋势增强

随着电子商业汇票的普及，票据贴现后的主要业务环节都在票据交易平台上操作，基本实现了前中后台集中运作，为票据转贴现业务的集中经营创造了条件。同时，票据的交易属性和资金属性进一步增强，集中化和专业化经营将是大势所趋。

（二）票据业务的经营模式发生转变

传统票据业务主要依靠信息不对称来赚取超额利润，票据交易平台上线后以电子商业汇票交易为主，价格更加透明，获利空间缩小，经营模式将随之调整。首先，票据业务将回归传统本源，承兑与贴现业务成为金融机构发展的重点，对优质客户资源额争夺将更加激烈。国有及大型股份制商业银行具有规模和资金成本优势，在票据市场上将继续处于主导地位。其次，票据向债券和同业存单等标准化产品方向发展，资金属性更加明显。

（三）市场交易和产品创新将更加活跃

商业银行在票据市场上传统以资产配置为主，通过持有到期获得利息收入。电子商业汇票普及和票据交易平台的上线为券商、保险、基金等非银行金融机构以及各类非法人产品参与票据交易提供了便利，有助于扩大票据市场整体交易规模。票据市场参与主体类型的丰富，改变了以往较为单一的市场结构。

（四）票据市场利率有望平抑

票据市场属于信贷市场，长期以来监管部门仅限于中国人民银行，商业银行、信用社和财务公司等银行类机构为市场交易主体，而银行类机构在票据市场具有同质化、同向性交易的特点，即银行类机构大多以向企业客户直贴买入，在票据市场上转贴现卖出；银行类机构又是货币市场的交易主体，当货币市场流动性变动时，会引发银行类机构在票据市场的同步操作，当流动性紧缩时，银行类机构在票据市场上竞相卖出，转贴现利率被越推越高；当流动性宽松时，银行类机构在票据市场上出现抢票现象，导致转贴现利率被越压越低。电票市场引入信托、证券、基金、保险等非银行金融机构参与主体的扩展能与银行业形成互补性交易，起到调节银行间市场流动性，平抑票据市场利率的作用，自然形成以中国人民银行再贴现利率为上限，超额存款准备金利率为下限的电子票据市场利率走廊，为中国人民银行货币政策操作提供参考依据。

二、业务模式的设想与展望

（一）企业电票账户普及，金融机构业务重心由电银贴现转向电银承兑电商贴现

中国人民银行224号文提出"金融机构应进一步统一和完善网银客户界面应显示的基本功能和操作服务，便利企业办理电票业务。"在信用社会中，所有资信度高的企业都可凭借自身信用价值，运用电子商票—转让支付—电子货币的模式，实现零成本融资，但是，外部的必要条件是所有后手都具备电票账户。这就如同多数人的手机中既有短信通道，也有微信通道，但他会发现，在有WIFI环境下使用微信通道更经济，但其前提条件是接收方必须具备微信账号。同样原理，当电票账户普及后，每家企业都会有一个结算账户进行货币资金结算，一个电票账户进行电票结算，但企业将会发现运用电票支付功能的融资成本更低。可以预期，当电票账户普及后，资信度高的企业将倾向签发电子商票，即电子货币进行支付，并会对超短融资券和短期融资券产生挤出效应；资信度低的企业将采取向授信银行申请电子银票，即电子货币进行支付，因此时仅须承担银行承兑成本。届时，企业对银行贷款或票据贴现的需求自然趋减，对银行电票承兑业务则将大幅增长。电子商业汇票的普及运用，将对未来实体经济的融资格局产生重大影响，并因应用电子商票，发挥商业信用价值逐步培育社会信用生态环境。

票交所统计显示，电票承兑平均面额正呈逐季下降趋势。2016年电票承兑平均面额为362.06万元，2017年电票承兑平均面额为192.08万元，比2015年平均面额下降169.98万元，其中：第一季度平均面额为299万元；第二季度平均面额为221万元；第三季度平均面额为170万元；第四季度平均面额152万元。按此趋势，电票承兑平均面额有望下降至百万元以内。届时，电子银票将以银行大面额电子货币形式在实体

经济中进行支付转让,银票贴现将不再成为企业的必须,银行票据业务重点将转向电子银票承兑和电子商票贴现。

(二)电子商业汇票将成为跨境人民币业务的融资与支付工具

现行人民币的属性依据持有人为居民或非居民而分为境内人民币和境外人民币两个体系,两者之间发生的交易即为跨境人民币业务。自2009年7月跨境人民币业务启动以来,人民币跨境使用的范围不断扩大,已涵盖全部经常项下的商品贸易与服务贸易,以及资本项下的跨境直接投资、对外项目贷款、证券市场等经济活动,境内所有企业均可选择以人民币进行计价、结算和支付。据中国人民银行统计,至2016年末与我国发生跨境人民币收付业务的国家和地区达到239个,并已形成中国香港、新加坡、德国、中国台湾、日本等境外人民币离岸中心,境内企业使用人民币进行跨境结算约24万家。2016年,跨境人民币收付金额合计9.85万亿元,占同期本外币跨境收付金额的比重为25.2%,人民币已连续六年成为中国第二大跨境收付货币。据环球银行金融电信协会(SWIFT)统计,2016年12月,人民币成为全球第6大支付货币,市场占有率为1.68%。2016年10月1日,人民币正式纳入国际货币基金组织特别提款权(SDR)货币篮子,成为人民币国际化的重要里程碑。

中国人民银行《关于进一步完善人民币跨境业务政策,促进贸易投资便利化的通知》指出"凡依法可以使用外汇结算的跨境交易,企业都可以使用人民币结算。银行应以服务实体经济、促进贸易投资便利化为导向,根据跨境人民币政策,创新人民币金融产品,提升金融服务能力,充分满足真实、合规的人民币跨境业务需求"。

随着跨境贸易人民币结算业务的发展和境外直接投资人民币结算业务的试行,对跨境人民币融资业务的需求将会逐步增加,如:(1)境内企业或境外机构在跨境贸易中发生预付款时;(2)境外机构与境内不同机构间发生先进口,后出口的跨境贸易时产生资金先支后收时;(3)境内企业或境外机构在跨境贸易中需要低成本的人民币融资工具时;(4)境内机构在进口贸易中以人民币结算,并以进口商品向境内银行申请押汇时;(5)境外工程承包、境外项目建设中在境内采购工程设备材料时需要跨境人民币融资;(6)自贸区机构与境内区外机构进行跨境人民币结算时,需要跨境人民币融资;(7)境内企业或境外机构在转口贸易中以人民币结算先支后收时,需要跨境人民币融资;(8)境内企业向自贸区或境外进行直接投资时,需要跨境人民币融资。中国人民银行也以政策指引方式支持商业银行开展跨境贸易、境外直接投资、境外承包工程以及出口买方信贷项下的融资。

现行跨境贸易人民币结算中运用的融资工具仅为信用证和银行保函,由境内银行为境内企业在跨境贸易中向境外出口商开立以人民币计价的信用证或保函,境外出商凭借人民币信用证或保函在境外进行外汇融资，同时利用离岸 NDF 交易对冲汇率风险，开证申请人以此降低融资成本。因信用证或保函均系银行信用，为有条件付款，费用成本高，且不具有可转让性，在国际结算中为非主流支付工具。商业汇票因具有标准化、无条件付款、可流通转让、法律约束性强等特点，更可凭借承兑人（企业）的信用价值而成为国际贸易中的主流支付工具，因此完全可以运用于跨境人民币业务中。

电子商业汇票因具有目前国内电子化支付工具中唯一的信用工具，国内信用工具中又系唯一的电子化工具的独特性，并可通过互联网进行票据行为，为跨境人民币业务、离岸金融业务（如国际金融租赁、出口卖方信贷、境外工程承包）、电子商务、互联网金融提供了广阔的创新空间。同时，其电子化特点为跨境资金流动透明化监管提供了基础条件。在上海自贸区准入前国民待遇的优惠政策下，港澳台及其他境外银行机构可在 FTU 账户为其母行客户提供电子商业汇票的承兑，其母行客户可将电子商业汇票在跨境人民币业务中支付于境内机构，境内机构受让后可直接用于境内交易，或向境内银行机构及承兑银行的境内分行申请票据贴现。境外跨国企业也可在上海自贸区开立 FTN 人民币离岸账户及电票账户，在跨境人民币业务项下签发或受让电子商业汇票，集信用与支付于一体的电子商业汇票将有效提高跨境人民币业务的融资便利性并降低融资成本，有助于促进人民币国际化。

中信银行、农业银行及上海农商银行已成功将电子商业汇票在上海自贸区分账核算单元应用于跨境人民币业务项下。

三、产品模式的设想与展望

（一）票交所交易模式的创新，有望推动资产证券化的票据基金业务发展

现行票据转贴现只能实行一对一的交易模式，交易标的票据是由卖出方决定的，买入方只能在卖出方提供的票源中，剔除无授信的承兑人的相关票据后进行买入，倘若将此交易模式称之为供给侧卖票，那么，票交所设立后，将可实现以单张票据为交易标的需求侧买票的交易模式，即交易标的票据要求可由买入方提出，票交所交易系统将根据标的票据的具体要素，在愿意单张票据成交的所有卖出方挂牌的票据包中自动检索抽取，实现一对多的交易模式。此类交易模式的创新，将可实现票据基金的定制。票据基金的收益将高于货币基金或同档期的债券基金，票据基金的流动性将甚于债券基金，可为已有的股票基金、债券基金、货币基金、指数基金填补空缺。

(二) 票交所信用机制下,有望开展票据买断式回购交易

纸质票据交易中,由于每张票据都具个性化特点,因此,在买断式回购交易中,若最后手到期赎回发生违约时,其前端各手因无法从市场上买回原票据进行履约交割而导致被迫违约,致使持票方的损失被扩大,所以长期以来监管部门不允许票据买断式回购交易。票交所设立后,银行机构贴现买入的纸质票据经托管后在票交所进行登记,后续交易将以电子介质形式进行。在这种票据实物被锁定,交易链透明化的交易环境下,买断式回购交易得以实现,当卖出回购方未按期赎回时,票据交易系统即将相关票据权利变更为买入返售方,买入返售方将可通过票据交易系统向违约方追偿违约利息。在票交所的信用机制约束下,买入返售方因卖出赎回方违约所产生的风险损失将可缩小。

电子商业承兑汇票货币化模式见图9-1。

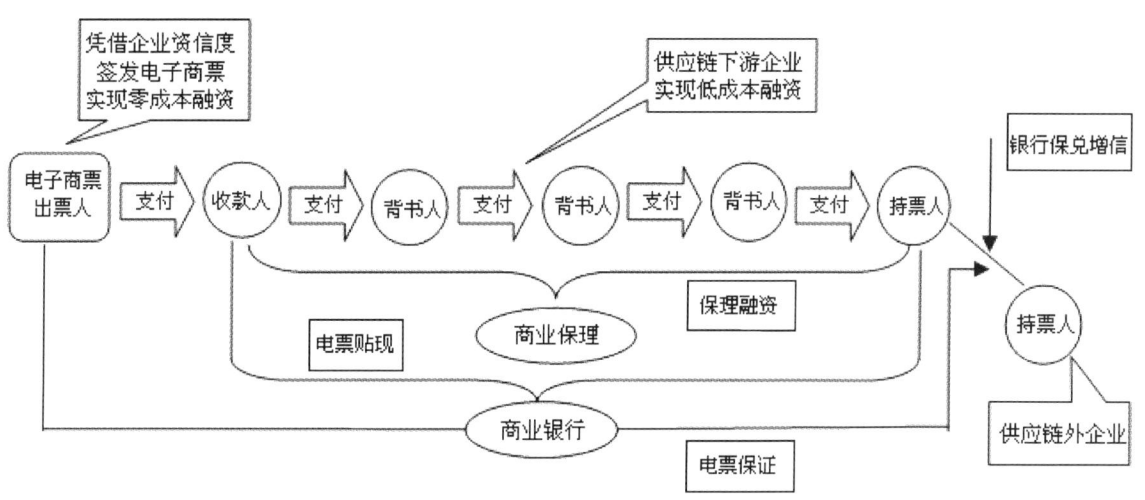

图9-1 电子商业承兑汇票货币化模式

(三) 电子商业承兑汇票货币化项目推广应用

电子商业承兑汇票具有互联网支付功能,结合最长为一年的远期信用,可形成货币基础功能,且电子商业承兑汇票具有票面要素真实性的特点。因此,具有较高资信度的央企、国企和上市公司已开展签发电子商业承兑汇票用于对供应商的直接支付(或预付款),既结清了供应商(收款人)的货款,又实现了该票据期限内零成本融资的目标。收款人受让该电子商业汇票后,凭借承兑人的资信度向其后手转让支付,此时收款人的应收(前手)账款和应付(后手)账款即予以结清,收款人在支付了后手应付账款的同时亦无须产生融资成本。以此类推,该电子商票货币化支付模式在供应

链中实现逐级支付转让，所有持票人均借助承兑人的信用和电子商业汇票的支付功能而省却了融资成本，并使整个支付链中的票据受让人的应收应付账款得以转销而降低了资产负债率。若票据受让人为中小微企业，即使持票向该项电票的保贴银行申请贴现，也可凭借票据承兑人的高资信度享受较低的贴现利率，而此较凭借自身低资信度项下的贷款利率更为低廉。如某央企为国家重要装备产业的工程总承包公司，因项目审批流程冗长，资金下拨周期长，而工程须先拆迁、设备预生产等原因，每年发生上百亿元应付账款，由于无法承担高额贷款利息而使数百家供应链企业受累于应收账款。某股份制银行为该央企设计以电子商业承兑汇票为应付款工具，凭借其自身高资信度，签发电子商票在该工程项目链中逐级支付，俟数月后项目资金下拨，票据到期进行兑付的电子商票货币化模式（见附图）。首先，应付款方发挥信用价值，签发电子商票，随后背书人转让支付，应付款方到期兑付，使得应收应付方都实现零成本融资。持票人也可借助多家商业银行为承兑人提供的商票保贴授信降低融资成本，以此化解项目供应链数十亿元应收账款的矛盾。

第十章

上海票据交易所的建设与发展

2016年,针对近年来纸质票据操作风险事件频繁发生的现状,中国人民银行加快了电子票据的推广应用和全国统一票据市场(票交所)建设。2016年12月8日,上海票交所正式建成开业,标志着我国票据市场迈入了交易所时代,票据市场运行模式发生革新式变化。

第一节 上海票据交易所筹建的背景

一、传统票据市场运行模式的局限性日益明显

长期以来,我国票据业务以纸质票据、线下交易为主,票据交易电子化水平低,尚未形成全国统一的票据交易平台,票据市场在不同地区、不同机构间割裂,透明度较低。

(一)传统票据交易模式风险防控问题突出

1. 传统纸质票据交易模式操作风险不断显现。长期以来,我国票据业务以纸质票据、线下交易为主,票据交易电子化水平低,尚未形成全国统一的票据交易平台。票据市场在不同地区、不同机构间割裂,透明度低,市场参与者无法充分有效对接需求,且票据以纸质和人工操作为主,流转环节较多,操作风险较大。传统的纸质票据风险

主要是对票据进行伪造、变造乃至克隆以进行诈骗的假票风险。近年来，票据防伪技术提高，发生假票风险的概率大大降低。但是，在票据业务竞争日趋激烈和票据盈利收窄的市场环境下，由于部分金融机构内部控制存在不足而产生的操作风险和道德风险凸显。由于票据本身业务链条长、操作风险较大，若金融机构内控不严，票据相关的岗位和部门之间缺乏制衡机制或操作规范执行不严格，则很容易给不法分子以可乘之机。近年来票据操作风险主要表现为金融机构自身的内控问题，具体形式包括：票据在实物保管环节被挪用；票据交易中资金划付与票据交割不同步，流转过程中票据或资金被挪用；非法机构冒用银行的名义以同业账户开展票据业务等。

2. 中介深度介入票据业务加大了票据风险。2009年以来，票据融资需求大幅增加，中介大规模参与票据市场。一些票据中介深度介入票据市场，起初以撮合民间交易为主，后来为获取更大利润空间，从开设虚假同业账户、消规模，发展到期限错配投资、一票多用、内外分利。中介机构的参与使得银行之间的防火墙弱化，道德风险和操作风险加大。

3. 市场制度与标准缺失增加了合规风险。票据市场相关制度体系与票据融资工具属性不相匹配。市场准入、交易、清算、结算等行为缺乏统一的标准和规范，致使"打擦边球"的违规操作持续存在。

4. 交易金额巨大放大了交易对手信用风险。近年来，受宏观经济和行业自身发展的影响，票据业务违规概率增加，涉案金额较大。2013年以来，随着经济增速下降、息差收窄，票据业务竞争激烈，银行出现抢客户、抢票源、争资金、争规模等现象，业务流程违规现象增多。同时，票据业务利润空间缩小后，金融机构采取"薄利多销"的批发交易策略，单笔交易额达几亿元甚至数十亿元，一旦案发则涉及金额巨大。

（二）票据市场基础设施建设相对滞后，缺乏统一的组织管理者

长期以来，中国票据市场缺少一个类似全国同业拆借中心、外汇交易中心等全国性市场运行的统一组织管理者。虽然中国人民银行在政策制定和业务指导方面对市场发展具有权威影响力，但难以替代市场统一的组织管理者发挥市场化运行机制的推动作用。在一定程度上造成票据市场在不同地区、不同机构间割裂，信息严重不对称，交易成本高等问题。割裂的票据市场也使监管部门无法及时准确地把握市场运行情况，不利于风险防控。

在市场缺乏统一的组织管理者的环境下，我国传统票据市场参与主体和交易工具均较为单一。尽管中国票据市场参与主体逐步由国有银行向股份制银行、城商行、农信社和财务公司等中小金融机构准入放开，但仍主要局限于商业银行、信用社和财务公司三类银行类金融机构，而在货币市场中日趋活跃的证券、基金、保险、金融租赁

等非银行金融机构还未成为票据市场参与主体。同时，纸质票据交易成本和交易风险均较高，使得票据市场业务创新不足，票据市场交易深度、广度和交易效率均受到不利影响。

二、建立全国票交所时机成熟

（一）票据市场快速发展对经济金融发展的作用日益显著

1996 年《中华人民共和国票据法》实施后，票据市场步入快速发展轨道，已发展成为一个重要的货币交易子市场，在中小企业融资、金融机构短期资金调剂和中国人民银行货币政策传导等方面均已发挥重要作用。

1. 商业票据已发展成为重要的货币市场交易工具。自 21 世纪以来，票据市场持续快速发展。2016 年，全国商业汇票累计签发 18.1 万亿元，是同期公司信用类债券发行量的 2 倍多。2016 年末，未到期商业汇票余额为 9.0 万亿元，是同期公司信用类债券市场余额的 51%。同期，银行间市场票据交易活跃，票据成为银行流动性管理、资产负债管理和盈利的重要工具。2016 年，票据累计交易量为 84.5 万亿元，票据交易量超过同期金融债券或公司信用类债券现券交易量。

2. 票据融资已成为中小微企业重要的融资途径。票据门槛低、融资成本低、流动性高，中小微企业可以便利地获得票据融资。2016 年 12 月末，我国票据融资余额比年初增加 0.9 万亿元，占各项贷款的比重为 5.1%。从企业结构来看，我国的银行承兑汇票中大约有 2/3 为中小企业所签发，且主要集中在制造业和批发、零售行业。

3. 票据市场是货币政策实施和传导的重要平台。在利率市场化条件下，随着中国人民银行加快转变宏观金融调控方式，票据再贴现将成为中国人民银行优化货币政策调控工具组合和货币政策传导效果的重要工具。票据再贴现是货币政策的重要工具之一，中国人民银行既可以通过选择不同种类的再贴现票据引导信贷资源优化配置，也可以通过调整再贴现利率影响金融机构资金成本，进而引导银行对信贷客户和资金运行策略的选择，提高银行对中国人民银行货币政策调控和价格工具的敏感性。

4. 票据市场参与主体类型不断增加。近年来，随着优质票据资产对投融资机构吸引力的加大，除商业银行和财务公司等传统票据市场主体机构外，证券公司、基金管理公司等非银行机构在理财产品、资产管理计划中对票据的投融资关注度明显增高，纷纷加大与商业银行合作力度，创新多款票据理财、票据资管以及票据同业投资产品等，成为重要的市场参与者。

（二）建设统一票据交易平台的技术条件已相对成熟

目前，互联网票据平台的搭建与运行已达相当水平。2009年10月投产的中国人民银行电子商业汇票系统（ECDS）已具有较完备的交易功能，部分商业银行也自主开发票据系统服务于企业、公司客户。"同城票据网""中国承兑汇票网"等网络平台先后出现，并提供公开报价、信息查询及研究交流功能。淘宝网、票据宝等互联网公司发行互联网票据产品，票据网络交互平台开发设计较为成熟。经过十余年的专业化发展，我国票据业界就票据市场发展路径的研究已为票交所的建设打下了理论基础，并培养出一批素质较高、经验丰富的专业人才。此外，中国人民银行电票系统（ECDS）等票据交易、信息系统的稳定运行，印证了平台开发和维护已有足够的技术保障。国内互联网行业的跨界发展，也为票据业务的变革和创新提供了互联网思维。

第二节　上海票据交易所建设概况

1996年《中华人民共和国票据法》颁布实施，票据市场迈入规范化、法制化发展轨道，我国票据市场朝着建设全国统一市场的目标持续发展。21世纪以来，伴随着金融信息化步伐的加快，在中国人民银行的领导下，2003年，中国外汇交易中心（同业拆借中心）开通中国票据网；2009年12月，中国人民银行建成并正式运行电子商业汇票系统（ECDS），票据交易电子化进程加快，为全国统一票据市场建设奠定了扎实基础。此后，在传统纸质票据风险加大的背景下，中国人民银行决定构建上海票交所，并以此加快推进全国统一票据市场建设。

一、中国人民银行启动全国统一票据市场的构建

2015年，票据市场已显露出风险加大和中介机构较为活跃的迹象，中国人民银行赴各家商业银行开展工作调研，显示出中国人民银行有意构建票交所的初步设想。2016年初，多家银行票据风险事件接连发生，涉及风险票据金额巨大，且部分金融机构涉嫌与票据中介牵连及违规操作等问题，引起了监管部门的高度重视。因此通过推进电子票据与加快纸质票据电子化进程，建设全国性票交所的呼声也越来越高。

2016年初，中国人民银行支付结算司向银行下发了《关于就促进电子商业汇票业务发展开展书面调研的函》，内容涉及电票管理办法、改进电票系统（ECDS）等问题，

还涉及是否应采取强制措施来推广应用电票。关于电票推广及应用，支付结算司在调研函中提出"可否强制要求一定金额以上商业汇票必须使用电票办理""金额起点应如何设置"的问题。

2016年3月9日，全国政协委员、中国人民银行副行长潘功胜表示："中国人民银行正在抓紧推动建设全国统一的票据市场，这是下一步中国人民银行工作计划之一。建设电子票据交易系统，将有利于提高票据市场交易效率，降低票据市场交易成本和交易风险"。这是中国人民银行首次公开明确推动建设全国统一的票据市场。

与此同时，中国人民银行加大了与商业银行的沟通联系，组织各家银行共同论证票交所的构建方案。2016年5月25日，中国人民银行牵头成立了关于筹建全国统一票据交易市场（票交所）的筹建组，正式启动全国统一票据市场（票交所）的构建工作。

二、上海票交所构建工作的推进

在中国人民银行的领导下，上海票交所筹备组借调、汇集了多家商业银行票据业务骨干，开始谋划上海票交所蓝图和起草各项制度、流程及业务规范，并与中国工商银行软件开发中心（杭州）合作进行系统开发。经过了筹备组历时8个月的通力合作，上海票交所建设按蓝图设计稳步推进，并预计于2016年12月8日建成并正式开业运行。

2016年9月，为了加快电子票据推广应用和配合上海票交所开业运行的需要，中国人民银行下发《关于规范和加快电子票据业务发展的通知》（银发［2016］224号），为未来票交所正式运行奠定基础。

在上海票交所筹建工作顺利推进期间，中国人民银行和上海票交所筹备组积极做好交易所开业后的系统对接，并着手制定票据交易制度及行业规范。

2016年11月2日，中国人民银行办公厅向各地人民银行分行、商业银行等机构下发《关于做好票据交易平台接入准备工作的通知》（银办发［2016］224号文），推进纸票电子化，明确票交所系统（一期）于12月8日正式上线运行，具体落实纸票业务电子化，至2017年7月末完成票交所（一期）建设。12月，票交所下发《纸质商业汇票信息登记操作规程》，主要包括金融机构在交易所办理信息登记和业务处理的详细规定。

2016年12月6日，中国人民银行公告发布《票据交易管理办法》并自即日起实施，为票交所的运行提供制度基础。该文件旨在对票据市场的参与者、票据市场基础设施、票据信息登记与电子化、票据登记与托管、票据交易、票据交易结算与到期处理等进行规范。

在上海票交所即将正式成立运行前期，票交所于12月2日发布了《纸质商业汇票信息登记操作规程》，主要对金融机构在票交所办理纸质商业汇票承兑信息登记、质押信息登记、实物保管与交接、库存移库业务处理、保证增信业务处理、付款确认业务处理、结清信息登记、止付信息登记、异常情况处理等方面进行了规定。

三、上海票交所的建成开业

2016年12月8日，由中国人民银行牵头筹建，历时一年筹备的上海票交所股份有限公司（简称"票交所"）正式开业。自开业当日起，票据交易平台即组织交易系统试运行，首批试点机构有43家。当日，来自中国人民银行、上海市政府的领导以及作为票交所系统首批试点机构的嘉宾代表，共同见证了票交所成立的重要时刻。

在开业当日，时任中国人民银行行长的周小川在对上海票交所开业所致的贺信中说，上海票交所要深刻认识自身使命，积极借鉴国际成熟市场发展经验，以实体经济需求为导向，推动票据产品和交易方式创新，丰富和增强票据市场功能，进一步优化金融资源配置效率；加强交易系统建设和内部管理，完善业务规则，切实防范风险；加强投资者教育，做好研究监测，提升票据市场专业化水平。

中国人民银行副行长潘功胜在上海票交所开业仪式上指出，上海票交所要切实发挥好全国统一的票据平台在完善中央银行金融调控、改进货币政策传导机制、防范金融风险、服务实体经济发展等方面的应有作用；要牢固树立大局意识、服务意识和风险意识，积极完善公司治理结构，加强票据人才队伍建设，全面提高规范化、市场化、专业化水平，不断增强票据市场服务实体经济的能力。

在上海票交所正式开业的当日，多家商业银行纷纷开展各品种首单票据业务。中国工商银行与中国农业银行成功完成首单票据转贴现交易，该笔交易所涉票据为金额100万元的纸质银行承兑汇票，由中国工商银行上海外滩支行通过上海票交所系统完成承兑、贴现，并由中国工商银行票据营业部作为转贴现卖出方将票据转卖于中国农业银行；浦发银行完成全市场首单银票质押式回购交易；招商银行与民生银行完成首单商票交易；平安银行与华泰证券完成首单非法人产品交易；江苏银行完成首单城商行银票转贴现交易。这标志着我国统一票据市场取得突破性进展。

四、上海票交所开业后的建设发展

上海票交所建成运行后整体发展情况良好，票据交易系统运行平稳，各项工作有序推进。此后，上海票交所持续推进系统完善和会员服务两方面建设。

在系统建设方面，中国票据交易系统按期上线运行，并荣获"2016年度上海金融创新成果奖特等奖"。上海票交所正在积极推进电子商业汇票系统（ECDS）迁移、纸电票系统融合、票据交易系统功能完善、直连接口开发以及再贴现业务子系统开发等工作。电子商业汇票系统（ECDS）的数据已实时同步到票交所系统中，经统计加工后通过客户端可以查询，增加了此前没有的成交利率、交易排名等基础数据。系统交易量实现平稳增长，一些市场活跃度指标、价格指标已经与短期债券市场相近。

在会员服务方面，上海票交所对系统参与者的申报信息进行全面梳理，认真清查核对，编制机构排期计划表，发布上线机构清单，所有提交合格上线申报材料的金融机构已全部按期接入票据交易系统，同时高效推进机构培训工作。另外，上海票交所也完成官方网站、公众微信号等移动端宣传平台基础建设，方便会员在第一时间获得官方信息。

在制度建设方面，上海票交所已发布《票据交易管理办法》《票据交易主协议》《纸质商业汇票业务操作规程》《票据登记托管清算结算业务规则》等数项制度规则，有力地支持了票交所各项创新业务的发展，对现有票据法律法规体系形成了有效补充。

第三节　上海票据交易所建设的作用

从国内外经验看，金融市场基础设施建设是保障市场安全高效运行的关键。上海票交所的构建是我国票据市场基础设施建设取得重大突破的标志性成果，在票据市场深化发展、服务实体经济和传导货币政策等方面均提供了强有力的推动作用。

一、有助于推动票据市场深化发展

上海票交所的建立，弥补了我国票据市场基础设施的不足，在市场制度和运行模式上有诸多创新之处，引入了多元化市场参与主体，实施纸质票据托管及电子化交易的运行机制，具有交易信息透明度高的特性，将大大促进票据市场交易广度、深度和效率的有效提升，推动市场深化发展。

上海票交所的建立，将改变传统纸质票据运行模式，形成以多元化法人金融机构和非法人产品为主的市场参与主体，信息集中透明的集约化市场组织形式和电子化交易的运行模式，有助于突破地域和时间对交易的限制，使市场参与者获取更加全面真实的市场信息，建立全国范围内高度集中和统一的市场形态。

一是票据市场将最终实现多元化市场主体参与的、全国统一的票据市场，提高参与者的交易意愿，降低交易成本，同时安全性得到大幅提升。证券、基金、资产管理、信托投资、保险公司等非银行金融机构将可以合法参与票据转贴现业务，基本上涵盖了各类型金融机构，极大拓宽了票据市场参与主体。证券、基金以及其他更多类型金融机构参与到上海票交所，有助于拓宽银行票据转让渠道，增强银行跨市场票据业务发展空间，从而拓宽了票据交易广度。

二是促进商业承兑汇票加快发展，增进票据业务创新发展的深度。增强商业信用，鼓励具备资质的企业签发、收受和转让电子商业承兑汇票；探索采用保函、保证与保贴业务等形式，增强电子商业承兑汇票信用，促进电子商业承兑汇票流通。商业承兑汇票的加快发展，将改变当前银行承兑汇票占据市场绝对份额的现状，推进票据市场深入发展。

三是中国人民银行放宽了电子票据贸易背景审查标准，提升了企业票据融资和电票交易效率。对电子商务企业申请电票承兑的，金融机构可通过审查电子订单或电子发票的方式，对电票的真实交易关系和债权债务关系进行在线审核。企业申请电票贴现的，无须向金融机构提供合同、发票等资料。简化电票贴现的贸易背景审查程序，将极大促进企业电票业务的应用发展。

二、有助于增强服务实体经济能力

上海票交所的建设在极大促进票据市场深化发展的同时，也将有助于降低企业票据融资的综合成本。

上海票交所的建设和电子票据的加快发展，将彻底改变传统纸票市场存在的区域割裂和业务分散条件下的信息不对称的市场环境，促进票据市场交易利率透明度提高和全国一致，有利于企业选择更加有利的票据融资条件，从而节省融资成本。同时，上海票交所市场具备电票安全性高和交易效率高等多方面优点，有利于企业更便捷地选择贴现银行，免除信息收集、甄别和实物票据交易的时间成本和人工成本。更为重要的是，电票将从根本上消除企业收受、交易假票的资金风险，从而有助于降低企业票据融资的综合成本。

三、有助于构建企业信用环境

从上海票交所市场未来发展看，其对于商业承兑汇票发展的促进作用，将有效推进商业信用价值化的演进过程。同时,上海票交所市场本身具备信息集成化处理的优点和大数据特征,从而为企业信用评估分析提供了有效手段,更加有利于推进企业信用和票据业务良性互动发展。

一是商业承兑汇票迎来发展契机,有利于商业信用价值化。相对银行承兑汇票,商业承兑汇票不仅节省了银行承兑手续费,同时也不用缴纳承兑保证金,为承兑企业节约了成本、增加了可使用资金,因此,承兑企业会特别注重商业信用的建立,以不断提高所承兑票据的接受度。

二是上海票交所业务数据存储具有大数据应用特征,有助于建立中小企业的信用信息库。由于中小企业的商业信用接受度不高,其往往通过签发银行承兑汇票来提高信用等级。对于市场发现的票据恶意欺诈、无理拒付、拖延支付等信息,可以以电子信息储存的方式对企业票据行为进行系统记录和建立企业票据行为信息数据库,并作为开展企业票据信用评估分析的依据。

四、有助于推进票据业务创新

上海票交所市场参与主体不再仅限于银行业金融机构,还允许证券、基金等更多类型金融机构以及非法人产品作为市场参与主体,有利于扩大票据市场参与者范围,激发金融机构票据新兴业务创新的市场氛围。通过市场参与主体的多元化,使得非银行金融机构对票据创新业务和产品参与的力度和深度不断加大,跨界、跨市场、跨区域的发展趋势愈发显著,企业、银行、信托、基金、证券公司、财务公司等市场主体将会更多地参与到票据市场,为银行多元化和综合化票据业务创新提供了合作平台和市场空间。

五、有助于提升货币政策传导效应

票据业务构成上接中国人民银行货币政策制定,下接实体经济融资需求,中间连接银行等金融机构的完整的政策传导链条。上海票交所的建立为中国人民银行货币政策提供了更加便捷有效的传导通道,能够更好地贯彻落实中央有关促进实体经济发展的方针政策。

一是有助于拓宽再贴现政策工具的操作空间。如前所述,上海票交所将极大提升票据市场发展的广度、深度以及交易效率,从而使得中国人民银行运用再贴现政策时具有更多的票据品种和交易主体可供选择。在票交所内实施再贴现操作,将使中国人民银行作为核心参与者便捷地在全市场筛选符合政策条件的票据,并且其透明化的操作方式将更有效地引导社会资金流向，优化资源配置。

二是提升再贴现政策工具调控的灵活性和有效性。票据电子化操作方式使得隔夜的再贴现操作成为可能，可以显著提高货币政策灵活性，使得票据在强化货币政策传导、增强政策实施效果、促进信贷机构调整、引导扩大中小企业融资范围等方面发挥重要的作用，从而实现宏观经济金融调控的核心目的。

第四节　上海票据交易所的基本运行模式

上海票交所是依托中国票据交易系统（以下简称票交所系统），为票据市场参与者提供登记托管、票据交易、清算结算、信息数据等全方位服务，同时为中央银行货币政策提供再贴现操作的全国统一票据电子化交易平台。上海票交所在构建过程中，系统功能不断优化完善，制度和业务规范逐步清晰，初步形成了交易所主体会员制组织、票据电子化交易和票交所系统前、中、后台一体化运作的运行模式。

一、参与主体会员制管理

上海票交所的构建采取了公司化运行模式，全称为上海票交所股份有限公司，注册资本约为18.45亿元，由参与筹建的工商银行、农业银行等多家金融机构作为股东单位投资共建。票交所被中国人民银行指定为票据市场基础设施，承担组织票据交易，公布票据交易即时行情、票据登记托管、票据交易清算结算和票据信息服务的市场组织管理职能。

票交所的参与主体为银行类金融机构总行及其授权分支机构，以及经金融监管机构认可的其他非银行金融机构和金融机构管理的各类票据投资产品。其中，对于金融机构法人参与主体，票交所采取了会员管理模式。2017年4月，票交所发布了《上海票据交易所会员服务协议》（票交所公告［2017］1号），获准成为票交所会员的金融机构法人必须按要求签署该服务协议。

上海票交所采用"公司化+会员制"的组织管理模式，符合当前金融市场交易所建设的主流模式。

二、票据业务全流程电子化处理

上海票交所建设的初衷是为了打破我国纸票、电票两个市场并行和票据市场分散、割裂、交易效率低以及操作风险突出的现状，推进票据交易电子化和效率提升，最终实现全国统一的票据市场。

由此，在上海票交所建设过程中，采取了纸票电子化后与电票并行运行到最终融合运行的阶段式运行模式。

在上海票交所建设早期阶段，中国人民银行即提出用2~3年时间"消灭"纸票，主要是通过纸票电子化方案，即票交所系统在纸质票据贴现环节截留纸质凭证，后续金融机构之间的票据交易以及票据到期托收均以电子信息形式处理。期间，票交所进一步整合电子商业汇票系统（ECDS），统一纸质票据和电子票据业务规则，促进了票据业务的电子化。票交所通过创新系统交易清算机制打造全流程电子化运行模式。票交所系统的核心交易子系统与托管登记子系统、清算结算子系统之间实现直通式处理（STP），即票据交易达成后，核心交易子系统将成交信息实时传输至托管登记子系统、清算结算子系统，完成票据的资金交付和权属变更，减少了操作风险，有效保证了业务整体的规范化和标准化。票交所系统通过与大额支付系统（HVPS）、ECDS系统以及系统参与者内部系统建立连接，实现了票款对付（DVP）结算，实现全流程电子化处理和效率提升。

在上海票交所建设顺利推进和电票加快发展的背景下，2017年6月和7月，上海票交所分别发布了《关于做好电子商业汇票系统移交切换工作的通知》（票交所发[2017]37号）、《上海票交所关于实施纸质和电子商业汇票融合工作有关安排的通知》（票交所发[2017]45号），表明票交所在系统技术和业务规范管理方面，将在ECDS系统移交后加快推进纸票电票融合工作，票据全流程电子化交易的运行模式将更趋成熟。

三、上海票交所系统前、中、后台一体化运作管理

在上海票交所成立后，所有票据都必须通过票交所系统实现电子化交易，所有银行业机构都必须在票交所系统开户后开展票据交易，票据的数据信息、登记托管、报价交易都统一集中至票交所系统。

因为票交所系统必须具备全流程业务电子化处理能力，所以票交所系统要建设成为前、中、后台一体化运作管理体系。

上海票交所的建设与银行间债券市场具有相似性和互补性，也学习和借鉴了后者的经验。未来，票交所市场将定位于面向中小企业和民营企业的债务融资市场以及"中长期"货币市场（1个月到1年期），从而与银行间债券市场形成互补。票交所系统由会员管理、纸票业务处理、电票业务处理、核心交易、登记托管、清算结算、计费以及统计监测8个子系统构成，是集登记、托管、交易、清算于一体的全国性电子化交易平台，实现了前台、中台、后台系统一体化运作，尽最大可能消除了市场割裂所带来的摩擦和协调成本，从而为市场成员提供一体化服务。

四、上海票交所基本运行模式的创新之处

作为中国人民银行指定的票据市场基础设施，上海票交所建设是对传统纸质票据业务模式的全面革新，在以下六个方面取得了突破性的创新：

一是坚持前台、中台、后台的一体化。为票据市场提供统一的交易前台和登记托管结算中后台，从根本上改变了现有票据市场不透明、不规范的弊端。同时，充分吸取银行间市场和交易所市场的经验，尽最大可能消除市场割裂所带来的摩擦和协调成本，尽力提高市场运行效率，为票据市场的长远发展奠定坚实基础。

二是实现票据交易主体的多元化。根据《票据交易管理办法》，银行机构、非银机构等经金融监督管理部门许可的金融机构均可参与票据交易。上海票交所针对不同类型金融机构制定了准入标准和资格审查，有序扩展票据市场广度，避免市场主体扩充对市场稳定性造成冲击。

三是提供丰富的交易模式。设立意向询价、对话报价、点击成交、请求报价等多样化的交易方式，促进票据市场的对手方发现和价格发现，以票据交易平台生成的标准化电子成交单取代传统的线下纸质成交合同，显著提升票据交易效率和市场透明度，便于管理部门对票据交易进行更有效的监管。

四是建立更为合理的票据交易、授信和定价机制。引入"票据信用主体"的概念，即贴现后票据如参与票据交易，信用主体明确为承兑行、贴现行、保证增信行中信用级别最高的主体。信用主体的唯一性将促进交易员的交易判断和决策，便利票据定价。同时，提供挑票、打包等功能，通过自主标的组合，实现票据交易标的标准化。

五是实现交易清算机制创新。实行直通式处理（STP）和票款对付（DVP）结算机制，防范结算风险，提高结算效率，有助于防范不规范票据中介深度介入票据交易，降低道德风险和操作风险。

六是提供更加高效的货币政策操作平台。中国人民银行通过上海票交所受理金融机构再贴现业务申请或开展公开市场操作，可以更加安全、高效地实现货币政策操作

目标，较准确地体现中国人民银行货币政策意图。

第五节 《票据交易管理办法》解读

在票交所正式开业前夕，中国人民银行公告发布了《票据交易管理办法》（以下简称《办法》），被市场视作为上海票交所的正式成立和开业运营铺路。该《办法》对票据市场参与者、票据市场基础设施、票据信息登记与电子化、票据登记与托管、票据交易、票据交易结算和到期处理等进行规范，于2016年12月6日颁布之日起生效。从内容上看，其在市场参与主体、业务审查程序和业务产品创新等多个方面提出了创新举措，本节对该《办法》的创新之处作一简要解读。

一、明确了多元化票据市场参与主体

根据该《办法》，票据市场参与主体包括金融机构法人和非法人类参与者。票据市场参与主体不再仅限于银行业金融机构，而是扩展到证券公司、基金管理公司、期货公司、保险公司等经金融监管部门许可的各类金融机构。银行仍然将会是票交所的主要交易主体，非银金融机构的参与主要是为票据资产证券化做好准备。非法人类参与者则是指以金融机构作为资产管理人设立的各类票据资产投资计划，为金融机构在依法合规的前提下开展以票据为基础资产的资管计划等提供了参与渠道。

此前中国人民银行发布的224号文规定，自2016年9月1日起，证券、基金、资产管理、信托投资、保险公司等非银行金融机构将可以合法参与票据转贴现业务，基本上涵盖了各类型金融机构，此次《办法》明确了上述非银行金融机构票据市场参与者的主体地位。证券、基金以及其他更多类型金融机构参与到票交所交易，有助于拓宽银行票据转让渠道，增强银行跨市场票据业务发展空间。

二、明确了上海票交所作为基础设施的定位与建设职能

该《办法》实际上赋予上海票交所作为中国人民银行批准设立的票据市场基础设施的定位，将处于未来全国统一票据市场发展的核心组织者、推动者的地位。

上海票交所作为票据市场基础设施，在履行中国人民银行指定的提供票据交易、登记托管、清算结算和信息服务的职责之外，还需发挥市场建设管理的职能：一是按

照金融市场基础设施建设的有关标准进行系统建设与管理；二是设立风险基金，应当从其业务收入中提取一定比例的金额设立风险基金，并存入开户银行专门账户，用于弥补因违约交收、技术故障、操作失误、不可抗力等造成的相关损失。

三、规范了纸质票据电子化业务规则

该《办法》分别通过第四章"票据信息登记与电子化"、第五章"票据登记与托管"、第六章"票据交易"和第七章"票据交易结算与到期处理"，对纸质票据电子化各项业务的办理做出了规范，值得关注三个方面：一是严格纸票电子化信息真实性责任。该《办法》第二十条规定，金融机构通过票据市场基础设施进行相关业务信息登记，因信息登记错误给他人造成损失的，应当承担赔偿责任。二是简化了交易程序，纸质票据经票交所信息查询一致后，其后续贴现业务办理中无须提交纸质跟单资料，相比纸票业务办理简化了手续。三是引入付款确认，纸质票据贴现后，其保管人可以向承兑人发起付款确认。付款确认可以采用实物确认或者影像确认；电票一经承兑即视同承兑人已进行付款确认。付款确认可以有效保证纸票交易的资金安全。

四、引入新的业务类型和付款方式

一是引入保证增信，票据贴现人可以按市场化原则选择商业银行对纸质票据进行保证增信。保证增信行对纸质票据进行保管并为贴现人的偿付责任进行先行偿付。

二是确认了买断式回购票据交易行为。在该《办法》下，票据交易包括转贴现、质押式回购和买断式回购等。其中，买断式回购是指正回购方将票据卖给逆回购方的同时，双方约定在未来某一日期，正回购方再以约定价格从逆回购方买回票据的交易行为。与质押式回购相比，买断式回购中逆回购方取得票据后，仍可再次进行质押式回购交易，只要回购的到期结算日早于原买断式回购到期结算日即可，由此可形成嵌套式回购交易。事实上，在票据交易办法出台前，市场上也出现过此类长链条嵌套的回购交易，因其会引发上游资金链的风险，监管未认可此类交易。在票交所成立后，由于买断式回购采用电子交易方式，整个回购链条的交易行为均录入系统，可以有效降低回购方不执行的风险。因此，此次在中国人民银行制定的《办法》中认可了买断式回购交易，可以视作票交所建设将采取更加积极作为的态度活跃市场和推动市场发展，今后票交所业务创新步伐值得期待。

三是推行票款兑付方式。该《办法》为票据交易结算提供票款对付和纯票过户两种方式，除了同一法人分支机构间的交易可以采用纯票过户外，其余全部采用票款对付，即不同金融机构间采取票款兑付，能够提高法人机构间清算效率。

总体上看，《票据交易管理办法》全面规范了票据交易业务，简化了票据交易手续，引入"保证增信"和"付款确认"，进一步确保纸票交易的安全性。

第十一章

票据交易所时代的票据市场展望

第一节 票据交易所时代的市场机遇与挑战

近年来,我国票据市场持续发展,规模快速扩大,票据市场在快速发展过程中也暴露出基础设施发展滞后、部分金融机构内控薄弱以及票据中介风险累积等问题,成立统一规范的票交所已经成为全市场的共识。2016年12月8日,上海票据交易所(以下简称"票交所")正式挂牌成立,中国票据市场发展掀开了新的一页。作为国内首个集登记、托管、交易、清算于一体的全国性电子化交易平台,目前已汇集了逾4万家系统参与者,它的成立不仅给票据市场带来了很多机遇,同时也带来了一系列挑战。

一、票交所时代的市场机遇

(一)电票将加速替代纸票成为市场主导

《中国人民银行关于规范和促进电子商业汇票业务发展的通知》(银发〔2016〕224号)对电子票据给予了政策支持,票据市场结构将逐步由传统的以纸质商业汇票为主,转变为以电子商业汇票为主,各商业银行的票据经营思路也将随之发生调整。在中国人民银行对电票贴现无须向金融机构提供合同、发票等资料的监管要求下,商业银行将采取对电票承兑银行进行统一授信的方式,逐步实现电子银票贴现业务的智能化系统交易,大大推动了电子票据的快速发展。

目前,票交所已经实现了纸质票据的承兑登记、贴现登记、初始权属登记等电子化的安排。随着场内交易主体的更加多元化,票据交易的电子化以及票据清算的便捷化,电子票据优势将更为凸显,可以预见,纸质票据将会逐步萎缩,电子票据将替代传统纸质票据发挥更大的作用,未来的票据市场将是以电子票据为主的交易市场。根据票交所公布的方案,2018年10月的版本将实现与电子商业汇票系统(ECDS)的全方位联动和信息互换,电子票据作为标准化程度和安全性级别更高的票据形态,也势必在票交所中得到更广泛的应用和接受。

(二)电子商票将迎来全新发展机遇

随着电子化票据的快速发展,交易更为便捷,区域价差逐步缩小,原利用信息不对称赚取不同市场间价差的做法将被淘汰。

银行业营改增前,营业税为价内税,利息收入为税基,转贴现交易不征税,在权责发生制会计政策下,银行采取将贴现利息收入递延核算,将贴现后票据以转贴现卖出的方式进行合理避税。但是,自2016年5月1日银行业营改增后,增值税为价外税,改以利息清单(发票)为税基,税负由借款人承担,票据贴现的合理避税操作空间不复存在,票据贴现低成本优势也不再显现,银行将由原来以银票贴现业务为主,逐步转向以商票贴现业务为重点。

在中国人民银行224号文"金融机构可通过审查电子订单或电子发票的方式,对电票的真实交易关系和债权债务关系进行在线审核"和电票可跨行贴现的政策指引下,银行将由原来只限于对电子商票持票人进行授信而扩大至对电子商票承兑人授信,扩大了电子商票贴现业务的需求。

中国人民银行224号文鼓励商业银行在授信额度项下为不同的电票行为人提供背书保兑,使流通中的电子商业汇票得以增信后继续向后手支付转让,由此打破了原来银行仅为有授信的出票人提供承兑的传统业务做法,扩展至授信额度项下可为不同的票据行为人提供背书保兑,使电子商票经银行增信后继续向后手支付转让。大银行机构也可为小银行机构承兑的电子银行承兑汇票提供保证,使其增信后更易于在全国范围内流通。

(三)票据市场交易主体将呈多元化

长期以来,票据市场的交易主体仅限于银行类机构和财务公司,票交所创新性地将证券公司、资产管理公司、信托公司、基金管理公司、保险公司、期货公司、保险公司等更多的交易主体引入到票据市场,不仅大大地增强了票据市场的活跃度,也为这些非银金融机构提供了新的资金使用渠道，而资管计划、理财计划等非法人产品的引入则从另一个角度为票据市场后续产品的创新奠定了基础。

票据市场的交易主体进入多元化发展阶段，不仅可以拓宽票据交易的广度，避免原来商业银行操作同质性、同向性严重导致的市场剧烈波动，更能挖掘市场深度，不同类型市场参与者将自身经营资源、创新理念等新鲜血液注入票据市场，各类跨市场产品的交叉组合也会日益增多。未来除了银行类金融机构参与者外，还将有证券公司、信托公司、基金公司、资产管理公司等金融机构参与票据市场交易，这将为中国人民银行在票据市场的公开操作提供更有效的传导机制。

二、票交所时代的市场挑战

（一）票据风险管理重点将向信用风险转变

票据电子化后，原有的纸质票据业务中审验、查询、交接、保管、邮寄托收等环节的操作风险将显著降低，但随着票据市场交易主体的多元化发展和未来电子银票承兑、电子商票贴现业务的快速增长，票据业务的风险管理重点将转向频繁交易引发的市场风险和票据债务人的信用风险。中国人民银行、中国银监会联合下发的［2016］126号《关于加强票据业务监管 促进票据市场健康发展的通知》将银行承兑费率定价纳入监管考核，商业银行对电子银票承兑、电子商票贴现业务必须按照风险溢价覆盖风险损失的原则，有效识别和科学计量票据信用风险，逐步提高对票据债务人的风险定价能力；建立票据业务风险管理体系，对利率风险、信用风险、操作风险进行实时监测，并建立完善的风险管控和风险缓释机制。

（二）商业银行的票据经营管理将面临重大转型

目前，商业银行对票据业务有着多种管理模式，既有全票据业务链的集中式管理，也有多条管理、分散经营，将票据业务分割在不同的专业条线。在票交所模式下，由于转贴现交易将完全实现电子化交割，票据流程一体化要求商业银行从企业融资服务方案的设计，到票据承兑、贴现、转贴现、投资、再贴现等环节都交由票据专营部门统筹管理，因此商业银行的票据经营管理将面临重大转型，未来成立集中性的票据经营机构将逐步成为市场主流，专营机构代表各商业银行在票交所中进行业务吞吐。集中化的经营模式会逐步带来专业管理的统一归口，为促进票据业务的管理提供便捷。

（三）传统票据从业人员将面临角色转换和技能提升的挑战

首先，在票交所时代，交易方式由传统的线下业务营销转为线上点击交易，这要求相应地业务营销人员必须从客户经理角色向交易员角色进行转变，必须拥有更强的市场判断和交易机会把控能力。电子化、信息化交易和系统自动清算的实现，大大节省了场外纸票的审验、保管、托收等人工操作环节，商业银行相关岗位人员将出现大幅减少。其次，票据业务风控重点的转移也将对风险管理人员的量化、精细化风险管理能力提出更高的要求，这也要求风险管理人员必须尽快转变传统思路，跟进学习票交所的最新业务模式和政策要求。最后，票交所提供的实时、完整的交易数据为票据市场机构研究创造了更好的条件，新形势下票据市场研究领域将更加广阔。

第二节　票据交易所时代的票据市场展望

展望未来，在票交所的推动和引导下，票据支持实体经济力度将会进一步提高，全社会票据信用生态环境得以建立，票据产业链的发展模式逐步形成，票据市场创新步入更加规范化发展进程。同时，随着票交所功能的不断完善，搭建大额可转让存款凭证交易平台、创建中央对手方清算机制有望逐步落地。

一、票交所进一步提高票据支持实体经济力度

票据以其在付款保障和流通转让方面的独特优势，成为对接实体经济和金融市场的重要支付结算和融资工具。票交所的建设，在极大促进票据市场自身发展的同时，进一步提高了票据对实体经济的服务和支持力度。票交所作为金融市场基础设施的重要组成部分，应建成具备票据报价、交易、登记、托管、清算、结算、信息服务等多功能的全国一体化的票据交易平台，交易参与者为中国人民银行、商业银行及非银行金融机构，交易产品可涵盖票据直贴、转贴现、再贴现、票据基金、特殊目的载体（SPV）、票据资产证券化（ABS）等，持票企业可通过银行网银终端和票交所报价系统向所有贴现银行进行定向或全市场报价，所有直贴银行可在票交所报价系统中设置可买入票据的属性、承兑人、期限、额度等相关参数后，通过竞价交易、撮合交易、询价交易等方式，由智能化系统对适格票据自行买入，自动清算，以此实现在全国统一平台上持票企业最低利率的贴出，贴现银行最高利率的贴入，交易价格将充分体现

市场竞争性，智能化系统交易将大幅降低银行操作成本，提升市场交易效率。

二、票交所逐步构建全社会票据信用生态环境

票交所归集了票据债务人、被追索人的信用记录，可以充分利用票据信用大数据，将其整理后导入统一社会信用代码系统，消除持票人与债务人的信息不对称因素；可以引入专业评级机构，建立票据债项评级制度，以树立商业信用品牌。信用体系建设缺失是造成国内企业应收账款较高的原因之一，票交所应整饬票据市场信用环境，建立票据信用白名单、黑名单公开制度，对拒付笔数、拒付金额违约率均≤1%的商业汇票债务人（含已履行被追索责任的背书人、保证人）列入白名单对外公布（债务人可申请不对外公布），彰显其商业信用价值，以支持其签发的融资性票据在市场流通；对拒付笔数、拒付金额违约率均≥3%的融资性票据债务人列入黑名单强制公布，对其票据违约风险性向全社会予以警示；对发生连续三笔拒付的融资性票据债务人，系统将自动冻结其所有电票账户签发融资性票据的权利，直至履约后再行恢复；对信用大数据显示存在故意欺诈的票据债务人，票交所应启动刑事追究程序，移送司法机关调查处理。如此，将使票据债务人对票据信用怀有敬畏之心，自律之行，尊崇商业信用品牌，以此构建全社会票据信用生态环境，约束商业信用过度膨胀。

票交所作为企业贴现融资、银行信贷投放、中国人民银行公开市场操作、金融机构投资的交易平台，具有高透明度和高交易效率的优势，能够发现最敏感的资金市场价格，将成为连接实体经济和融资市场的重要的货币资金枢纽，一体化票据市场的交易价格将充分体现市场竞争性，可产生统一的中国票据市场价格指数，真实反映实体经济的融资成本，并可成为银行业人民币贷款定价的基础利率。因此，票交所的发展将对中国人民银行货币政策的传导机制和推动利率市场化进程产生深远意义。

三、票交所促进票据产业链一体化发展模式的形成

随着票交所的加快建设，票据在上下游关联企业、特定行业、重大工程项目中的作用会被进一步激发，尤其在贸易供应链、汽车金融、军工、"一带一路"等基础设施建设中的衔接和润滑作用会更加突出。一方面，票据可以用作便捷的支付和结算工具，加速资金流转，促进贸易往来，减少对现金流的依赖；另一方面，可通过相互授信和共识，利用商票的流转减少融资成本，促进关联企业间的往来，带动经济转型发展。同时，票交所还可以探索利用自贸区金融创新平台把票据与国际贸易融资项下的信用证、保函等电子支付系统相链接，便于开展国际信用证（保函）担保电子银行承兑汇

票业务，拓宽票据参与跨境人民币支付的融资途径，从而推动人民币国际化的发展，并可响应国家政策向"一带一路"沿线国家率先推广使用票据进行贸易结算，为票据产业链的发展带来新的生命力。

未来，票据业务的发展将更多地从全生命周期产业链出发，而不是单独通过发展某一个环节来达到繁荣市场、服务经济的目的，越来越多的参与机构也将从上下游产业链出发，形成立体的解决方案，以此服务长三角一体化、京津冀一体化、"一带一路"等国家级战略。

四、票据市场创新步入规范化发展进程

传统票据市场的很多产品和交易模式的创新多是为了削减信贷规模、减少风险计提而做的监管套利或者规避监管的"伪"创新，实质性的产品创新其实相对较少，票交所的成立无疑为票据产品创新从理念上奠定了基础。票交所不仅定位为中国票据市场统一的信息登记中心、交易中心，还扮演者着票据产品创新中心的角色。票据的传统作用包括支付清算、融资、规模调控等，但随着票交所的发展，票据将趋近于债券等标准化产品，其信用属性和投融资属性将进一步扩展。随着市场体量的扩大，票交所可以逐渐加大跨业、跨界创新的力度，探索与货币子市场，保险投资资管市场，信托证券资管市场，票据资产证券化市场，资本市场中掉期、远期、期权等衍生品的创新结合，例如，推动多元化票据衍生品发展和试点，包括远期票据贴现和转贴现、票据贴现期权和转贴现期权、票据转贴现利率互换和转贴现期限互换（掉期）等；通过银行业金融机构集约化管理已贴现票据，实现票据资产证券化创新；建立票据与信用证（银行保理等）的产品组合以及"1+N"商业承兑汇票贸易融资组合，提高票据自身的应用领域；规范引导互联网金融为符合国家产业导向领域的中小微企业和家庭居民提供多样、灵活的票据融资和票据理财金融服务等。总之，票交所的成立为票据产品创新提供了一个全新的平台，未来票据市场的创新和应用也将更加透明化、公开化和市场化，更符合监管的发展趋势。

五、搭建大额可转让存款凭证交易平台可行性加大

随着人民币利率市场化改革的加快推进，商业银行将加大对主动负债工具的运用，也需要对长期负债与长期资产的期限匹配进行主动管理，因此，搭建大额可转让存款凭证交易平台可行性加大。大额可转让存款凭证包括大额可转让存单和同业存单，这两者因不具有支付功能，不属于票据范畴，但其具有可转让、可议价交易的特点，借

助票交所电子化交易平台和商业银行网银系统，存款类金融机构乃至今后金融资产管理公司、金融租赁公司、汽车金融公司、消费金融公司等非银行金融机构可借助票交所市场发行大额可转让存单和同业存单，实现快速募集资金，降低发行成本；投资机构可实现安全与快捷地议价和转让交易，提升流动性效率。

六、票据市场有望创建中央对手方清算机制

中央对手方清算机制是指独立的第三方机构在金融市场交割过程中，以中央对手方身份介入交易结算，充当原买方的卖方和原卖方的买方，并保证交易执行的多边清算机制。国内证券市场、债券市场、外汇市场、期货市场，乃至银行卡清算都已实行中央对手方清算制度，但银行承兑汇票尚未有中央对手方清算机制，影响了约2500家城商、农商、农信机构及企业集团财务公司等中小银行机构承兑的银票在市场上的流通性。票交所虽为这些中小银行及财务公司提供了统一的票据交易平台，但因现行市场缺乏对商业汇票的专业评级而影响了这些非全国性银行机构承兑的票据在市场上的流通性。鉴于票交所具有票据信用大数据和统一清算功能，在此基础上可以创设具有独立法人、自担风险的中央对手方清算机构。该机构可申请成为票交所的参与机构，对票交所会员中的中小银行机构进行评级授信，收取一定比例保证金，设立清算保证基金，对会员机构承兑的电子银票的持票人承担中央对手方的兑付责任，赋予信用增级。中央对手方清算机构以其具有大额支付系统特许参与者的身份，可主动借记承兑银行在大额支付系统账户资金，当承兑银行保证金或其大额支付系统账户资金不足以清算时，中央对手方清算机构可启动清算保证基金进行偿付。在中央对手方清算机制下，中小银行承兑票据的资信度和流通性将显著提高。当持票行和承兑行均为清算会员时，中央对手方清算机构还可实施多边净额轧差清算模式，提高清算效率，降低资金成本，提升票据流动性。

第三节 票据交易所时代商业银行票据业务经营转型

从商业银行的视角看，票交所对银行票据业务的经营模式、交易模式、盈利模式、风控模式和产品创新都将产生显著的影响。为应对票交所对业务经营的影响，在票交所建设期间，商业银行即着手开始加快推进票据业务集约化经营、优化风险管控体系、重构票据业务人员岗位设置以及调整业务经营策略等多方面应对措施，并将在票交所

建设中进一步加快经营转型。

一、票交所新业态对银行票据业务的影响加深

上海票交所的建立,在票据交易电子化、市场参与主体多元化、票据交易效率提升和风险控制成本下降、监管信息透明度增强等方面,均对银行传统票据业务经营带来多重影响。

(一)对票据业务经营模式的影响

在传统的票据经营模式中,一般由分散各地的银行分支机构自主交易,每笔交易均采用点对点方式、单笔询价、签订合同、送票清算的线下业务模式。在票交所制度下,票据贴现后的主要业务环节全部在票交所系统上进行操作,随着全部金融机构接入票交所系统,银行由原来的线下交易转到线上交易,由原来的点对点交易统一集中到平台进行交易,市场信息由原来的不透明转到及时发现,以票据交易平台生成的标准化电子成交单取代传统的线下纸质成交合同,实现了票据电子化业务操作系统的一体化运作。

(二)对票据业务盈利模式的影响

对于银行票据业务而言,其盈利主要来源于贴现收益和交易价差收益两大部分,逐步发展成为银行传统的持票生息和交易获利的盈利模式,且在很大程度上依赖规模和资金体量。无论是持票生息,还是交易获利,根本性的收益来源于企业付出的融资成本。从企业角度看,票交所的建立和市场深化发展,能够扩大企业对承兑银行和贴现银行的自主选择面,从而降低融资难度和融资成本。对于银行而言,票交所市场报价信息透明度的提高,则导致同质化票据贴现业务竞争更加激烈和收益率的必然降低。在未来较长时期,稳健的货币政策下,银行规模和资金总量的增量均将放缓,资产负债收益率及利差降低,银行传统票据盈利模式面临更大的考验。一些原有的盈利模式仍会存在,如持有获利、波段操作、增值服务等,一些盈利模式将会遭淘汰,如利用信息不透明开展利差交易、监管套利等,一批新的业务所带来的新的业务盈利点及盈利模式将会诞生。

(三)对票据业务风控体系的影响

近年来,在以纸质票据业务为主的票据市场中,我国票据市场风险事件主要集中在合规风险、操作风险、道德风险和市场风险。票交所运行后,票据市场中原有的各

类风险将随着市场环境、交易规则、交易行为的改变而发生趋势性的变化。票交所系统对票据签发、承兑、质押、保证、贴现、交易、结算、托收等环节实现电子化操作和系统刚性控制，操作风险相应会伴随着电子票据和纸票电子化进程不可逆的发展而呈趋势性下降；以往集中在贸易背景不真实、利用票据调节信贷规模、同业专营不彻底等方面的合规风险问题，将随着场内集中交易模式的发展以及买断式回购交易的合规化逐渐减少至消失；票据市场主体更加多元化，运行制度、交易规则出现突破性改变，票据业务的信用风险因此发生结构性变化；交易由场外转向场内，从分散走向集中，风险伴随着票据流、信息流的转移向票交所平台集中，风险的关联性、交叉传染性和集聚效应将放大总体风险强度，交易效率和频率的提升会加大利率的波动，票交所模式下票据业务的市场风险呈上升趋势。商业银行须建立定性和定量相结合的风险管理体系，对新环境下的市场风险和信用风险进行有效识别、科学计量、实时监测，并建立完善的风险管控和风险缓释机制。

（四）对票据业务创新模式的影响

近年来，在监管持续增强的背景下，票据市场上涌现出大量不规范的、具有监管套利性质的业务创新，已成为票据业务监管的重点。票交所成立后，产品创新和交易更加透明化、公开化，更加符合监管要求和市场趋势，有助于缓解监管套利现象。同时，票交所引入证券、基金、保险公司等新型市场主体，不仅可以拓宽票据交易的广度，避免原来商业银行操作同质性、同向性严重导致的市场剧烈波动，还能挖掘市场深度，不同类型市场参与者将自身经营资源、创新理念等新鲜血液注入票据市场，各类跨市场产品的交叉组合会日益增多。加快商业承兑汇票发展和引入保证增信等新业务，为银行票据业务创新提供了更多机会，而在更为长期的阶段，票据投资及票据相关的衍生产品等更为标准化和符合监管导向的创新产品将获得发展的空间。

二、票交所时代银行票据业务经营转型的展望

随着票交所影响的不断深化和票据市场新的发展趋势的形成，票据业务发展势必也将进行充分的应对与转型，而在应对与转型发展的过程中，从战略、策略到执行的各个层面，都需要进行统筹考量与推进。

一是明确发展定位。未来，随着票据业务内涵的不断丰富和业务范畴的进一步扩展，以及票据市场整体效率的进一步提升，需要在战略层面对票据业务综合发展予以确认支持和指导。二是完善组织架构，将分支机构贴近客户、了解客户、拓展客户的优势和总行团队统一运作与集中经营的优势进行互补。三是明确盈利模式，理清未来

票据业务发展的重点和突破点，在向票据产品链上下两端（资产端和资金端）进行延伸的同时，还应从商业信用与直接融资服务、资产灵活交易配置、业务咨询服务等方面进行谋划。四是完善风控机制，积极补充完善行内制度体系与管理流程，并根据业务风险防范侧重点及时调整变化，更加有效地防范内外部风险。五是强化人才建设，适应票交所模式的专业型、综合型人才队伍将成为提升竞争力的关键。

（一）深化票据业务集约化经营与协同发展

围绕票据市场交易体系变化，商业银行将票据承兑、贴现、转贴现、再贴现等票据链各环节集中到票据专营部门管理，或探索设置票据金融事业部，在服从总行战略发展、资源调配、经营授权和考核管理等事项决策部署的前提下，享有充分资源授权和经营授权，统筹考虑承兑手续费、保证金、贴现利率和交易价差，提升票据业务的综合回报水平，同时有效降低企业的财务成本。

此外，纸票电子化发展打破了时间和地域限制，交易效率的大幅提升减少了对业务人员的需求，因此分散下沉式经营的必要性大大降低，未来将会有越来越多的银行推行专营、集中的票据业务体制，逐步将票据交易的权限向上级行和法人层级集中，以充分发挥集约化经营的成本优势以及总部机构的决策优势和规模优势，提升在票据交易中议价定价的能力。

（二）完善票交所新业态下风险管控模式

商业银行将推动票据业务纳入全行风险管理统一框架，从业务流程、制度设计、系统建设、职能划分等维度强化各类风险防控，完善业务风险管理架构体系，强化主动防范化解票据金融风险的能力。

未来，商业银行将会更多地借鉴债券市场较成熟的风控管理思路。对于信用风险，分析研判宏观经济及金融市场运行波动对企业及同业履约能力的影响，对不同的承兑行、承兑企业进行科学定价，并对其信用状况及时监测，逐步建立集中度监测和黑名单制度，并创新开展信用互换交易，将信用风险从传统票据交易中分离，转移和防范各类信用主体风险。对于利率风险，综合运用杠杆率、止损平仓、偏离度、久期、凸度、风险价值（VaR）等风险计量监测工具，建立资产估值模型和盯市制度，根据市场收益率曲线变动适时重估各交易品种价值与活跃度，逐步构建完善量化利率风险管理体系，并创新票据利率互换交易，锁定远期的利率波动，缓释利率风险。

由于风险管理重点和方法均发生变化，对风险管理岗位人员的精细化、量化管理能力提出更高的要求，而票交所提供的实时全面的数据和信息为风险量化管理奠定了基础。

（三）主动加快票据业务经营转型

在票交所时代，企业票据融资渠道和多元化业务创新更加畅通，将成为银行票据业务经营转型的重点方向。

首先，银行将拓展企业端票据综合金融服务市场。近年来，在传统企业票据承兑和贴现业务的基础上，多家银行均围绕自身重点客户群体推出了企业票据池业务，为企业提供定制化、常态化票据质押融资解决方案。在金融去杠杆和脱虚向实的政策推动下，未来银行将会强化企业金融服务意识，票据承兑、贴现及相关票据金融服务业务在银行业务经营中的地位有所上升。随着票据资产向企业端的沉淀集聚，将会有更多银行加大与企业，尤其是大中型企业集团财务公司的业务合作，拓展企业票据金融服务市场。一方面，针对集团企业现金管理与票据管理需求，为企业打造全方位、立体式、多功能的综合性投融资服务，按票据整个生命周期实现集合管理、统一质押、票据融资、理财增值等运作，满足简化票据管理、盘活票据资源、拓展融资来源等目标。另一方面，针对供应链上下游融资需求，研究推出供应链票据产品，结合产品采购、生产、经营生命周期，以供应链大型企业或集团公司为核心，为其上下游供销商提供一系列供应链票据产品，提高供应链资金运作效率，降低供应链整体的管理成本，实现供应链企业协同效应。此外，可把握票交所时代电子信用环境不断完善和企业直接融资比重上升趋势，借鉴国际发达国家和地区票据市场发展经验，积极探索介入企业直接融资市场的可行性，研究商业本票业务试点运行及发展路径。

其次，银行将加强线上票据新兴业务领域创新。未来，银行仍会根据金融市场和监管环境的变化，抓住票交所引入和发展证券、基金等新型市场主体的契机，有策略地将票据新兴业务由线下迁移到线上办理，在符合监管要求的情况下推进经营转型。一方面，在票交所交易规则以及监管政策下，加强非银机构票据产品创新研发，为证券公司等非银机构基于其主动管理的资管业务提供票据资产配置及相关票据资产综合服务，以及非银机构发行票据资产支持证券提供入池票据资产配置以及相关票据资产综合服务等，满足证券、基金等非银行金融机构将票据资产作为货币市场重要资产配置品种的业务需求。另一方面，根据票交所推广进度，探索发挥规范经营与风险控制优势开展保证增信业务创新及依托票交所平台投资票据非法人机构产品业务创新。基于票交所场内交易与投资特性，融合票据产品跨市场投资与交易，探索通过票据资产证券化实现票据资产"非标转标"，满足票据资产资本集约需求。探索票据指数类产品、票据远期、期货、期权和掉期等衍生产品，为利润锁定、风险对冲以及获取更高收益创造条件。

最后，银行将强化票据业务链式运作。根据不同规模、不同类型、不同属性银行各自的经营特点,结合市场环境和经营目标灵活选择业务合作策略。重视集团财务公司业务合作的系统性开发,根据其票据资产需求,构建战略合作伙伴关系。强化票据集中与配置管理,合理摆布贴现及转贴现票据资产,实时传导市场需求,"以出定进"提升业务整体效能。

(四) 变革票据业务组织架构和岗位设置

交易集中化和流程电子化将改变传统交易过程中的询价、议价、送票、验票、保管、托收等方式,客户经理向市场交易员转变,类似债券交易模式,在票交所客户端或直连系统进行对话报价、报价修改、成交确认等操作,对交易人员的专业能力提出更高的要求。同时,新的交易模式要求能够更准确地把握市场趋势,抓住稍纵即逝的交易机会,因此需要建立专业的交易团队和研究团队,构建投研一体的交易机制。研究员着力加强对市场发展趋势的研判,交易员重点强化对交易盘面的分析掌控,加强研究成果与交易策略的融合应用。

由此,未来随着票交所新业态运行模式更趋成熟,商业银行将逐步革新传统票据业务分散经营条件下的组织架构和人员岗位设置。一是深化集约化经营模式,构建和完善发展总行部门级票据牵头管理部门,集中开展交易类、利率类、投资类和衍生类业务;二是适度改变原有业务经营授权下放的分散经营格局,在分行层面构建对接总行票据牵头管理部门的区域票据经营中心;三是优化票据从业人员岗位设置,完善交易团队、研究团队、风控团队的前中后台配置,同时适应客户综合服务需求,优化配置客户经理和产品经理,培养熟悉企业票据投融资服务和全周期管理的专业团队。

附录 2016年票据支持小微企业发展情况及展望（中国银行业协会）

附录一

中国票据市场利率影响因素的系统性分析

票据市场是连接实体经济和金融市场的桥梁。相比货币市场而言，票据市场的影响因素更加复杂，其中有些因素是临时、偶然出现的，但更多因素是长期存在的，并在市场运行中表现出一些可描述的特点，作用路径有迹可循，但不同时期这些因素对票据市场的影响有主有次、权重不同，因此要系统全面地判断这些因素对票据市场的综合影响。

一、票据市场利率走势回顾

自2004年有数可查以来，票据市场利率伴随着经济、政策、市场的变化而波澜起伏。在过去十多年的时间里，中国票据网转贴现平均报价利率（下同）最高涨到14%左右，最低跌至1%左右，波动幅度远远高于债券市场和货币市场其他产品的价格波动。回顾2004年以来中国票据市场利率走势，大致可分为八个阶段（见附录图1-1）。

第一阶段为2004~2005年。在全球经济恢复增长的背景下，国内经济保持平稳较快的发展态势，2004年和2005年的GDP同比增速分别为9.5%和9.9%。2004年CPI同比上涨3.9%，2005年同比上涨1.8%。货币政策总体稳健，M2增速达到15%~

17%，货币总量和流动性较为充裕，票据利率由高走低，2004年保持在3%~4%，2005年降至1.5%左右。

第二阶段为2006~2008年8月。国内GDP继续保持10%以上的高速增长态势，CPI同比涨幅从1.5%上涨至5.9%，国内通货膨胀压力比前两年显著增大。同期M2同比增速从17%上升至28%，货币信贷投放过量，市场流动性出现泛滥，引起房地产等资产价格大幅上涨，为了防止经济过热、控制通货膨胀，货币政策由稳健转向从紧，不断上调存款准备金率和存贷款基准利率，回收过剩的流动性，货币市场利率持续抬升，票据市场利率也从1.5%涨至2008年的最高10%。

第三阶段为2008年8月~2009年。从2008年8月开始，以美国次贷危机为导火索，金融危机蔓延至全球范围，外部环境的突然变化加大了国内经济下行压力，宏观经济关键指标急剧恶化。为了应对金融危机，中国人民银行货币政策开始转向宽松，4次下调存款准备金率，5次下调存贷款基准利率，同时国家启动了四万亿元的财政刺激计划，由于实体经济有效信贷融资需求不足，为了完成信贷投放任务，很多商业银行用票据融资冲贷款规模，导致票据融资规模急速增长并创历史新高，在供求失衡的情况下，票据市场利率快速大幅下跌，最低水平跌至1.0%的历史低点，与同期资金成本线形成明显倒挂。2009年，票据市场基本处于通货紧缩和流动性过剩的环境中，票据利率维持在2%以下的低位运行。

第四阶段为2010~2011年。在四万亿元的财政刺激计划下，国内经济出现短暂反弹，GDP同比增速重新回升至10%以上。同时，强刺激造成的"后遗症"开始显现，出现银行信贷激增，流动性严重过剩，大类资产价格特别是大城市房地产价格迅猛上涨，通货膨胀预期快速形成，政府投资对民间投资挤出效益凸显，产能过剩等一系列问题。中国人民银行开始逐步收紧货币政策，引导货币条件向常态化水平回归，多次上调存款准备金率和存贷款基准利率，加大流动性回笼，抑制银行信贷过快增长。在此背景下，票据市场利率迅速脱离"1.0"时代，持续呈波浪式上涨，到2011年9月份涨至13.5%左右的历史高位。

第五阶段为2011年10月~2012年。2011年10月，欧债危机爆发并迅速蔓延，外围环境不断恶化，国内经济在短暂回升后再次下滑，GDP同比增速再次出现放缓，中国人民银行货币政策偏向"稳增长"的目标，先后2次下调存款准备金率、2次下调存贷款基准利率，鼓励商业银行加大信贷投放。在此背景下，票据市场再次迎来发展的春天，票据融资规模快速增长，票据利率从13.5%的最高位快速回落至5%左右。2012年的宏观经济运行状况和货币政策都相对平稳，票据市场利率整体波动不大，基本保持在5%~6%的区间运行。

第六阶段为2013年。新一届政府释放重要改革信号，对经济形势有新的认识和判断,对GDP增速回落容忍度有所提高,更加注重经济增速的质量、效益,在调控政策上不再搞"大水漫灌",而是注重预调微调、定向调控,上半年在中国人民银行执行稳健货币政策条的件下,货币信贷环境维持宽松态势。由于前期流动性过剩导致大量错配交易加杠杆,风险逐渐积累和显现,第二季度中国人民银行开始回收流动性引导金融市场去杠杆,导致6月份资金面突紧,出现所谓的"钱荒",票据市场利率出现"过山车"式的大起大落,从6月初的6%迅速攀升至11%再快速回落至6%左右,导致很多银行的票据错配交易出现重大亏损,下半年市场较为平稳,利率在6%~7%震荡运行。

第七阶段是2014~2016年。随着经济运行进入新常态,GDP减速换挡,实体融资需求下降,货币政策总体稳健偏松,且随着外汇占款趋势性下降,中国人民银行货币政策主动性明显增强,更加注重定向精准调控和稳定预期。这一阶段,由于经济处于下行阶段,实体经济信贷需求总体偏弱,票据作为规模调剂器的功能被商业银行充分利用,票据支持实体经济融资的作用较为凸显,票据融资规模维持平稳增长,在货币信贷环境宽松以及票据市场供不应求的条件下,票据利率从7%跌到4%以下,呈单边下行走势。

第八阶段是2016年9月至今。在金融去杠杆、防风险的政策基调下,2016年第四季度以来,中国人民银行通过在公开市场投放长期逆回购,同时回笼短期资金,采取"锁短放长"的操作方式,在银行间市场变相加息。在此条件下,货币市场利率持续抬升,票据市场利率也结束了长达三年的下行周期,重新步入上行阶段。

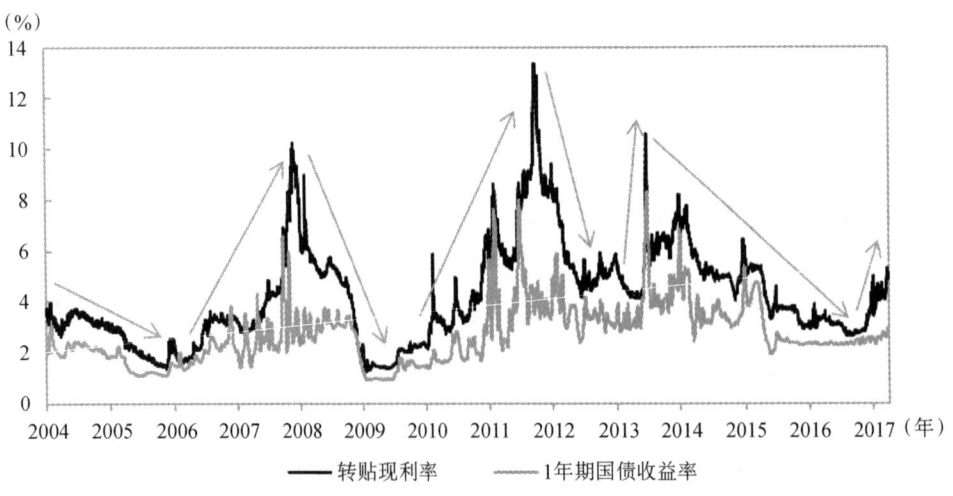

附录图1-1 2004年以来票据转贴现利率与国债利率走势

二、票据市场利率的长期影响因素

票据市场的主要活动最终会反映在票据利率变化中,这种变化可用两条线来描述:一条是票据基准利率曲线,可参考长期限国股电票转贴现利率。另一条是票据风险价值曲线,即不同承兑行的票据价格不同,不同期限的票据价格也不同。两条曲线的差异反映的是票据的信用价值、期限价值、流动性溢价以及套利机会等。

回顾过去十多年的票据市场发现,影响票据利率的因素是多方面的,同时受到宏观经济、政策因素、市场流动性、替代产品价格变化等多个层面的影响。

(一)宏观基本面

2004 年以来的宏观基本面主要指标和票据利率(月均)的走势图显示,从长期视角看,票据利率走势与经济增速呈正相关关系。在宏观基本面指标中,GDP 同比增速是票据利率走势的先行指标,但与票据利率并不完全线性相关,部分时段两者走势甚至出现背离,比如 2010~2011 年,票据市场利率向上,但经济增速在下滑,说明票据利率的影响因素并不是单一的,它除了受到宏观基本面的影响,还同时受其他因素的影响,而且在背离阶段其他因素起主导作用,导致票据利率最终走势与主要影响因素走势趋同。通过进一步分析发现,2010~2011 年影响票据利率走势的主要因素是政策面,该阶段货币政策稳中偏紧,目的是为了抑制通货膨胀,回收过剩流动性,抑制银行信贷过快增长,从而导致票据利率不断走高(见附录图 1-2)。

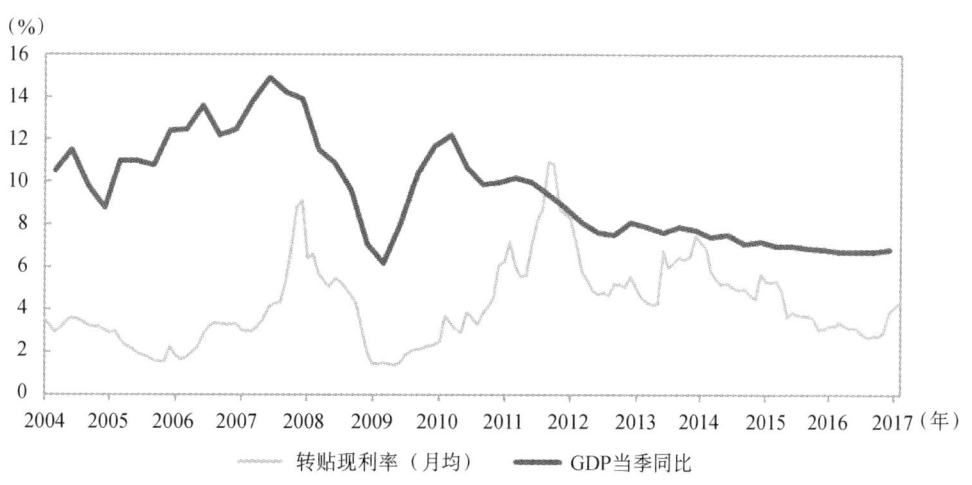

附录图 1-2 宏观基本面与票据市场利率走势的关系

附录图1-3显示,与GDP增速或工业增加值增速相比,名义增长率指标更能够反映票据利率的长期走势,相关性统计指标显示名义增长率与票据利率的相关性更高,两者走势更贴近。名义增长率是指经济实际增速加上通货膨胀水平,可用工业增加值同比增速和CPI同比增速的线性表达式来衡量。需要注意的是,通货膨胀指标应更多关注市场的未来预期,是基于通货膨胀数据对未来形势的判断,而不是通货膨胀数据本身,这在分析通货膨胀对票据利率走势影响时非常重要。

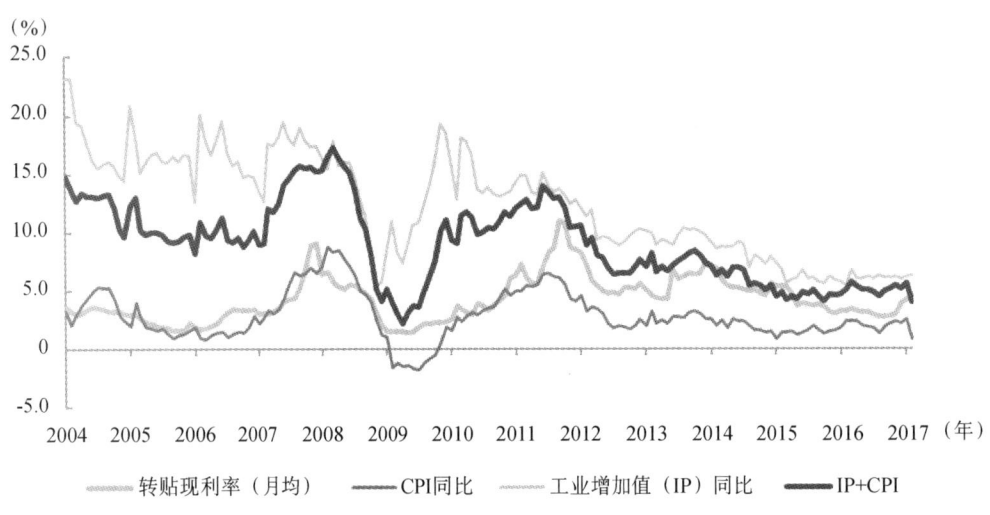

附录图1-3 名义增长率与票据市场利率走势的关系

(二) 政策面

影响票据市场利率的政策性因素包括货币政策、财政政策、信贷政策以及监管政策等。不同政策在各时段的目标、节奏、力度均有所差异,总的政策基调决定了票据利率变化周期。

分析近十年的票据市场运行规律发现,政策基调和运行周期决定了票据利率变化的周期,当政策收紧时,票据利率进入上行通道,当政策放松时,票据利率转入下行通道。具体来看,2007年为防止经济过热、控制通货膨胀,中国人民银行开始收紧货币政策,多次上调存贷款基准利率,票据利率进入上行阶段;2008~2009年美国次贷危机期间,政府启动四万亿元财政刺激计划,货币信贷政策极度宽松,票据融资大幅增长,票据利率处于下行阶段;2010~2011年随着经济出现短暂回升,中国人民银行货币政策又开始收紧,目的是控制信贷过快增长和通货膨胀,票据利率又走向上升通道;2014~2016年,经济发展进入新常态,货币政策总体维持稳健基调,货币信贷和流动性环境适度充裕,票据利率呈单边下行走势;2016年9月以来货币政策再次转向,中国人民银行通过"锁短放长"的公开市场操作实现银行间市场加息,票据市场利率又进入上行通道,可见票据利率的涨跌周期在某种程度上反映了政策调整周期(见附录图1-4)。

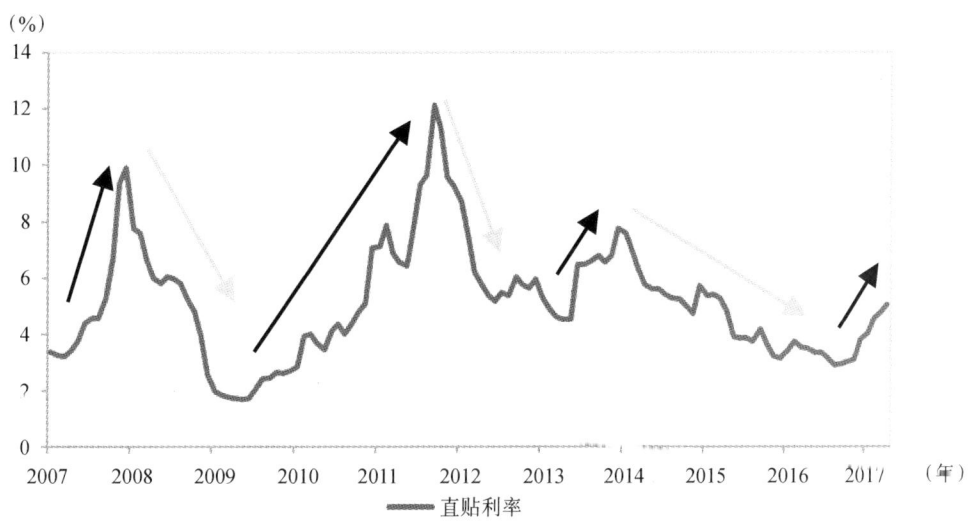

附录图1-4 政策运行周期与票据市场利率走势的关系

分析政策面对票据利率的影响,重点要了解政策内容以及政策的制定者。重要政策的出台都是各方力量博弈的结果,要深入分析各方力量在制定某项政策时的主导权和话语权的大小。具体对象主要包括国务院、国家发展和改革委员会、中国人民银行、中国银监会等。其中,国务院主要决定经济增长、就业、改革等宏观政策方针,可重点关注国务院常务会议、经济形势分析会、经济金融工作会议、政府工作报告、中央到各地调研时的重要讲话等信息;国家发展和改革委员会主要负责经济增长和经济改革,可重点关注基建投资、新项目开工、PPP投资项目、棚改等重大领域政策信息;中国人民银行在国务院制定的政策方针下,主要负责宏观审慎管理、通货膨胀和货币信贷管理,可重点关注中国人民银行公开市场操作、信贷政策、货币政策季度例会、货币政策执行报告、中国人民银行主要负责人的讲话等信息;中国银监会主要负责金融机构的监管,控制和防范金融风险,其监管政策往往对票据利率会形成较大冲击,推升票据市场利率,加剧利率波动,可关注中国银监会发布的监管文件、开展的现场检查以及中国银监会主要负责人的重要讲话等信息。

(三)资金面

从附录图1-5票据利率与资金利率的走势可直观看出,两者走势基本趋同,但票据利率的波动幅度更大,因为票据利率不仅仅受资金面的影响,同时还有其他因素,比如宏观基本面、政策、风险事件等。进一步观察发现,质押式回购利率的拐点略微领先于票据利率,说明质押式回购利率可作为票据利率的先行指标,事实上票据定价也是主要参考质押式回购、Shibor 等资金价格来决定的。

附录图 1-5　资金面与票据市场利率走势的关系

资金面变化可从供给与需求两端分析。供给侧主要观察超额存款准备金的变化。超额存款准备金是金融机构之间可交易的资金总量，其变化反映了银行间市场资金供给状况，受到外汇占款、法定存款准备金、公开市场操作、财政存款、流通中现金等指标的影响。需求侧主要观察待购回债券余额的变化。银行间市场融资方式中，主要是质押式回购和买断式回购，占整个银行间市场融资总量的 80% 以上。不管是质押式回购还是买断式回购，都需要质押物，包括国债、央票和政策性金融债等高信用等级的利率债。因此，资金需求变化可通过观察银行间市场待购回债券余额变化来判断，待购回债券余额增加，表示质押式回购融资增加，机构的融资需求上升；反之说明融资需求下降。从价格指标看，可以重点观察银银间质押式回购利率、银行间全市场质押式回购利率、上交所质押式回购利率，更长期限的利率指标可观察同业存单利率、Shibor 报价利率等。

货币市场短期利率指标中，Shibor 只是由 18 家国有银行和股份制银行的报价构成的，这些银行的资金成本通常比整个银行间市场利率水平低，且 Shibor 只是报价的意愿，报价行不承担成交义务，因此报价缺乏严格约束性，不能完全反映货币市场的真实资金供求状况；质押式回购是由银行间交易商的实际成交利率构成的，能够更加真实地反映资金的供求状况和成本，参考意义更大。但是，质押式回购的成交主要集中在隔夜和 7 天期限品种，1 个月以上期限的质押式回购成交量不大，占质押式回购总交易量的比重不足 5%，因此 1 个月以上期限的质押式回购利率的参考意义不大。在质押式回购中，按照交易对象类型又可以分为银银间质押式回购和全市场质押式回购，区别在于后者包括了非银机构，因此用全市场回购利率—银银间回购利率的利差，可大致判断非银机构的融资难度和成本,利差越大,说明非银机构融资越困难,银行间流动性越紧张。

(四) 票源供求关系

票据供求关系变化会影响票据资产价格,当票源减少,供不应求时,票据利率存在下行压力,反之票据利率存在上行动力。从附录图1-6可直观地看出,票据融资规模的变化与票据利率变化呈负相关,然而融资规模是票据供求关系的一个结果,而需求与供给往往是不等的,因此需要进一步分析供给和需求的影响因素。

附录图1-6 票据融资规模与票据市场利率走势的关系

从供给端看,票源的最终供给取决于企业签发量,而企业的票据签发需求与经济增长、行业结构变化、企业扩大生产的意愿、票据与其他融资工具的相对成本密切相关,同时还与票据中介、类中介企业的套利空间大小相关,当前还与电票替代纸票导致久期拉长有关。票据供给量的观察指标主要有票据签发量、承兑量、未贴现余额、贴现余额等。

从需求端看,票源的最终需求取决于银行的配置量,一类是票据资产的配置需求,主要是持有贴现、转贴现资产,这与实体企业的贷款投放量、银行的可用资金、银行的风险偏好、贴现的收益率、成本与息差有关;另一类是票据资产的交易、投机和调控需求,这与银行流动性调节、大类资产的相对收益率、票据转贴现买卖价差、票据资产与短期资金错配利差、票据类通道业务的收益水平等因素有关。同时,影响票据供给和需求的这些因素,又受到货币政策、信贷政策和监管政策的影响,需要综合分析供求两侧相对力量的变化。

(五) 其他因素

除了宏观基本面、政策面、资金面以及票据供求关系等因素外，还存在两个不可量化但至关重要的因素。

一是市场情绪，包括羊群效应和反馈效应。羊群效应就是从众心理，这是大多数参与者普遍存在的一种的心理状态，即缺乏客观判断，跟随市场其他机构涨价或降价同向变化，这种羊群效应会扩大票据利率变动幅度。反馈效应也是一种心理活动，分为正反馈和负反馈。比如银行的正反馈是指当银行感到资金紧张时，会多留备付、增加头寸，这导致市场上的资金融出减少，资金供给曲线左移，从而引起票据市场利率上行，银行就会感到资金更加紧张，留更多的备付和头寸，如此循环必然加剧资金的紧张程度。

商业银行的正反馈效应见附录图1-7。

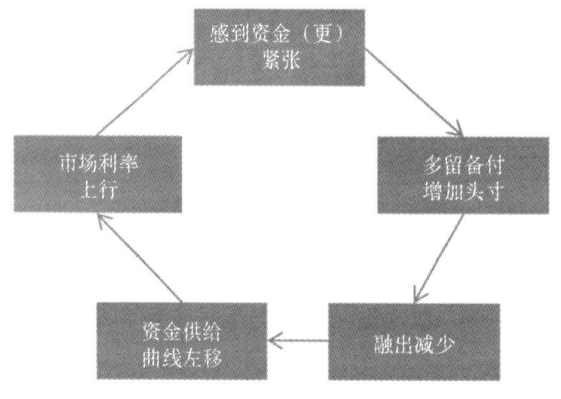

附录图1-7 商业银行的正反馈效应

二是信息传播。当今时代，信息传播与以往存在很大的区别，微信、QQ成为货币市场和票据市场交易的重要媒介，尤其是微信朋友圈的广泛应用和自媒体的肆意发展，极大加速了信息传播的速度，但也更随意和缺乏自律性。这种信息传播和交流方式的变化，可以放大某些正面或负面的影响，进而加剧票据利率的波动。

综上所述，长期以来持续影响票据市场利率走势的因素主要包括基本面、政策面、资金面、票据供求关系、市场情绪、信息传播六大方面（见附录图1-8），每个方面又有很多影响因子，这些因子在不同时期对票据利率的影响不同，主次关系也随市场环境的变化而变化，必须随时关注各方面因素的时变性和系统判断对票据市场利率的综合影响，适时检验上述分析框架的有效性、稳定性，不断修正和改进票据市场利率分析模型。

附录 2016年票据支持小微企业发展情况及展望（中国银行业协会）

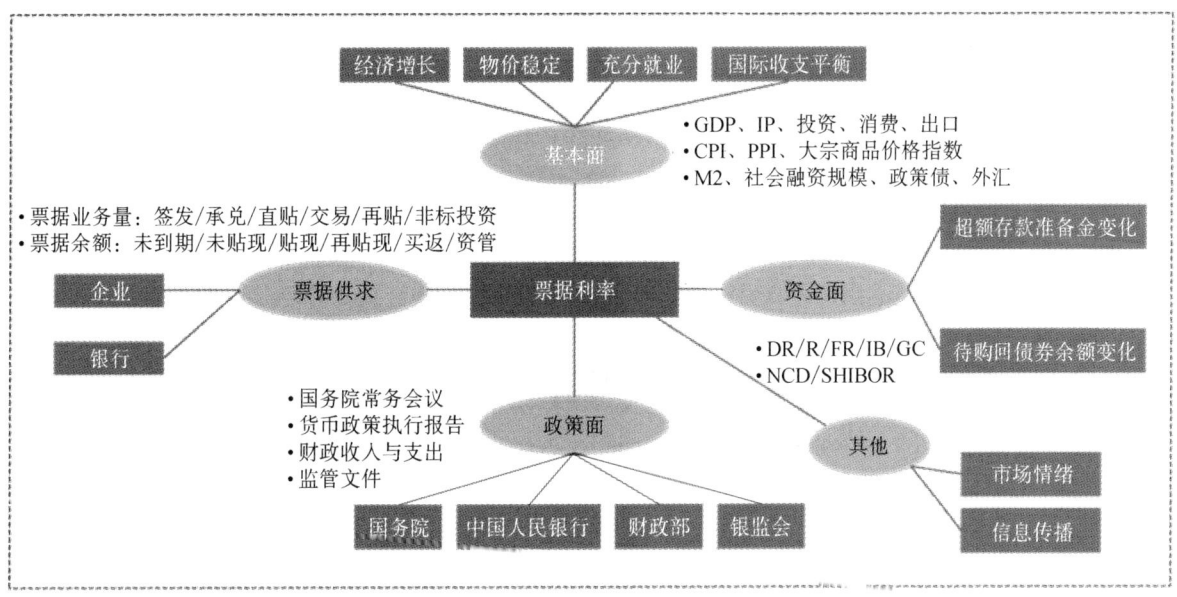

附录图1-8 票据市场利率长期影响因素分析框架

附录二

中国人民银行完善金融调控政策对票据市场的影响

近年来，金融市场深化和金融创新，在促进资源配置效率得以提高的同时，原有的以货币政策为主的金融调控框架面临挑战。鉴于此，我国中国人民银行创新发展了"货币政策＋宏观审慎政策"双支柱的金融调控框架。同时，在利率市场化条件下，中国人民银行探索构建利率走廊机制，推进货币政策调控从以往的数量型向价格型转变。中国人民银行创新发展金融调整政策将对当前和未来票据市场发展产生了深远影响，本专题对此作一初步分析。

一、我国金融调控政策完善发展的背景

近年来，随着金融创新的发展，我国金融机构加杠杆较为明显，金融体系的杠杆性、关联性和复杂性不断提升，金融周期可能在一定程度上脱离经济周期运行，金融内在不稳定性所带来的风险也相应增大。正是看到这一趋势，2003年修订《中国人民银行法》时特别明确由中国人民银行承担维护金融稳定的职能，但是仅靠货币政策工具难以完成这一职能，需要在金融调控框架中增添新的支柱，对金融机构和金融市场的杠杆水平进行宏观的、逆周期的、跨市场的调节。单一的传统货币政策调控将价格稳定作为调控目标，但近年来在物价基础稳定的条件下，资产价格和金融市场的大幅波动对物价也会带来冲击。同期，受金融创新因素的影响，金融市场发展的顺周期性更加明显的是风险积聚，单一货币政策调控难以有效保障金融市场的稳健。

同期，随着国内外经济金融形势的变化发展，我国传统的数量型货币政策调控模式已难以适应。首先，新常态下我国进出口形势出现了变化，经常账户顺差向更加平衡的方向转变，外汇占款的快速下降使得中国人民银行货币投放渠道收窄，需要中国

人民银行创造新的货币投放渠道,并且配合宏观审慎政策,在满足流动性稳定的同时,提高货币政策调控的灵活性和针对性,这就需要提高金融市场利率敏感性,通过价格杠杆引导金融机构,畅通货币政策传导。

二、中国人民银行创新金融宏观调控政策框架的实践与政策内涵

(一)中国人民银行完善金融调控政策框架的实践

1. 中国人民银行宏观审慎政策的构建和变动。2008 年国际金融危机爆发后,中国人民银行根据中央和国务院的有关部署并结合 G20、FSB 对国际金融危机教训的总结,在宏观审慎政策框架建设方面进行了全面深入的探索。从 2009 年年中开始研究强化宏观审慎管理的政策措施,并于 2011 年正式引入差别准备金动态调整机制。随着经济形势和金融业的发展变化,中国人民银行不断完善政策框架,自 2016 年起将差别准备金动态调整机制升级为宏观审慎评估体系(MPA),从资本和杠杆、资产负债、流动性、定价行为、资产质量、跨境融资风险、信贷政策执行情况七大方面对金融机构的行为进行多维度的引导。自 2016 年 5 月起将全口径跨境融资宏观审慎管理扩大至全国范围的金融机构和企业,对跨境融资进行逆周期调节,控制杠杆率和货币错配风险。2017 年,中国人民银行实施更加严格的宏观审慎政策,将银行理财纳入政策考核体系,以强化金融去杠杆。

2. 中国人民银行探索构建利率走廊机制。2015 年 11 月 20 日,中国人民银行下调分支行 SLF 利率,对符合宏观审慎要求的部分金融机构,隔夜、7 天的 SLF 利率分别调整为 2.75%、3.25%。对此,中国人民银行强调,此次调整 SLF 利率是为了加快建设更具市场化的利率形成和调控机制,探索 SLF 利率发挥利率走廊上限的作用。2016 年以来,中国人民银行进一步完善其利率调控和传导机制,一方面继续注重稳定短期利率,持续在 7 天回购利率上进行操作,释放政策信号,探索构建利率走廊机制,发挥 SLF 作为利率走廊上限的作用;另一方面也注重在一定区间内保持利率弹性,与经济运行和金融市场变化相匹配,发挥价格调节和引导作用。为增强利率传导效果,在通过中期借贷便利(MLF)常态化提供流动性的同时,注意发挥其作为中期政策利率的功能。强化上海银行间同业拆借利率(Shibor)报价质量考核,改进发布时间,更好地反映市场利率变化情况。进一步扩大贷款基础利率(LPR)报价行范围,推动拓展 LPR 应用范围。

（二）中国人民银行创新金融调控政策框架的政策内涵

1. 宏观审慎政策框架的内涵。2016年，中国人民银行开始实施宏观审慎政策框架（MPA）。MPA体系包括银行业机构资本和杠杆情况、资产负债情况、流动性、定价行为、资产质量、外债风险、信贷政策执行七大方面考核指标体系，从以往的关注狭义贷款转向广义信贷，将信贷投放、票据融资、债券投资、股权及其他投资、买入返售资产等纳入其中，是一种着眼于社会融资总量的货币调控模式。其核心理念是信贷投放要与宏观审慎要求的资本水平相联系，核心指标是宏观审慎资本充足率。

2. 利率走廊机制的内涵。利率走廊是指中国人民银行通过向商业银行提供一个常备贷款便利工具（SLF）和存款便利工具（超额存款准备金），将货币市场利率控制在目标利率附近。以中国人民银行目标利率为中心，在两个短期融资工具即SLF利率与超额存款准备金利率之间形成一条利率走廊，中国人民银行常备存贷款便利利率分别构成这条走廊的下限与上限，两者之间可计算出利率走廊的宽度。

在利率走廊机制下，中国人民银行发挥最终贷款人的作用，通过设定好利率上下限，将利率的波动控制在一定范围内。当市场利率低于利率走廊下限时，商业银行会把现金存为准备金，市场资金量减少，利率上升；当市场利率高于利率走廊上限时，商业银行会找中国人民银行抵押贷款，市场资金量增加，利率下降。利率走廊只划定短期资金利率波动区间，市场利率的引导和资金投放仍以公开市场操作为主。

三、中国人民银行金融调控政策对票据市场的影响

（一）短期票据市场调整态势加深

自2016年以来，在中国人民银行加大稳健中性货币政策调控力度和实施宏观审慎政策以及票据业务监管持续增强的情况下，票据市场调整运行态势明显，自第四季度以来，票据融资规模连续下降。其中，MPA政策对银行票据业务的约束作用较大，主要体现在两个方面：一是MPA将银行买入返售业务纳入规模考核，在银行票据买入返售同样纳入融资总量考核的情况下，中小商业银行、信用社之间采用票据回购交易的方式的必要性明显下降，票据回购交易方式面临调整。二是自2017年起，中国人民银行实施更加严格的宏观审慎政策，将理财产品纳入MPA体系，使得银行票据新兴业务同样构成广义信贷规模纳入考核。自2017年以来，尤其在中国银监会密集出台多项监管政策后，银行适时调整了票据理财产品（同业投资）业务发展策略，减缓甚至暂停了上述业务发展，银行新兴票据业务规模快速下降。

由于在 MPA 政策的约束下，银行买入返售票据和票据理财（同业投资）等新兴业务受到较大限制，这降低了银行对票据资产的需求，并传导至票据贴现需求减少，使得整体票据市场融资规模调整回落。

（二）金融宏观调控政策完善发展对票据市场的积极影响

1. 有效促进银行票据业务回归本源。中国人民银行实施 MPA 的本意在于吸取国际金融危机的经验教训，促进金融市场稳定发展，为供给侧结构性改革提供金融支持。中国人民银行坚持宏观审慎政策理念，实际上也是向银行传递了金融回归服务实体经济本源的经营理念。从 MPA 政策框架的内涵看，中国人民银行对银行表内外融资规模的风险监管采取了更加全面的资本计量要求，使得银行绕开资本监管开展业务创新的难度明显加大，银行将采取更加务实的服务实体经济的经营策略。同时，MPA 框架融合了差别化的存款准备金率考核制定，对于中小企业融资占比高的银行给予了一定的政策优惠。对于银行业务经营而言，票据业务因其真实贸易背景的业务属性，与实体经济具有直接的紧密联系，且相比于信贷业务，因其审批手续便捷，若是大型企业集团或银行承兑的汇票，则接受程度更高且周转交易更灵活，成为近年银行拓展中小企业融资客户的有效方式，也契合了 MPA 政策要求，将推动银行更加重视中小企业票据融资业务发展。

2. 有效降低短期利率的波动，票据利率运行的稳定性提高。中国人民银行对利率走廊的上限进行调整是利率走廊管理的具体体现，当市场利率触及上限时，中国人民银行可以及时为银行开展 SLF 操作提供流动性支持，平抑短期资金市场利率，有利于稳定市场对资金面的预期，更有利于货币市场利率平稳运行。对于以短期利率作为定价参照的票据融资业务而言，利率走廊有望减弱票据市场利率的大幅波动，提高企业票据融资成本的稳定性。

3. 银行票据业务经营模式更趋灵活。中国人民银行建设发展利率走廊机制，将逐步改变原有的货币信贷总量调控方式。在利率走廊机制下，中国人民银行更多以公开市场操作的方式实施定向流动性调节，银行可以主动向中国人民银行提请 SLF 借款改善经营环境，即商业银行在信贷、票据和债券投融资业务经营中面临清算资金不足时，可向中国人民银行进行债券质押融资，无须大规模转卖票据或债券资产。商业银行仍可继续持有相对较高收益的票据资产，只需付出因超额备付金减少带来的利息收入或常备借贷便利的资金成本，提高了票据资产经营的灵活性。

4. 银行票据融资业务创新发展的经营主动性有望增强。结合中国银监会已取消银行贷存比考核，中国人民银行宏观审慎政策框架的实施，有利于为银行今后的综合化经营和业务创新创造更加有利的金融政策环境。从以往业务发展来看，银行票据融资业务较易受到货币信贷调控政策的影响，稳健的货币政策和更加适应新常态的金融调控思路，将有助于增强银行票据融资业务经营的自主性和业务创新的主动性。

（三）中国人民银行完善金融调控政策对银行票据业务的挑战

1. 银行票据业务发展面临新调控方式的考验。在MPA框架下，银行票据融资业务从以往顺应信贷规模调控，转向顺应综合融资总量调控需求。从银行信贷、债券投资、票据融资和买入返售资产等业务板块看，在面临中国人民银行MPA考核时期，相比之下，票据具有活跃的二级交易市场，且票据作为信贷规模调控工具已被银行应用纯熟，也更适合银行将其作为调节融资总量的工具，从而面临更大的融资总量调控的业务压力。

2. 银行票据交易获利模式面临挑战。在未来货币政策宽松稳定的背景下，票据资金交易业务的特性更趋明显。对于以交易获利的票据机构而言，因短期利率上下限的存在，利率走廊有稳定市场流动性和短期资金价格的作用，在降低了票据市场利率大幅波动可能出现的流动性风险的同时，也将纸票融资业务的利润空间挤压在隔夜利率与6个月资金价格之间狭小的范围内，票据交易利差空间也将进一步缩窄。

3. 银行票据业务利率定价面临新发展。今后，中国人民银行以常用的隔夜、7天和1个月SLF利率分别作为各期限利率走廊上限，甚至还可以拓展至3个月、6个月MLF利率，以超额存款准备金利率为下限，则可构建出包含一组利率曲线的利率走廊，有利于促进市场化利率曲线的形成和利率市场化传导机制的完善和发展。在利率走廊机制下，银行有望逐步改变以往的定价模式，对交易的不同到期票据在定价时可以参照利率走廊引导的利率曲线对其进行合理定价，提高票据利率定价的市场化水平。

附录三

票据市场潜在参与者的资产配置特征及参与机会分析

2016年,中国人民银行先后下发《关于规范和促进电子商业汇票业务发展的通知》(银发〔2016〕224号)和《票据交易管理办法》(中国人民银行公告〔2016〕第29号),扩充了票据市场参与主体的范围,允许证券公司、基金管理公司等非银行金融机构和非法人参与者从事票据交易,从而在一定程度上确立了非银行金融机构和非法人产品直接参与票据市场开展票据业务在政策层面的合法性。本专题旨在对非银行金融机构以及非法人产品中的银行理财、公募基金、券商资管、保险资管等为主体的资产配置特征进行深入详尽的分析,并对其参与票据市场的机会进行分析和探讨。

一、银行理财资产配置特征及参与票据市场的机会分析

自2004年第一只人民币理财产品问世以来,伴随着利率市场化的浪潮,银行理财业务在我国迎来飞速发展。根据银行业理财登记托管中心发布的《中国银行业理财市场年度报告(2016年)》,截至2016年末,全国共有523家银行业金融机构发行了理财产品,共发行20.21万只,累计募集资金167.94万亿元。理财产品存续余额为29.05万亿元,与2007年末的0.53万亿元余额相比,年化平均增速高达23.46%。

从银行理财资产配置偏好特征看,债券、非标准化债权资产①、现金及银行存款和

---

① 根据《中国银监会关于规范商业银行理财业务投资运作有关问题的通知》(银监发〔2013〕8号)中的定义,非标准化债权资产是指未在银行间市场及证券交易所市场交易的债权性资产,包括但不限于信贷资产、信托贷款、委托债权、承兑汇票、信用证、应收账款、各类受(收)益权、带回购条款的股权性融资等。

货币市场工具是银行理财产品主要配置的四大类资产。2016年末的余额占银行理财产品投资各类资产余额的比重分别为43.76%、17.49%、16.62%、13.14%。从近几年的趋势上看，银行理财配置债券及货币市场工具的比重稳步上升，2013~2016年，二者合计的比重分别为38.64%、43.75%、50.99%和56.90%。与此同时，银行理财配置非标债权资产的比重则因监管趋严而趋于下行。2013~2015年的配置比重分别为27.49%、20.89%、15.73%，呈逐年降低态势。2016年虽小幅回升，但仍未动摇下行趋势，现金及银行存款的配置比重同样震荡下行。2013~2016年的配置比重分别为25.62%、26.56%、22.38%和16.62%，下降的原因或由于市场上非保本型理财逐渐增多，对于收益率的要求相应更高，而现金及银行存款的收益率较低，由此吸引力下降。

从债券投资的结构看，截至2016年底，银行理财对于利率债（包括国债、地方政府债、央票和政策性金融债）的投资占债券投资余额的比重为19.86%，对商业性金融债、企业债券、公司债券、企业债务融资工具、资产支持证券、外国债券和其他债券的投资占债券投资余额的比重合计为80.14%。2016年末的利率债投资余额占比较2014年、2015年有所上升，其背后的原因可能是在信用债违约率显著增加的背景下，银行理财的风险偏好有所下降，更倾向于配置较为安全的品种。

从非标准化债权资产的投资结构看，根据银行业理财登记托管中心发布的《中国银行业理财市场年度报告（2015年）》①，截至2015年底，投资于非标准化债权类资产的资金占投资总额的15.73%，其中，收/受益权占比最大，占全部非标资产的29.35%；信托贷款仅次于收/受益权，占比达到17%，交易所委托债权、委托贷款、带回购条款的股权性融资、信贷资产转让分别占9.00%、7.72%、6.31%和2.86%，而投资于票据类资产的占比仅为0.18%。

现阶段，尽管中国人民银行的文件在一定程度上为银行理财直接参与票据市场确立了政策层面的合法性，但倘若依照《关于规范商业银行理财业务投资运作有关问题的通知》（银监发〔2013〕8号）的相关规定，票据资产属于非标准化债权资产的一种，文件规定："商业银行应合理控制理财资金投资非标资产的总额，理财资金投资于非标资产的余额在任何时点均以理财产品余额的35%与商业银行上一年度审计报告披露总资产的4%之间孰低为上限"，因此银行理财资金购买票据资产现阶段依然受到较大限制。目前，银行理财资金投资票据资产的占比较小，主要途径为购买票据资管和票据ABS，前者通常作为商业银行自营业务同业投资的标的，后者则发展起步较晚、存量规模较小。

---

① 由于《中国银行业理财市场年度报告（2016年）》未披露非标准化债权资产的投资结构，故此处使用2015年的数据。

在近年来银行理财风险偏好趋于下降的背景下,票据资产中比重占绝大多数的银行承兑汇票作为一项流动性较好、信用风险较低的资产,是银行理财进行资产配置的较好选择,倘若未来政策能够进一步放开,必将能为票据市场提供更多的需求。

二、券商资管与自营资产配置特征及参与票据市场的机会分析

(一) 券商资管

自2012年10月中国证监会重新修订并发布"一法两规"[①] 以来,我国券商资管规模开始迎来爆发式增长。截至2016年底,券商资产管理规模已达到17.31万亿元,较2015年增长45.50%,延续了此前的高增速,2011年以来的年化平均增速高达171.12%。

从业务类型上看,我国券商资管包括集合资管、定向资管、专项资管三大类别。根据中国证监会公布的《证券公司客户资产管理业务管理办法》和《证券公司集合资产管理业务实施细则》,集合资管计划和定向资管计划的区别在于前者服务于多个客户,后者仅服务于单一客户,而专项资管计划则是券商以管理人身份发起的,依照能够产生稳定现金流的基础资产发行资产支持受益凭证。根据中国证券投资基金业协会公布的数据,截至2016年末,券商集合资管计划、定向资管计划和专向资管计划的资产规模分别为2.19万亿元、14.69万亿元、0.43万亿元,占总资产规模的比重分别为12.48%、83.54%和2.45%。其中,定向资管计划占比最大。

从资产配置上看,券商资管的投资标的主要包括股票、债券、基金和其他四大类,其中"其他"项则涵盖了银行理财、信托管理计划、票据收益权、资产支持证券以及买入返售、期货、协议存款、回购等多种资产。截至2016年末,券商资管存续产品投向交易所、银行间市场的规模为5.65万亿元,投向其他各类债权资产的规模则约为11.67万亿元,其中包括委托贷款1.75万亿元、信托贷款1.48万亿元、票据1.56万亿元、资产收益权1.77万亿元。

从不同类型券商资管计划的资产配置情况看,集合资管计划主要配置的资产为债券,占总投资规模的比重高达63.2%,股票、协议或定期存款、信托管理计划、基金则分别占总投资规模的7.6%、6.8%、5.8%和5.4%。近年来,集合资管计划的债券资产配置比例迅速上升,一方面是由于2014~2016年我国债券市场经历了一波牛市行

[①] "一法两规"是指《证券公司客户资产管理业务管理办法》《证券公司集合资产管理业务实施细则》《证券公司定向资产管理业务实施细则》。

情,另一方面则是由于集合资管计划投资者的风险偏好趋于下降。定向资管计划中,主动管理型产品主要投资标的为债券、信托计划和股票,占比合计为70.2%;通道类产品的资产配置方向则主要包括以债券投资为主的证券类资产、资产收益权、委托贷款、票据类资产以及信托贷款,其占通道类投资金额的比重分别为15.8%、14.3%、14.1%、12.6%和11.9%。就资产规模而言,截至2016年末,主动管理型定向资管计划的规模为2.79万亿元,远低于通道类定向资管计划12.39万亿元的资产规模。

从上述数据可知,通道类定向资管计划的体量目前占券商资管资产规模的比重仍然较高,并且也是当前券商资管参与票据市场的主要途径。然而通道类票据资管计划从本质上看,资金仍主要来源于商业银行体系,且其目的主要在于规避信贷规模的约束或增加非息收入,因此难以成为票据市场上独立于商业银行体系的资产配置力量。根据2016年10月1日起开始实施的《证券公司风险控制指标管理办法》,通道类业务所需计提的风险资本准备比例全面攀升,由于券商资管开展通道业务的费率相对较低,"去通道化"逐渐成为大势所趋。在券商资管向主动管理方向转型的过程中,集合资管计划和主动管理型定向资管计划或将成为未来的潜在增长点,而集合资管计划无法投资于非标准化债权资产,因此应密切关注主动管理型定向资管计划参与票据市场投资的意向和动态。

(二)券商自营

不同于券商资管业务,券商自营业务是券商使用自有资金进行资产配置以赚取经纪业务佣金、承销业务佣金等之外的收入。根据中国证券业协会《中国证券业发展报告2017》中的数据,截至2016年末,券商自营证券投资期末市值为1.70万亿元,其中债券投资、其他证券产品投资、股票投资、基金投资的占比分别为52.46%、22.96%、13.91%、10.78%。

从数据上看,券商自营证券投资规模远低于券商资管规模,仅为券商资管规模的约1/10。从资产配置方向上看,近年来券商自营投资主要以债券和其他证券产品为投资标的,主要原因在于股票投资和以股票为标的物的基金投资收益波动较大,并且券商自营投资的资金来源是公司自有资金,而券商的佣金等收入与股票市场繁荣程度呈高度正相关,所以倘若券商自营投资的股票和基金投资占比过高,则会使得券商整体盈利与股票市场更加正相关,从而带来风险的集中。因此,券商自营投资从风险的角度考虑应投资于一些与股票市场相关性较低的品种。从这个意义上看,票据资产作为与股票市场相关性较低的品种,具备一定的投资价值。

三、公募基金资产配置特征及参与票据市场的机会分析

截至 2016 年末，公募基金数量为 3 867 只，基金净值达 91 593.05 亿元。其中，开放式基金为 3 564 只，基金净值达 85 252.94 亿元；封闭式基金为 303 只，基金净值达 6 340.11 亿元。其中：货币市场型基金 286 只，基金净值为 42 840.57 亿元；股票型基金 661 只，基金净值为 7 059.02 亿元；债券型基金 789 只，基金净值为 14 239.10 亿元。

公募基金进行资产配置的标的主要包括股票、债券、协议存款等现金类资产、权证、基金、资产支持证券、商品、金融衍生品和买入返售金融资产等。2009 年以来，公募基金配置于债券、现金的比重逐渐上升，2015 年债券配置占比和现金类资产的配置占比均首次高于股票的资产配置，成为最重要的两大资产配置方向，并在 2016 年延续了这一趋势。这一现象表明在经济不确定性上升的时期，由于家庭收入不确定性上升，我国居民会预防性地增持流动性资产，并且风险偏好也整体有所下降。截至 2016 年末，股票、债券、基金、权证、现金和其他资产占公募基金总资产的比重分别为 18.32%、37.02%、0.76%、0.00%、28.03% 和 15.87%。

目前，公募基金直接投资于票据资产的障碍仍存在于制度和法律层面，根据《中华人民共和国证券投资基金法》，公募基金不可直接投资于票据和以收益权为形式的债权投资等非标准化的债权资产，因此倘若不将票据资产界定为标准化债权资产，公募基金便难以真正参与票据市场的投资与交易。现阶段，对于基金管理公司来说，公募基金和基金公司专户产品[①]均无法投资于非标准化债券资产，仅基金子公司可以通过发行专项计划产品参与非标准化债权资产的投资。中国证券投资基金业协会公布的数据显示，2014～2016 年，基金子公司投向非标准化债权资产占其全部投资的比重分别为 86.9%、84.4% 和 82.8%，投向标准化的股票、债券等资产的占比则仅为 9.7%、10.3% 和 12.8%。投向非标市场的占比稳定在 80% 以上。但从基金子公司的业务模式上看，通道业务占据主要地位。2014～2016 年，基金子公司通道产品管理资产规模占比分别为 59.6%、62.7% 和 71.1%，通道业务占比稳定在 50% 以上，且逐年稳步抬升。从过往票据市场的实践经验来看，基金子公司参与票据市场业务也主要是扮演票据专项资管计划的通道角色，未来倘若能尽快向主动管理类业务转型，在居民风险偏好整体下降的环境下，票据资产从流动性、安全性以及分散化投资的角度看，都可成为具有较大潜力的投资品种。

---

① 基金公司专户产品主要是向特定客户募集资金或接受理财委托而非公开发行的产品。

四、保险资金资产配置特征及参与票据市场的机会分析

根据中国保监会公布的数据,截至 2016 年末,保险总资产与保险资金运用余额分别为 15.12 万亿元、13.39 万亿元,分别较年初增长 22.31% 和 19.78%。2004~2016 年,保险业总资产的年复合增长率高达 23.51%,保险资金运用余额的年复合增长率也达到 23.15%,多年维持较高增速。

从资产配置上看,截至 2016 年末,保险资产配置中固定收益类资产的占比为 50.70%,较 2015 年末下降 5.5 个百分点,其中债券投资余额为 4.31 万亿元,占比为 32.15%;银行存款余额为 2.48 万亿元,占比为 18.55%;保险资产配置中权益类资产占比为 13.28%,较 2015 年末微降 1.92 个百分点;其他类投资余额为 4.82 万亿元,占比为 36.02%,较 2015 年大幅攀升 12.72 个百分点。

近年来,保险资金的资产配置呈现出了一些趋势性的变化:一是固定收益类资产占总资金运用的比重持续下滑。根据中国保监会公布的数据,2013 年末,保险资金配置于债券、银行存款的比重分别为 43.42% 和 29.45%,合计为 72.87%,较 2016 年末的资产配置比例高 22.17 个百分点。二是其他类投资①的比重显著上升,从 2013 年末的 16.90% 升至 2016 年末的 36.02%。

保险资金的资产配置风格变化,究其原因,一方面是由于 2013~2016 年市场利率水平持续震荡下行,导致固定收益类资产的收益率水平降低,吸引力也随之下降;另一方面则是由于随着保险市场的竞争日益激烈,对产品收益率提出了更高的要求,保险公司负债端成本抬升,倒逼资产端配置更高收益的资产,这一点也可以从其他类投资占比的快速上升中看出。

根据《中国保险年鉴》的数据,2012~2015 年,保险资金运用的年平均收益率持续抬升,从 3.39% 升至 7.56%。由于保险资管的负债端久期通常较长,根据资产匹配负债的原则,其对中长久期资产的投资偏好更加强烈,而对短久期资产的配置需求则低于其他投资主体。票据资产属于短久期、高流动性资产,从收益率的角度看,仅较银行存款等现金类资产略高,与中长期债券、股权投资、不动产债权计划投资等的收益率相比较低,因此预计未来保险资管难以成为票据市场的重要参与者,为票据市场提供的增量资金料将有限。

---

① 其他类投资主要包括股权投资、基础设施和不动产等债权计划。

附录四

同业去杠杆、金融反脱媒与票据市场供需格局的演变

一、同业业务、同业杠杆与同业去杠杆

根据中国人民银行发布的《关于规范金融机构同业业务的通知》（银发〔2014〕127号）中的定义，所谓商业银行同业业务，是指中华人民共和国境内依法设立的金融机构之间开展的以投融资为核心的各项业务，主要业务类型包括同业拆借、同业存款、同业借款、同业代付、买入返售（卖出回购）等同业融资业务和同业投资业务。

2011年以来，商业银行同业业务快速扩张，其背后的驱动力主要有以下两个方面：一是同业负债可以作为商业银行主动负债的来源，有利于降低其存款约束，这一点对于中小商业银行而言尤为重要；二是同业业务资本占用较低，根据中国银监会发布的《商业银行资本管理办法》，对我国其他商业银行的债权（不包括次级债权）的风险权重为25%，其中原始期限三个月内（含）债权的风险权重为20%，而对一般企业的债权则按100%的风险权重计提风险资本，故此商业银行倾向于配置同业资产来降低资本约束。商业银行同业业务的扩张虽然有利于商业银行增加业务的灵活性、快速扩张资产负债表以及增加经营收入，但由于同业业务的高杠杆性、期限错配以及业务结构通常较为复杂、层层嵌套，也增加了商业银行业务经营的流动性风险以及信用风险。

所谓"同业加杠杆"，是与"实体经济加杠杆"[①]相对的概念，代表金融同业机构

---

① "实体经济加杠杆"是指实体企业通过债务融资的方式提高资本的投资收益率，传统的模式为向商业银行申请贷款融资。这也是传统的信用派生过程。从数据上看，"实体经济加杠杆"通常表现为货币乘数与GDP增速的同增同减。

之间的信用派生过程。通常而言，"同业加杠杆"的模式主要有两种，一种是商业银行到非银机构再到实体企业的信用派生，另一种则是商业银行到非银机构再到商业银行的信用派生。前一种模式下，商业银行将自营或理财资金通过委外投资或购买非标的方式投向非银机构，非银机构再通过购买信用债或以企业债权资产作为非标底层资产的方式将资金投放至实体企业。在该模式下，实体经济的融资成本相较于直接向商业银行申请贷款要高。后一种模式下，商业银行通过表内发行同业存单或表外发行同业理财产品获取资金，负债端扩张后，商业银行通常会通过非银机构进行委外投资，并且委外投资相较于商业银行自营投资而言，面对的监管约束较小，便于进行杠杆①投资。与此同时，由于同业存单较同业理财在获取资金的成本方面更具优势，引发了部分商业银行大量发行同业存单以增加表内的负债端资金，随后购买同业理财，而同业理财可能又通过委外投资等方式再次购买同业存单，由此形成了层层嵌套的复杂同业套利链条，加剧了资金在金融市场和金融同业机构之间的空转，致使资金"脱实向虚"的问题日益凸显。

从同业杠杆高低的具体衡量方法看，定量的指标主要包括同业负债与对非金融企业和住户负债的比值②、同业负债占总负债比重③、隔夜债券回购交易量在回购总交易量的占比等。值得注意的是，相对于前两个指标而言，隔夜债券回购占回购余额总量的比例是从微观的层面衡量市场机构通过期限错配来加杠杆的情况，由于同业链条是从微观到宏观的整体，微观上杠杆的变动情况也将传导至宏观层面的杠杆。

从同业去杠杆的角度看，其可能的途径有以下两种：一是中国人民银行从数量上控制基础货币，防止市场流动性过于宽松，例如，通过公开市场操作搭配MLF、SLF、PSL等广义再贷款操作，或是通过调节存款准备金率以调节货币乘数④；二是中国人民银行从价格方面进行调控，通过上调公开市场逆回购、SLF、MLF等的政策利率，抬高同业负债成本使之与同业资产收益逐渐趋近，或通过拉长投放久期等方式，使得经营机构主动减少期限错配，从而有利于降低同业杠杆。

二、金融脱媒与金融反脱媒

所谓金融脱媒，是指随着直接融资工具的发展，以往通过商业银行这一信用中介

---

① 此处的杠杆是指利用期限错配带来的杠杆，将短期负债与较长期限的资产相匹配，以赚取承担超额流动性风险所带来的收益。
② 具体计算方法为使用中国人民银行货币统计概览中其他存款性公司资产负债表的相关数据，将存款类公司对其他存款类公司负债、对其他金融性公司负债两项负债相加，再与存款类公司对非金融机构及住户负债相除，得出的比率用以衡量同业杠杆率。
③ 具体计算方法为使用中国人民银行货币统计概览中其他存款性公司资产负债表的相关数据，将存款类公司对其他存款类公司负债、对其他金融性公司负债两项负债相加，再与总负债减去实收资本后的值相除，得出的比率用以衡量同业杠杆率。
④ 通过收缩基础货币来降杠杆的逻辑在于通过减少市场流动性增加机构依靠同业融资进行资产负债表扩张的难度，从而抑制资金在同业存单、同业理财等同业负债链条中的空转，达到去杠杆的目的。

进行的资金融通活动,通过新的融资方式实现资金融通的去信用中介化,资金得以绕过信用中介直接在资金盈余者和短缺者间调剂,产生相应的资产负债关系。

金融脱媒最早出现于20世纪60年代的美国,是指在当时定期存款利率上限水平管制的条件下,当市场化的利率水平高于定期存款利率上限水平时,存款类机构的存款资金便会流向收益更高的市场化定价产品,从而减少存款类机构负债端资金来源的现象(宋旺、钟正生,2010)。随着我国金融市场的不断发展以及利率市场化进程的推进,投资渠道逐渐多元化,直接融资渠道更为便捷,金融脱媒的现象也日益凸显。从商业银行的负债端看,2010年前后银行理财规模的爆发式增长标志着商业银行储户理财意识的觉醒,2012年后低风险高流动性的货币基金逐渐广为人知,以"余额宝"为代表的货币基金产品在推动储户"存款搬家"方面起到了至关重要的作用。从商业银行的资产端看,股权融资方面,随着近年来创业板、新三板的先后推出,风险投资和私募股权投资的兴起,我国多层次资本市场体系不断丰富完善,再融资、并购重组等方面的制度环境也日渐成熟,为股权融资快速发展创造了良好的条件。债务融资方面,我国债券市场的品种日益丰富,近年来先后推出了短期融资券、中期票据、非金融企业定向融资工具等品种,有利于满足不同类型企业不同期限的债务融资需求。股权投资市场和债券市场的发展导致我国金融脱媒的加速发展。

尽管从长期来看,随着资本市场的不断发展壮大以及交易技术的演进带来交易成本的不断降低,金融脱媒是大势所趋,但在金融脱媒的过程中,一些风险隐患也与之相伴而生,会招致阶段性的监管趋严、货币政策的趋紧,从而引发阶段性的金融"反脱媒"。所谓金融"反脱媒",是指资金重新回归商业银行的渠道,一方面表现为商业银行的表内存款增加,另一方面表现为商业银行表内贷款占社会融资规模比重的上升。金融"反脱媒"的核心逻辑在于:一方面,当货币政策趋紧导致市场流动性变得稀缺,致使资金利率趋于上行,推高各类直接融资渠道的融资成本,导致资产收益率与融资成本之间的盈利空间不断收窄,从而倒逼上述高成本的直接融资渠道规模扩张放缓,使资金重新回到低成本的商业银行体系内;另一方面,以往的表外资金使用方也会在负债端收缩和监管趋紧的双重作用下,收缩其直接融资规模,将融资需求重新诉诸商业银行的贷款投放。

三、近年来同业加杠杆、去杠杆与金融脱媒、反脱媒概况

(一)同业加杠杆与去杠杆概况

从过去几年的同业杠杆演进情况看,同业杠杆在2011年前后曾大幅上升,其原因在于2010~2012年银信合作盛行,商业银行以信托作为通道,将同业理财对接非标资

产。2013年，中国银监会下发《中国银监会关于规范商业银行理财业务投资运作有关问题的通知》（银监发［2013］8号），规范理财对接非标资产，加之中国人民银行不断通过发行央票和正回购操作回收市场流动性，引发了上一轮同业去杠杆，并导致了与之相伴的2013年"钱荒"。

2014~2015年，由于中国人民银行频繁地降准降息，市场流动性持续较为宽松，资金利率也随之显著下行。从宏观层面看，从2015年开始，商业银行同业存单的发行量和余额开始迎来爆发式增长。根据中债登公布的数据，2015年末同业存单月均发行量为0.91万亿元，余额为3万亿元，2016年末同业存单月均发行量增至1.4万亿元，余额更是高达6.3万亿元。同业存单发行量和余额高增长与同业加杠杆有着密不可分的联系。与此同时，2015~2016年上半年，商业银行的同业理财发行规模也开始步入快速增长通道。根据中国银行业理财市场年度报告的数据，2015年之前，商业银行同业理财的发行规模占全市场理财产品发行规模的比重整体较为稳定，在4%左右的水平波动。2016年6月，商业银行同业理财发行规模占同一时期商业银行理财产品总规模的比重则攀升至15.3%。从微观上看，2015~2016年上半年，银行间市场隔夜品种的债券质押式回购日均成交量总体震荡上行，上交所质押式国债回购隔夜品种日均成交量更是显著增加（见附录图4-1、附录图4-2），在一定程度上为同业加杠杆提供了微观层面的证据①。

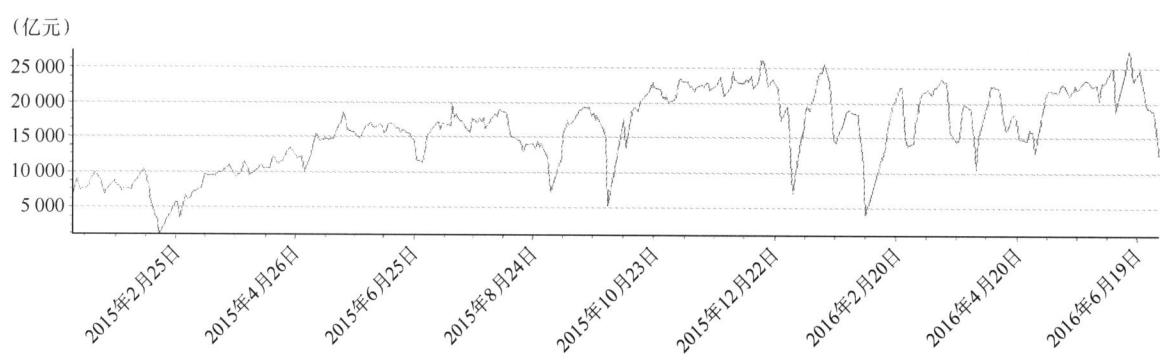

附录图4-1　银行间市场债券质押式回购隔夜品种日均成交量

数据来源：Wind资讯。

随着同业存单、同业理财发行量和存量规模的扩张，商业银行的同业负债得以迅速增加，从而在金融机构扩表加杠杆的过程中发挥了重要的作用。具体而言，商业银行通过主动负债的方式，在增加同业负债的同时也使得表外资产端的可支配现金增加，银行通常将这笔现金通过委外投资的方式转移至公募基金等非银机构，从而使得自身

---

① 如上文所述，商业银行委外投资通常在微观层面会加杠杆，进行期限错配，以提升收益水平，因此微观杠杆的上升也是同业加杠杆链条得以维持并壮大的重要原因。

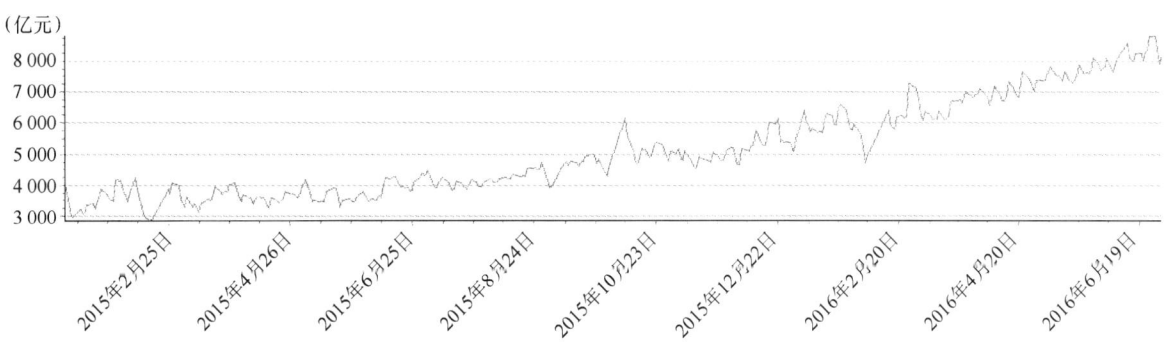

附录图 4-2　上交所质押式国债回购隔夜品种日均成交量

数据来源：Wind 资讯。

或另一家银行的负债端增加一笔非银同业存款，资产端的表内流动性增加，从而实现信用的扩张。按照这样的同业链条，资金理论上能够在金融机构之间持续空转而不进入实体经济，从而起到对"资产荒"推波助澜的作用。

进入 2016 年下半年后，一方面，中国人民银行逐渐开始收紧流动性，通过回笼基础货币以及公开市场"锁短放长"的操作推升资金成本，通过这一方式使得机构从市场上获取资金的成本和资产收益率之间的利差收窄，从而引导机构主动去杠杆。并且随着市场资金利率水平的持续抬升，机构对于未来市场均衡利率的预期也将发生改变，一旦利率抬升成为一致预期，机构信用扩张的步伐也将随之放缓。2017 年 1 月末至 2 月初，中国人民银行先后上调公开市场逆回购、MLF 和 SLF 利率，3 月中旬美联储加息后中国人民银行再度上调上述三类流动性工具的利率。截至 2017 年 6 月末，隔夜、7 天期、14 天期、1 个月期、3 个月期银行间质押式回购加权利率分别较 2016 年 6 月末上涨 81 个、125 个、109 个、164 个和 147 个基点。另一方面，针对同业加杠杆链条的监管也在不断升级。2016 年 11 月下旬，中国银监会关于《商业银行表外业务风险管理指引（修订征求意见稿）》公开征求意见，该征求意见稿要求表外业务按照实质重于形式的原则计提风险资本，从而限制了表外同业理财业务的无节制扩张。在杠杆率规定方面，2016 年 7 月，中国证监会发布《证券期货经营机构私募资产管理业务运作管理暂行规定》，正式规定股票类结构化产品的杠杆不得超过 1 倍，固收类结构化产品的杠杆不超过 3 倍，结构化产品的杠杆率不超过 140%，一对多非结构化产品的资产杠杆率不超过 200%。与此同时，中国银监会也下发《商业银行理财业务监督管理办法（征求意见稿）》，规定理财产品总资产不能超过净资产的 140%。上述对于风险资本计提和杠杆率的限制使得同业加杠杆的链条无法进行无止境的扩张。

除此之外，自 2017 年起，中国人民银行的 MPA 考核在原有的基础上将表外理财纳入广义信贷指标进行考核，从而使得表外理财的扩张受到中国人民银行监管的约束，未来银行同业理财扩张势头放缓将难以避免。中国人民银行在2017年第二季度货币政策执行报告中提出:"为了更全面地反映金融机构对同业融资的依赖程度,引导金融机构做好流动性管理,拟于2018年第一季度评估时起,将资产规模5 000亿元以上的银行发行的一年以内同业存单纳入MPA同业负债占比指标进行考核。对其他银行继续进行监测,适时再提出适当要求"。按照规定,同业负债不能超过总负债的1/3,因此同业存单纳入同业负债占比指标后,对于同业负债占比原本偏高或同业存单发行量巨大的机构而言,其同业存单发行收缩的压力较大。

从同业去杠杆的效果看,当货币政策收紧叠加监管升级倒逼同业去杠杆时,同业链条随即被拆解,金融机构的资产负债表也随之收缩。当同业链条末端的非银机构遭遇赎回时,其只能选择在市场上融入资金对接该资产,或是卖出所配置的债券等资产,前者将会导致市场上的资金供不应求,加剧流动性的紧张,从而进一步推升货币市场的资金利率;后者则将会使债券等资产供过于求,致使其价格承压,从而推升其收益率。从具体数据指标来看,根据中国人民银行公布的货币统计概览数据,2016年7月~2017年6月,用同业负债与对非金融企业和住户负债的比值衡量的同业杠杆率整体呈震荡下行态势,2016年7月的杠杆率为22.03%,2017年7月的杠杆率则为19.14%,降幅达2.89个百分点;用同业负债占总负债比重衡量的同业杠杆率也趋于下降,2016年7月的杠杆率为13.99%,2017年6月的杠杆率则为12.11%,降幅为1.88个百分点(见附录图4-3);从隔夜债券回购交易量在回购总交易量的占比数据看,2016年7月~2017年1月,隔夜债券回购交易量的占比震荡下行,2017年2月~4月占比短暂反弹,5月和6月的占比则再度下降,2017年6月隔夜债券回购交易量占比较2016年7月显著下降8.24个百分点(见附录图4-4)。

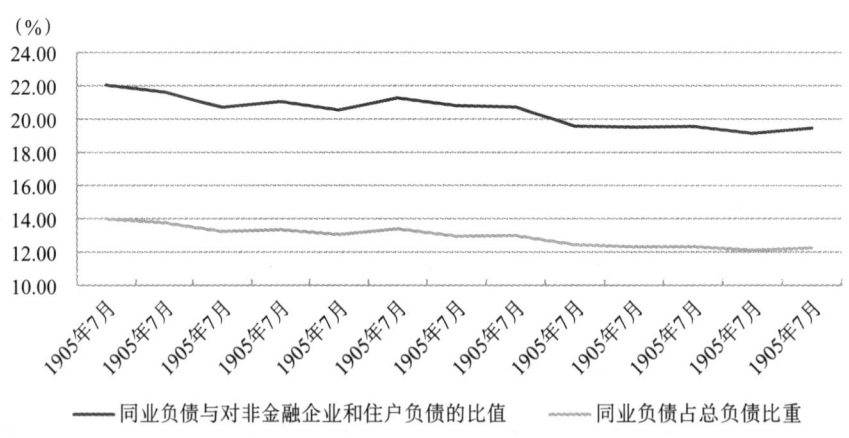

附录图4-3 2016年7月~2017年7月同业杠杆率走势

数据来源:Wind资讯。

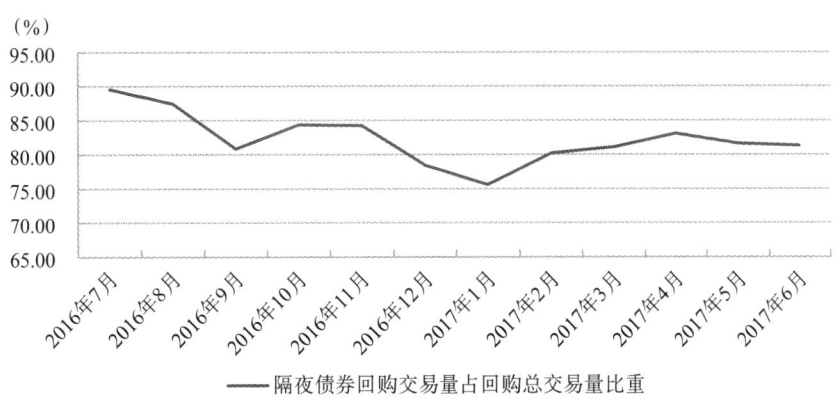

附录图 4-4　2016 年 7 月~2017 年 6 月隔夜债券回购交易量占比走势

数据来源：Wind 资讯。

(二) 金融脱媒与反脱媒概况

2002 年以来，我国金融脱媒，尤其是商业银行资产端的金融脱媒经历了一个快速的演进过程。从 2002 年以来社会融资规模及其各项占比数据可以看出，社会融资规模中人民币贷款的占比持续下行，从 2002 年的 91.9% 降至 2013 年的低点 51.3%，降幅高达 40.6 个百分点。

然而，受货币政策趋紧带动资金利率上行的影响，2016 年下半年以来企业发行信用债融资的成本显著上升，以 6 个月期 AAA 级中短期票据的发行利率为例，其 6 月末发行利率为 4.65%，较 2016 年 7 月初的发行利率 2.74% 猛烈上升了 191BP，高于同期限贷款的基准利率 30BP，导致企业发债融资的积极性有所降低，融资需求回流至银行表内贷款的趋势明显，造成了 2016 年下半年以来的"金融反脱媒"的现象。从中期看，在中国人民银行货币政策维持稳健中性基调难以转向的背景下，这一"金融反脱媒"的趋势仍将延续。2017 年上半年新增人民币贷款（剔除票据融资[①]）9.56 万亿元，较 2015 年同期的 6.79 万亿元多增加 2.77 万亿元，同比增速高达 40.80%，表明人民币贷款增长情况持续强于季节性。从社会融资规模数据的结构来看，2017 年上半年新增社会融资也呈现出明显的表外回归表内趋势，信托贷款、委托贷款、未贴现银行承兑汇票等表外融资项目明显受到抑制，直接融资中的债券融资也下降明显，2017 年上半年企业债券融资共计 -3 716 亿元，上年同期则为 1.77 万亿元。从新增人民币贷款在新增社会融资规模中的占比数据看，2016 年 7 月~2017 年 6 月，新增人民币贷款共计 91.9 万亿元，新增社会融资规模 128.0 万亿元，占比高达 71.7%。

[①] 剔除票据融资的原因在于 2017 年以来商业银行在信贷规模持续偏紧的情况下，通过主动压缩票据融资来为一般贷款投放腾挪空间。

四、未来票据市场供需格局演变与市场利率走势

2016年下半年以来"同业去杠杆"和"金融反脱媒"两大现象对于票据市场有着显著而深刻的影响,主要通过影响中短期票据市场的供需格局以及持票成本,最终传导至票据市场利率。

(一)票据市场供给端与需求端概述

本文所指的票据市场供给端,是指票据的贴现端。票据贴现端直贴量增加意味着市场上可供转贴现卖出的票据增多,在市场需求不变的情况下会导致票据转贴现利率的上行。实务中影响票据市场供给端的因素主要有宏观经济的景气程度、票据承兑量、票据直贴利率等。

本文所指的票据市场需求端是指票据市场上的转贴现买入需求。在供给端基本稳定的情况下,票据市场需求端的买入需求增加将会使票据转贴现利率下行。影响票据市场需求端的因素主要包括货币市场利率[①]、商业银行信贷规模调控以及与其他可比品种的价差等。

(二)同业去杠杆、金融反脱媒对票据市场供需格局的影响

从票据市场的供需格局看,首先,从供给端看,由于"同业去杠杆"以及在此过程中货币政策的不断收紧,从2016年第四季度开始,票据直贴利率上升较快,由2016年9月最低的2.9%左右上升至2017年6月的5.0%以上(见附录图4-5),而1年以内的短期贷款基准利率仍仅为4.35%,因此企业有动机选择短期流动贷款等方式代替票据贴现融资,从而获得相对低成本的融资。票据直贴利率的快速攀升在一定程度上导致票据融资的收缩,2016年7月~2017年6月,金融机构新增人民币贷款中新增票据融资合计为-1 201亿元,而2015年7月~2016年6月,新增票据融资则合计为1 280亿元,同比显著多减2 481亿元。倘若未来一段时间"同业去杠杆"趋势延续,货币政策维持"中性偏紧"的操作态度,新增票据融资便难有显著回暖迹象,票据资产的供给端面临持续收缩的压力(见附录图4-6)。

其次,从需求端看,一方面,2017年以来"金融反脱媒"的现象导致一般贷款需求旺盛,而在商业银行信贷规模资源有限的情况下,出于信贷规模调控的目的,商业

---

① 主要通过影响机构的持票成本间接影响票据转贴现买入需求。

银行持续压缩票据资产规模，腾挪出信贷规模用于投放一般贷款①。从中短期看，导致"金融反脱媒"的核心逻辑②难以逆转，人民币贷款增长情况很可能继续强于近年来的历史同期水平，导致票据资产规模继续被动收缩。另一方面，"同业去杠杆"会间接推升债券等资产的收益率，致使票据资产的配置价值从收益率的角度看趋于下降，从而减少市场机构对于票据资产的配置需求。

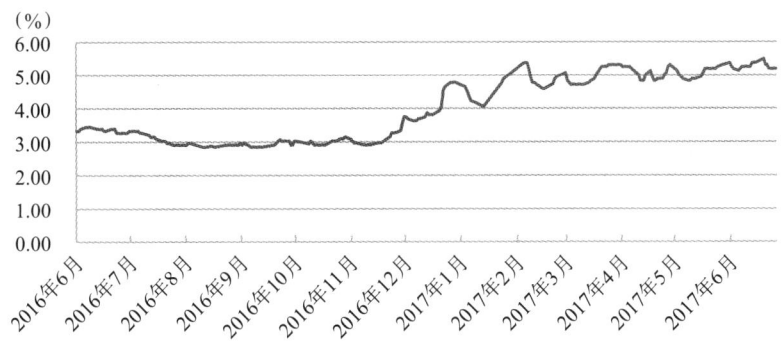

附录图 4-5 2016 年 7 月~2017 年 6 月票据直贴利率走势

数据来源：Wind 资讯。

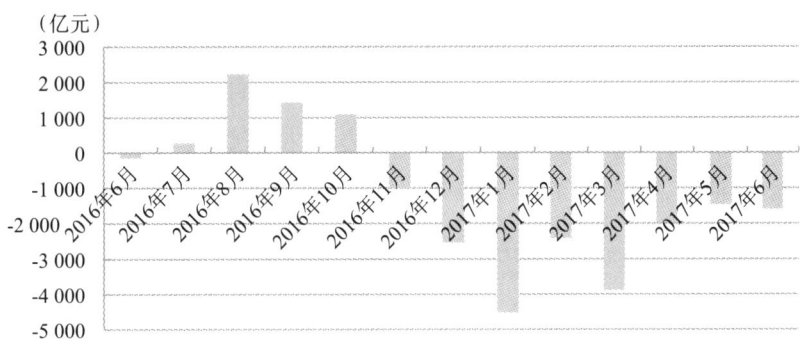

附录图 4-6 2016 年 6 月~2017 年 6 月新增票据融资

数据来源：Wind 资讯。

（三）同业去杠杆、金融反脱媒对持票成本的影响

从票据的持票成本方面看，影响持票成本的因素主要为资金面的松紧。就票据转贴现利率而言，在"同业去杠杆"的趋势下，持有票据资产的资金成本持续震荡抬升，从而间接为票据转贴现利率带来上行压力。就票据回购利率而言，由于其资金业务的属性，资金成本的影响通常更为直接和显著，在"同业去杠杆"的过程中造成的资金面紧张对其影响相对更大，导致票据回购利率面临更加直接的上行压力。

---

① 2017 年上半年新增贷款主要为企业和居民中长期贷款，其贷款利率相较于票据贴现利率对于商业银行更具吸引力。
② 即上文提及的货币政策收紧、监管趋严。

附录五

中国人民银行关于规范和促进电子商业汇票业务发展的通知

银发〔2016〕224号

中国人民银行上海总部,各分行、营业管理部,各省会(首府)城市中心支行,深圳市中心支行;国家开发银行,各政策性银行、国有商业银行、股份制商业银行,中国邮政储蓄银行;城市商业银行资金清算中心、农信银资金清算中心:

为充分发挥电子商业汇票(以下简称"电票")系统和电票业务优势,防范纸质商业汇票(以下简称"纸票")业务风险,加快票据市场电子化进程,现就规范和促进电票业务发展有关事项通知如下:

一、扩大系统覆盖率,扩充系统功能

(一)扩大系统覆盖率,优化电票流通环境

尚未接入电票系统的银行业金融机构、财务公司(以下统称"金融机构")应加快接入,已接入电票系统的金融机构在风险可控的前提下应尽可能提高网点开通率。各金融机构要完善内部业务系统的电票业务处理功能,支持发起和接收跨行承兑、跨行贴现等业务,支持向被代理接入机构发起和接收各类票据业务,不得对电票的跨行流转设置障碍。各银行业金融机构应同时支持线上、线下两种资金清算方式。已开通线上清算功能的金融机构间开展票据转贴现业务,原则上应采用票款对付(DVP)结算方式。中国人民银行上海总部、各分行、营业管理部、省会(首府)城市中心支行、深圳市中心支行（以下统称"人民银行省级分支机构"）应支持尚未开通电票再贴现业务的人民银行地市中心支行接入电票系统，提供电票再贴现服务。

（二）持续开放电票模拟运行环境，提供测试便利

中国人民银行清算总中心应持续开放电票系统模拟运行环境，提高模拟运行环境的容纳量，为金融机构业务测试提供有力支持。需接入模拟运行环境开展测试的金融机构应向清算总中心报送测试需求及计划，清算总中心应在收到金融机构测试申请之日起1个月内安排测试，测试周期不得短于2个月（金融机构主动结束测试周期的除外）。

（三）全面推广财务公司线上清算功能

自2016年9月1日起，分批组织符合条件的财务公司开通线上清算功能。拟开通线上清算功能的财务公司应及时将业务需求连同《财务公司线上清算功能权限开通申请表》（见附件）以正式文件通过法人所在地人民银行省级分支机构上报人民银行总行。

（四）增加电票交易主体

自2016年9月1日起，除银行业金融机构和财务公司以外的、作为银行间债券市场交易主体的其他金融机构可以通过银行业金融机构代理加入电票系统，开展电票转贴现（含买断式和回购式）、提示付款等规定业务。此类被代理机构在电票系统中的主体识别码采用"RC03"，代理机构应通过系统控制，限制被代理非银行金融机构的承兑、贴现和再贴现等业务权限。

二、提高服务水平，简化业务操作

（一）提高服务水平，便利企业使用电票

各银行业金融机构应着力提升客户服务水平，通过官方网站、宣传折页等途径公布开通电票业务的机构网点、咨询电话，制作简明易懂的业务申请和操作指南，根据客户需求提供集中培训、上门指导等服务。各金融机构应以上下游关系密切的产业链龙头企业或集团企业为重点，带动产业链上下游企业使用电票，还可以采取提高综合营销力度、优先办理电票贴现、给予费率优惠等方式鼓励和引导企业签发、收受、转让电票。有条件的金融机构还应为企业办理柜面电票业务、批量电票业务和集团企业

集中管理电票业务提供便利，鼓励金融机构基于协议代理客户发起出票（含提示承兑和交付申请）、转让背书、贴现申请等行为并作出电子签名。中国支付清算协会应组织制定统一的电票客户端功能标准与操作规范，指导金融机构进一步统一和完善网银客户界面应显示的基本功能和操作服务，便利企业办理电票业务。

（二）增强商业信用，发展电子商业承兑汇票

金融机构应选择资信状况良好、产供销关系稳定的企业，鼓励其签发、收受和转让电子商业承兑汇票，探索采用保函、保证与保贴业务等形式增强电子商业承兑汇票信用，促进电子商业承兑汇票流通；鼓励电子商业承兑汇票的出票人、承兑人进行信用评级，充分利用电票系统的评级信息登记功能，提高票据信用保障，并严格遵守"恪守信用、履约付款"的结算原则，及时足额兑付到期电子商业承兑汇票。电子商业承兑汇票的收受人可利用电票系统的支付信用查询功能了解出票人和承兑人的资信状况。

（三）提高贸易背景真实性审查效率

对资信良好的企业申请电票承兑的，金融机构可通过审查合同、发票等材料的影印件，企业电子签名的方式，对电票的真实交易关系和债权债务关系进行在线审核。对电子商务企业申请电票承兑的，金融机构可通过审查电子订单或电子发票的方式，对电票的真实交易关系和债权债务关系进行在线审核。企业申请电票贴现的，无须向金融机构提供合同、发票等资料。

（四）简化转贴现操作

金融机构办理电票转贴现业务（含买断式和回购式）时，无须再签订线下协议，如有需约定的事项，金融机构可以通过电票系统合同模块签订协议，或在备注栏内加注约定有关事项。

三、规范操作，确保业务有序开展

（一）规范录入组织机构代码

持加载统一社会信息代码营业执照的企业，在电票系统开展业务时，"组织机构代码"字段应录入统一社会信用代码的第9至第17位主体识别码，录入规则仍按照电票系统报文格式标准中组织机构代码的要求录入10位，第9位固定录入"－"。对未换

发统一社会信用代码营业执照的企业，仍按照原业务规则录入组织机构代码。

（二）有效审核电票背书连续性

对于电票前手被背书人与后手背书人的账号、开户行行号、组织机构代码和身份类别均相同但名称有所不同的，不影响票据背书连续性的认定，承兑人应及时给付票据款项。如确需相关当事人说明的，承兑人应及时通过大额支付系统查询查复报文或其他方式联系相关当事人或当事人开户行予以证实。

（三）严格履行电票付款责任

持票人在电子银行承兑汇票提示付款期内提示付款的，如提示付款指令于中午12：00前发出，承兑人应在收到提示付款请求的当日（遇法定休假日、大额支付系统非营业日、电票系统非营业日顺延，下同）付款或拒绝付款；如提示付款指令于中午12：00后发出，承兑人应在收到提示付款请求的当日至次日付款或拒绝付款。电子商业承兑汇票承兑人的接入机构应及时将持票人的提示付款请求通知承兑人，承兑人在收到请求次日起第三日仍未应答的，接入机构应按协议约定代为应答。

（四）强化电票系统代理接入真实性审核

直连接入电票系统的金融机构提供电票代理接入服务时，应对被代理机构基本信息及身份的真实性进行审核，且须通过大额支付系统向被代理机构进行核实确认（查询报文内容至少包括申请人全称、法定代表人姓名、营业执照编号、金融许可证编号、查询事项等），被代理机构应给予同意接入或不同意接入的明确答复。

（五）严格落实纸质商业汇票登记制度

中国人民银行省级分支机构在办理银行业金融机构票据制版批复时，应按要求审核其加入电票系统开通纸票登记查询功能或委托其他银行业金融机构代理登记纸票业务的相关证明文件。各金融机构应严格落实《纸质商业汇票登记查询管理办法》（银发［2009］328号文印发）相关要求。未实现纸票登记信息由系统自动导入或法人机构统一登记的金融机构，应加强对其分支机构登记情况的管理和审查，确保其及时、准确、完整登记相关信息。纸票买入返售（卖出回购）业务的转入行按照转贴现业务登记要求办理登记；原转出照转贴现业务登记要求办理登记；原转出行办理纸票赎回业务应参照转贴现业务登记要求办理登记，其中转贴现日期填写纸票赎回日，备注栏注明"赎回"字样。

（六）完善票据业务查询查复制度

根据《最高人民法院关于人民法院发布公示催告程序中公告有关问题的通知》（法〔2016〕109号）有关规定，各金融机构应在办理票据（含纸票）贴现、转贴现、质押等业务时，通过查询电票系统以及中国法院网、法院公告网、人民法院报网站等方式，及时掌握票据是否被挂失止付或公示催告等信息，严格执行支付系统查询查复有关规定，全面、如实地向查询行回复票据司法涉诉、冻结等信息，切实防范风险。

四、健全考评机制，强化业务监管

（一）明确工作目标，有效提升电票业务占比

各金融机构应严格落实电票业务各项制度规定，采取有效措施，规范有序地开展电票业务，有效提升电票业务占比，确保办理的电票承兑业务在本机构办理的全部商业汇票承兑业务中金额占比逐年提高。自2017年1月1日起，单张出票金额在300万元以上的商业汇票应全部通过电票办理；自2018年1月1日起，原则上单张出票金额在100万元以上的商业汇票应全部通过电票办理。

（二）建立考核通报机制

各金融机构应结合本机构实际和本通知要求，制定本机构推广电票应用的细化措施和推进时间表，并对本机构内部系统支持跨行业务和被代理机构业务的功能进行自查，不符合要求的应及时整改优化，于2016年10月15日前以正式文件向中国人民银行报送细化措施、推进时间表和系统功能改造情况，并于每年1月20日前报送上一年度电票业务推进情况。其中，国家开发银行，各政策性银行、国有商业银行、股份制商业银行、中国邮政储蓄银行、城市商业银行资金清算中心、农信银资金清算中心报送中国人民银行总行，城市商业银行、农村商业银行、农村合作银行、农村信用社、村镇银行、外资银行、财务公司报送法人所在地中国人民银行省级分支机构。中国人民银行总行和省级分支机构建立对金融机构电票业务推广情况的考核评价机制，按年度进行考核督促，对年度考核中未达标的金融机构予以通报并督促整改。中国人民银行省级分支机构应结合辖区实际和本通知要求，制定本辖区推广电票的细化措施和推进时间表，于2016年10月15日前以正式文件报送中国人民银行总行，并于每年1月20日前报送上一年度电票业务推进情况。中国人民银行总行建立对各省级分支机构电票业务推广情况的考核评价机制，按年度进行考核督促，完成情况纳入支付结算工作

年度考核。

(三) 畅通举报渠道，加大执法检查力度

中国人民银行省级分支机构应严肃电票结算和纸票业务登记纪律，公布咨询举报电话、畅通举报机制，在支付结算执法检查中，应重点检查金融机构电票业务开展和推广的情况。对接受举报和执法检查中，发现金融机构存在纸票登记不规范、内部电票系统功能不符合跨行业务要求等违规行为的，应依法严肃查处并督促其及时整改。请中国人民银行省级分支机构将本通知转发至辖区内中国人民银行地市中心支行、各城市商业银行、农村商业银行、农村合作银行、农村信用社、村镇银行、外资银行、财务公司。执行中如遇问题，请及时向中国人民银行总行反映。

附录六

票据交易管理办法

中国人民银行公告

[2016] 第 29 号

为规范票据市场交易行为，维护交易各方合法权益，促进票据市场健康发展，中国人民银行制定了《票据交易管理办法》，现予公布施行。

票据交易管理办法

第一章 总　则

第一条　为规范票据市场交易行为，防范交易风险，维护交易各方合法权益，促进票据市场健康发展，依据《中华人民共和国中国人民银行法》《中华人民共和国票据法》《中华人民共和国电子签名法》等有关法律法规，制定本办法。

第二条　市场参与者从事票据交易应当遵守本办法，本办法所称票据包括但不限于纸质或者电子形式的银行承兑汇票、商业承兑汇票等可交易票据。

第三条　票据交易应当遵循公平自愿、诚信自律、风险自担的原则。

第四条　中国人民银行依法对票据市场进行监督管理，并根据宏观调控需要对票据市场进行宏观审慎管理。

第二章 票据市场参与者

第五条 票据市场参与者是指可以从事票据交易的市场主体,包括:

(一)法人类参与者。指金融机构法人,包括政策性银行、商业银行及其授权分支机构,农村信用社、企业集团财务公司、信托公司、证券公司、基金管理公司、期货公司、保险公司等经金融监督管理部门许可的金融机构。

(二)非法人类参与者。指金融机构等作为资产管理人,在依法合规的前提下,接受客户的委托或者授权,按照与客户约定的投资计划和方式开展资产管理业务所设立的各类投资产品,包括证券投资基金、资产管理计划、银行理财产品、信托计划、保险产品、住房公积金、社会保障基金、企业年金、养老基金等。

(三)中国人民银行确定的其他市场参与者。

第六条 法人类参与者应当符合以下条件:

(一)依法合规设立。

(二)已制定票据业务内部管理制度和操作规程,具有健全的公司治理结构和完善的内部控制、风险管理机制。

(三)有熟悉票据市场和专门从事票据交易的人员。

(四)具备相应的风险识别和承担能力,知悉并承担票据投资风险。

(五)中国人民银行要求的其他条件。

第七条 非法人类参与者应当符合以下条件:

(一)产品设立符合相关法律法规和监管规定,并已依法在相关金融监督管理部门获得批准或者完成备案。

(二)产品已委托具有托管资格的金融机构(以下简称托管人)进行独立托管,托管人对委托人资金实行分账管理、单独核算。

(三)产品管理人具有相关金融监督管理部门批准的资产管理业务资格。

第八条 法人类参与者开展票据交易,应当遵守有关法律法规,强化内控制度建设,完善部门和岗位设置,并采取切实措施持续提高相关人员业务能力。

第九条 非法人类参与者开展票据交易,由其资产管理人代表其行使票据权利并以受托管理的资产承担相应的民事责任。资产管理人从事资管业务的部门、岗位、人员及其管理的资产应当与其自营业务相互独立。

第三章 票据市场基础设施

第十条 票据市场基础设施是指提供票据交易、登记托管、清算结算、信息服务的机构。

第十一条 票据市场基础设施应当经中国人民银行认可。中国人民银行对票据市场基础设施开展票据相关业务进行监督管理。

第十二条 票据市场基础设施可以为市场参与者提供以下服务：

（一）组织票据交易，公布票据交易即时行情。

（二）票据登记托管。

（三）票据交易的清算结算。

（四）票据信息服务。

（五）中国人民银行认可的其他服务。

第十三条 票据市场基础设施按照金融市场基础设施建设有关标准进行系统建设与管理。

第十四条 票据市场基础设施应当从其业务收入中提取一定比例的金额设立风险基金并存入开户银行专门账户，用于弥补因违约交收、技术故障、操作失误、不可抗力造成的相关损失。

第十五条 上海票据交易所是中国人民银行指定的提供票据交易、登记托管、清算结算和信息服务的机构。

第四章 票据信息登记与电子化

第十六条 纸质票据贴现前，金融机构办理承兑、质押、保证等业务，应当不晚于业务办理的次一工作日在票据市场基础设施完成相关信息登记工作。

纸质商业承兑汇票完成承兑后，承兑人开户行应当根据承兑人委托代其进行承兑信息登记。承兑信息未能及时登记的，持票人有权要求承兑人补充登记承兑信息。

纸质票据票面信息与登记信息不一致的，以纸质票据票面信息为准。

第十七条 贴现人办理纸质票据贴现时，应当通过票据市场基础设施查询票据承兑信息，并在确认票据必须记载事项与已登记承兑信息一致后，为贴现申请人办理贴现，贴现申请人无须提供合同、发票等资料；信息不存在或者纸质票据必须记载事项与已登记承兑信息不一致的，不得办理贴现。

本款所称纸质票据必须记载事项指《中华人民共和国票据法》第二十二条规定的票据必须记载事项。

第十八条 贴现人完成纸质票据贴现后，应当不晚于贴现次一工作日在票据市场基础设施完成贴现信息登记。

第十九条 承兑人或者承兑人开户行收到挂失止付通知或者公示催告等司法文书并确认相关票据未付款的，应当于当日依法暂停支付并在票据市场基础设施登记或者委托开户行在票据市场基础设施登记相关信息。

第二十条　金融机构通过票据市场基础设施进行相关业务信息登记，因信息登记错误给他人造成损失的，应当承担赔偿责任。

第二十一条　贴现人办理纸质票据贴现后，应当在票据上记载"已电子登记权属"字样，该票据不再以纸质形式进行背书转让、设立质押或者其他交易行为。贴现人应当对纸质票据妥善保管。

第二十二条　已贴现票据背书通过电子形式办理。电子形式背书是指在票据市场基础设施以数据电文形式记载的背书，和纸质形式背书具有同等法律效力。

第二十三条　纸质票据电子形式背书后，由票据权利人通过票据市场基础设施通知保管人变更寄存人的方式完成交付。

第二十四条　贴现人可以按市场化原则选择商业银行对纸质票据进行保证增信。

保证增信行对纸质票据进行保管并为贴现人的偿付责任进行先行偿付。

第二十五条　已贴现票据应当通过票据市场基础设施办理背书转让、质押、保证、提示付款等票据业务。

第二十六条　纸质票据贴现后，其保管人可以向承兑人发起付款确认。付款确认可以采用实物确认或者影像确认。

实物确认是指票据保管人将票据实物送达承兑人或者承兑人开户行，由承兑人在对票据真实性和背书连续性审查的基础上对到期付款责任进行确认。

影像确认是指票据保管人将票据影像信息发送至承兑人或者承兑人开户行，由承兑人在对承兑信息和背书连续性审查的基础上对到期付款责任进行确认。

承兑人要求实物确认的，银行承兑汇票保管人应当将票据送达承兑人，实物确认后，纸质票据由其承兑人代票据权利人妥善保管；商业承兑汇票保管人应当将票据通过承兑人开户行送达承兑人进行实物确认，实物确认后，纸质票据由商业承兑汇票开户行代票据权利人妥善保管。

第二十七条　实物确认与影像确认具有同等效力。承兑人或者承兑人开户行进行付款确认后，除挂失止付、公示催告等合法抗辩情形外，应当在持票人提示付款后付款。

第二十八条　承兑人收到票据影像确认请求或者票据实物后，应当在三个工作日内做出或者委托其开户行做出同意或者拒绝到期付款的应答。拒绝到期付款的，应当说明理由。

第二十九条　票据保管人应当采取切实措施保证纸质票据不被挪用、污损、涂改和灭失，并承担因保管不善引发的相关法律责任。

第三十条　电子商业汇票签发、承兑、质押、保证、贴现等信息应当通过电子商业汇票系统同步传送至票据市场基础设施。

第三十一条　电子商业汇票一经承兑即视同承兑人已进行付款确认。

第五章　票据登记与托管

第三十二条　票据登记是指金融机构将票据权属在票据市场基础设施电子簿记系统予以记载的行为。

第三十三条　票据托管是指票据市场基础设施根据票据权利人委托对其持有票据的相关权益进行管理和维护的行为。

第三十四条　市场参与者应当在票据市场基础设施开立票据托管账户。

市场参与者开立票据托管账户时，应当向票据市场基础设施提出申请，并保证所提交的开户资料真实、准确、完整。

第三十五条　票据托管账户采用实名制，不得出租、出借或者转让。

第三十六条　一个市场参与者只能开立一个票据托管账户，中国人民银行另有规定的除外。

具有法人资格的市场参与者应当以法人名义开立票据托管账户；经法人授权的分支机构应当以分支机构名义开立票据托管账户；非法人市场参与者应当以产品名义单独开立票据托管账户。

第三十七条　贴现人应当于票据交易前在票据市场基础设施完成纸质票据登记工作，确保其提交的票据登记信息真实、有效，并承担相应法律责任。

第三十八条　票据市场基础设施依据电子商业汇票系统相关信息为持票人完成电子票据登记。

第三十九条　因票据的交易过户、非交易过户等原因引起票据托管账户余额变化的，票据市场基础设施应当为权利人办理票据变更登记。

第六章　票据交易

第四十条　票据交易采取全国统一的运营管理模式，通过票据市场基础设施进行。

第四十一条　票据交易包括转贴现、质押式回购和买断式回购等。

转贴现是指卖出方将未到期的已贴现票据向买入方转让的交易行为。

质押式回购是指正回购方在将票据出质给逆回购方融入资金的同时，双方约定在未来某一日期由正回购方按约定金额向逆回购方返还资金、逆回购方向正回购方返还原出质票据的交易行为。

买断式回购是指正回购方将票据卖给逆回购方的同时，双方约定在未来某一日期，正回购方再以约定价格从逆回购方买回票据的交易行为。

第四十二条　市场参与者完成票据登记后即可以开展交易，或者在付款确认、保证增信后开展交易。贴现人申请保证增信的，应当在首次交易前完成。

第四十三条 票据到期后偿付顺序如下：

（一）票据未经承兑人付款确认和保证增信即交易的，若承兑人未付款，应当由贴现人先行偿付。该票据在交易后又经承兑人付款确认的，应当由承兑人付款；若承兑人未付款，应当由贴现人先行偿付。

（二）票据经承兑人付款确认且未保证增信即交易的，应当由承兑人付款；若承兑人未付款，应当由贴现人先行偿付。

（三）票据保证增信后即交易且未经承兑人付款确认的，若承兑人未付款，应当由保证增信行先行偿付；保证增信行未偿付的，应当由贴现人先行偿付。

（四）票据保证增信后且经承兑人付款确认的，应当由承兑人付款；若承兑人未付款，应当由保证增信行先行偿付；保证增信行未偿付的，应当由贴现人先行偿付。

第四十四条 票据交易应当通过票据市场基础设施进行并生成成交单。成交单应当对交易日期、交易品种、交易利率等要素做出明确约定。

票据成交单、票据交易主协议及补充协议（若有）构成交易双方完整的交易合同。

票据交易合同一经成立，交易双方应当认真履行，不得擅自变更或者解除合同。

第四十五条 票据交易无须提供转贴现凭证、贴现凭证复印件、查询查复书及票面复印件等纸质资料。

第四十六条 票据贴现、转贴现的计息期限，从贴现、转贴现之日起至票据到期日止，到期日遇法定节假日的顺延至下一工作日。

第四十七条 质押式回购和买断式回购最短期限为一天，并应当小于票据剩余期限。

第四十八条 质押式回购的回购金额不得超过质押票据的票面总额。

第七章　票据交易结算与到期处理

第四十九条 票据交易的结算通过票据市场基础设施电子簿记系统进行，包括票款对付和纯票过户。

票款对付是指结算双方同步办理票据过户和资金支付并互为条件的结算方式。

纯票过户是指结算双方的票据过户与资金支付相互独立的结算方式。

第五十条 市场参与者开展票据交易应当采用票款对付，同一法人分支机构间的票据交易可以采用纯票过户。

第五十一条 已在大额支付系统开立清算账户的市场参与者，应当通过其在大额支付系统的清算账户办理票款对付的资金结算。

未在大额支付系统开立清算账户的市场参与者，应当委托票据市场基础设施代理票款对付的资金结算。

第五十二条 票据市场基础设施代理票款对付的资金结算时，应当通过其在大额支付系统的清算账户进行。票据市场基础设施应当在该账户下，为委托其代理资金结算的市场参与者开立票据结算资金专户。

第五十三条 交易双方应当根据合同约定，确保在约定结算日有用于结算的足额票据和资金。

第五十四条 在票据交易达成后结算完成之前，不得动用该笔交易项下用于结算的票据、资金或者担保物。

第五十五条 办理法院强制执行、税收、债权债务承继、赠予等非交易票据过户的，票据市场基础设施应当要求当事人提交合法有效的法律文件。

第五十六条 持票人在提示付款期内通过票据市场基础设施提示付款的，承兑人应当在提示付款当日进行应答或者委托其开户行进行应答。

承兑人存在合法抗辩事由拒绝付款的，应当在提示付款当日出具或者委托其开户行出具拒绝付款证明，并通过票据市场基础设施通知持票人。

承兑人或者承兑人开户行在提示付款当日未做出应答的，视为拒绝付款，票据市场基础设施提供拒绝付款证明并通知持票人。

第五十七条 商业承兑汇票承兑人在提示付款当日同意付款的，承兑人开户行应当根据承兑人账户余额情况予以处理。

（一）承兑人账户余额足够支付票款的，承兑人开户行应当代承兑人做出同意付款应答，并于提示付款日向持票人付款。

（二）承兑人账户余额不足以支付票款的，则视同承兑人拒绝付款。承兑人开户行应当于提示付款日代承兑人做出拒付应答并说明理由，同时通过票据市场基础设施通知持票人。

第五十八条 银行承兑汇票的承兑人已于到期前进行付款确认的，票据市场基础设施应当根据承兑人的委托于提示付款日代承兑人发送指令划付资金至持票人资金账户。

商业承兑汇票的承兑人已于到期前进行付款确认的，承兑人开户行应当根据承兑人委托于提示付款日扣划承兑人账户资金，并将相应款项划付至持票人资金账户。

第五十九条 保证增信行或者贴现人承担偿付责任时，应当委托票据市场基础设施代其发送指令划付资金至持票人资金账户。

第六十条 承兑人或者出票人付款后，票据保管人应当参照会计档案保管要求对票据进行保管。承兑人进行影像确认并付款的，可以凭票据市场基础设施的提示付款通知、划款通知以及留存的票据底卡联作为会计记账凭证。

第六十一条 票据发生法律纠纷时，依据有权申请人的请求，票据市场基础设施应当出具票据登记、托管和交易流转记录；票据保管人应当提供相应票据实物。

第八章 附 则

第六十二条 票据市场基础设施依照本办法及中国人民银行有关规定制定相关业务规则，报中国人民银行同意后施行。

第六十三条 本办法施行前制定的相关规定，与本办法相抵触的，以本办法为准。

第六十四条 本办法由中国人民银行负责解释。

第六十五条 本办法自公布之日起施行，过渡期按照《中国人民银行办公厅关于做好票据交易平台接入准备工作的通知》（银办发〔2016〕224号）执行。

附录七

票据交易主协议（2016年版）

通用条款

为促进票据交易的顺利开展，明确业务参与各方的权利义务，维护业务参与各方的合法权益，根据《中华人民共和国票据法》《中华人民共和国合同法》《中华人民共和国电子签名法》《票据交易管理办法》等法律法规及规范性文件（部门规章），业务参与各方在平等、自愿的基础上签署《票据交易主协议》。

第一条 协议的构成与效力

（一）交易双方关于票据交易的协议（简称"交易协议"）由以下部分构成：

1. 通用条款；
2. 适用的特别条款；
3. 适用的补充协议（若有）；
4. 成交单。

上述第1项和第2项构成交易主协议（简称"主协议"）。

（二）对交易协议下的每一笔票据交易而言，主协议、补充协议（若有）和该笔票据交易的成交单构成交易双方之间就该笔票据交易的完整协议。

（三）通用条款与适用的特别条款不一致的，适用的特别条款有优先效力；补充协议与主协议不一致的，补充协议有优先效力；就单笔票据交易而言，在主协议、补充协议、成交单出现不一致时，效力优先顺序如下：成交单、补充协议、主协议。

第二条 主协议的适用

票据业务参与各方签署主协议之后，在上海票据交易所（以下简称"票据交易所")办理的票据业务适用主协议。

第三条 承诺与遵守

为保障票据交易的顺利开展，维护业务参与各方的合法权益，各主协议签署方郑重承诺遵守以下条款，并承担相应法律责任。

（一）主协议签署方承诺遵守《中华人民共和国票据法》《票据交易管理办法》《中华人民共和国合同法》《中华人民共和国电子签名法》等有关法律法规和票据交易所相关规章制度。

（二）主协议签署方承诺其与相对方签署的其他协议与本条款内容没有冲突。

（三）主协议签署方应采取切实有效的措施以保障自身系统安全稳定运行和业务正常处理。

（四）纸质票据贴现前，主协议签署方办理承兑、质押、保证等业务，应不晚于业务办理的次一营业日在票据交易所完成相关信息登记工作。纸质票据票面信息与登记信息不一致的，以纸质票据票面信息为准。信息登记错误的，应予以纠正。

（五）主协议签署方作为承兑人、承兑人开户行、贴现人、保证增信行、保证人、票据保管人、持票人、出质人或质权人时，应严格履行如下义务，并享有相关权利。

1. 承兑人。

（1）完成承兑信息登记工作。信息登记错误的，应予以纠正。若因登记错误给他人造成损失的，应承担相应的赔偿责任。

（2）收到挂失止付通知、公示催告等相关司法文书并确认相关票据确未付款的，立即依法暂停支付并在票据交易所登记相关信息。

（3）收到纸质票据影像确认的付款确认请求或收到实物确认的付款确认请求及票据实物后，应在三个营业日内进行确认，并做出应答。

（4）对付款确认请求做出应答时，有权要求票据保管人移送票据进行实物确认；有权对票据真伪或背书连续性提出异议，但应指出其对背书连续性存在异议的全部理由。

（5）对电子银行承兑汇票承兑后，即视同于已对其进行付款确认。

（6）进行付款确认后，除挂失止付、公示催告等合法抗辩情形外，无条件委托票据交易所在票据到期日划付资金至持票人资金账户。若余额不足，委托票据交易所按票面金额逐日连续扣款。

（7）对纸质票据进行实物确认或影像确认后，若因票据伪假或票据金额、到期日、付款人、出票人、票据号码信息登记错误，给持票人造成损失的，应承担赔偿责任。

（8）因票据伪假或票据金额、到期日、出票人、票据号码信息登记错误承担赔偿责任后，有权向贴现人进行追偿。

（9）未对纸质票据进行实物确认或影像确认的，收到提示付款请求后，在当日做出应答。同意付款的，在提示付款日无条件委托票据交易所划付资金至持票人资金账户；若余额不足，委托票据交易所按票面金额逐日连续扣款。拒绝付款的，在提示付款日出具合法抗辩事由的拒付证明。

2. 承兑人开户行。

（1）根据承兑人委托及时、准确、完整登记纸质商业承兑汇票承兑信息。信息登记错误的，应予以纠正。若因登记错误给他人造成损失的，应承担赔偿责任。

（2）收到挂失止付通知、公示催告等相关司法文书并确认相关票据确未付款的，立即通知承兑人并代其依法暂停支付并在票据交易所登记相关信息。

（3）收到纸质票据影像确认的付款确认请求或收到实物确认的付款确认请求及票据实物后，根据承兑人的委托在三个营业日内做出同意或拒绝到期付款的应答。承兑人拒绝到期付款的，应代承兑人说明理由。

（4）对付款确认请求做出应答时，有权根据承兑人的委托要求票据保管人移送票据进行实物确认；有权根据承兑人的委托指出承兑人对票据真伪或背书连续性存在异议的全部理由。

（5）电子商业承兑汇票承兑后，即视同于已根据承兑人委托对电子商业承兑汇票进行付款确认。

（6）根据承兑人委托对商业承兑汇票付款确认后，除挂失止付、公示催告等合法抗辩情形外，应根据承兑人的委托于提示付款日扣划承兑人账户资金，并将相应款项划付至持票人账户。

（7）根据承兑人的委托在提示付款当日进行应答。承兑人存在合法抗辩事由拒绝付款的，在提示付款当日代承兑人出具拒绝付款证明，并通过票据交易所通知持票人。

（8）进行实物确认后，代票据权利人妥善保管纸质商业承兑汇票。

3. 贴现人。

（1）办理纸质票据贴现前，通过票据交易所查询票据承兑信息，信息不存在或已登记承兑信息与《中华人民共和国票据法》第二十二条规定的票据必须记载事项不一致的，不办理贴现。

（2）办理纸质票据贴现后，应在票据上记载"已电子登记权属"字样，并对纸质票据进行妥善保管，以确保其不再以纸质形式进行背书转让、设定质押或其他交易行为。

（3）办理纸质票据贴现后，在票据交易所进行票据登记，并确保登记的权属信息真实、有效、准确、完整。

（4）登记票据信息时，因票据伪假或未认真核对承兑信息，导致票据金额、票据到期日、付款人、出票人、票据号码错误,给持票人造成损失的,向持票人支付原登记的票据金额并赔偿其实际损失。

(5) 被追索或承担赔偿责任时,无条件委托票据交易所划付相关资金。

(6) 被追索或承担赔偿责任后,有权对出票人、承兑人等行使再追索权或要求承担相关赔偿责任。

(7) 因票据背书不连续承兑人要求补充说明的,配合票据保管人提供补充说明。

4. 保证增信行。

(1) 妥善保管纸质票据实物。

(2) 被追偿时,无条件委托票据交易所划付相关资金。

5. 保证人。

(1) 被追索时,无条件委托票据交易所划付相关资金。

(2) 履行保证义务后,有权向被保证人及其前手进行追索。

6. 票据保管人。

(1) 采取切实措施保证纸质票据不被挪用、污损、涂改和灭失,并承担因保管不善引发的相关赔偿责任。

(2) 因保管不善或其他原因导致纸质票据遗失、损毁的,应及时通知持票人等相关各方,并配合持票人办理公示催告等相关法律事宜。

(3) 向承兑人发起付款确认请求。承兑人要求实物确认的,将票据送达承兑人;因票据背书不连续承兑人要求补充说明的,配合提交补充说明。

(4) 在保管的票据发生法律纠纷时,依据有权申请人的申请提供相应票据实物。

(5) 在承兑人或出票人付款后将票据实物参照会计档案保管要求保管。

7. 持票人。

(1) 在提示付款期内通过票据交易所提示付款。

(2) 提示付款后承兑人拒绝付款的,可以按照保证增信行(若有)、贴现人、贴现人的保证人(若有)的顺序进行追索或追偿。

(3) 放弃对前手背书人行使追索权,但保留对票据出票人、承兑人、承兑人的保证人、贴现人、贴现人的保证人(若有)及贴现人前手背书人的追索权。

(4) 将公示催告期间取得的票据返还前手背书人,直至票据被返还至公示催告前的最后一手持票人。

(5) 有权在票据发生法律纠纷时请求票据保管人提供相应票据实物。

(6) 如遇公示催告等票据权利受限制的情形时,对外主张票据权利,并依法履行相关法律程序。

(7) 收到纸质票据被遗失、毁损的通知后,依法办理公示催告等相关法律事宜。

8. 出质人。

（1）通过票据交易所向质权人出质票据。

（2）有权在履行债务后要求质权人通过票据交易所解除质押。

9. 质权人。

（1）票据质押到期后，通过票据交易所解除质押。

（2）出质人不履行债务的，有权于票据到期日后行使票据权利。

第四条 交易双方声明与保证

交易一方在签署主协议及补充协议（若有）之时向另一方做出下列声明与保证，除本条第1项下的声明与保证视为在交易协议签署后的每日重复做出外，其他各项声明与保证视为在交易达成及根据交易协议的约定履行支付或交付义务之日重复做出：

1. 其系依法合规成立并有效存续；

2. 其有权并已获充分和必要的授权签署交易协议（及其为一方的与交易协议有关的任何其他文件），并履行在交易协议（及其为一方的与交易协议有关的任何其他文件）下的义务，上述行为不违反任何适用于其的法律法规、公司章程与协议；

3. 其已经取得签署和履行交易协议所需的政府机关、监管机构的同意（若适用）；

4. 以其名义达成和签署交易协议的人员已获得充分和必要的授权；以其名义或代表其从事交易的人员，均已获得充分和必要的授权，且通过了票据交易所必需的业务培训并获得了相关机构颁发的资格证书（若适用）；

5. 其提供的且在补充协议或成交单中列明的文件及信息均真实、准确、完整；

6. 其具备独立评估交易风险的能力，能够对交易中所涉及的法律、财务、税务、会计和其他事项自行调查评估（不依赖另一方的意见），且充分认识并愿意承担交易风险，根据自身的利益和判断进行交易；

7. 其对根据交易协议约定需要向另一方支付的款项、交付的票据拥有完整的所有权或处置权，并且未设定任何形式的影响交易双方权利义务行使的第三方权益；

8. 交易双方在补充协议中约定的其他声明与保证事项。

第五条 定义条款

（一）上海票据交易所：是中国人民银行指定的提供票据交易、登记托管、清算结算和信息服务的机构。

（二）成交单：指通过票据交易所进行票据交易后由系统生成的电子交易单据。

（三）电子银行承兑汇票：指出票人依托电子商业汇票系统（以下简称"ECDS"）以数据电文形式签发的，由银行或财务公司承兑的，承诺在指定日期无条件支付确定的金额给收款人或者持票人的票据。

（四）纸质银行承兑汇票：指出票人签发的，由银行承兑的，承诺在指定日期无条件支付确定的金额给收款人或持票人的票据。

（五）电子商业承兑汇票：指出票人依托 ECDS 以数据电文形式签发的，由银行或财务公司以外的付款人承兑的，承诺在指定日期无条件支付确定的金额给收款人或者持票人的票据。

（六）纸质商业承兑汇票：指出票人签发的，由银行以外的付款人承兑的，承诺在指定日期无条件支付确定的金额给收款人或者持票人的票据。

（七）票据转贴现（以下简称"转贴现"）：指卖出方将未到期的已贴现票据向买入方转让的交易行为。转贴现所涉票据又称为"转贴现票据"。

（八）票据质押式回购（以下简称"质押式回购"）：指正回购方在将票据出质给逆回购方融入资金的同时，双方约定在未来某一日期由正回购方按约定金额向逆回购方返还资金、逆回购方解除出质票据质押的交易行为。质押式回购所涉票据又称为"质押票据"。

（九）票据买断式回购（以下简称"买断式回购"）：指正回购方将票据卖给逆回购方的同时，双方约定在未来某一日期，正回购方再以约定价格从逆回购方买回票据的交易行为。买断式回购所涉票据又称为"回购票据"。

（十）正回购方：指在质押式回购交易中出质票据、融入资金的一方；或在买断式回购交易中，于首期结算日将票据卖给逆回购方，并在约定的未来某一日期以约定价格从逆回购方买回票据的一方。

（十一）逆回购方：指在质押式回购交易中接受出质票据、融出资金的一方；或在买断式回购交易中，于首期结算日从正回购方买入票据，并在约定的未来某一日期以约定价格将票据卖回正回购方的一方。

（十二）结算日：指票据转贴现交易中，票据权属变更和资金结算的日期。

（十三）首期结算日：指正回购方质押/交付票据，逆回购方向正回购方支付相关资金的日期。

（十四）到期结算日：指正回购方向逆回购方支付相关资金，逆回购方将质押票据解除质押或将回购票据返还正回购方的日期。

（十五）最晚结算时间：指交易双方在票据转贴现/回购交易合同中约定的结算截止时间。

（十六）保证增信行：指对纸质票据进行保管，对贴现人在交易协议下的偿付责任进行先行偿付的商业银行。

（十七）票据登记：指金融机构将票据权属在票据交易所电子簿记系统予以记载的行为。

（十八）票据托管账户：指票据交易所为市场参与者开立的，用以记载其持有票据的余额及变动等情况的电子簿记账户。

（十九）资金账户：就在大额支付系统开立清算账户的银行类法人机构和财务公司资金账户而言，指该机构在人民银行开立的备付金账户；就其他机构或非法人而言，指其在票据交易所开立的资金账户。

（二十）营业日：对于任何付款而言，为相关账户所在地商业银行正常营业的日期（不含法定休假日）；对于任何交付而言，为票据交易所正常营业的日期（不含法定休假日）；对通知或通讯而言，为接收方提供的通知地址中指定城市的商业银行正常营业的日期（不含法定休假日）。

（二十一）付款确认：指已贴现票据的票据保管人向承兑人提出对票据到期付款责任进行确认的行为，可采用实物确认或影像确认。

（二十二）实物确认：指票据保管人将票据实物送达承兑人或承兑人开户行，由承兑人在对票据真实性和背书连续性进行审查的基础上对到期付款责任进行确认。

（二十三）影像确认：指票据保管人将票据影像信息发送至承兑人或承兑人开户行，由承兑人在对承兑信息和背书连续性进行确认的基础上对到期付款责任进行确认。

（二十四）电子形式背书：指在票据交易所以数据电文形式记载的背书，和纸质形式背书具有同等法律效力。

（二十五）中国法律：指中华人民共和国（仅为交易协议的目的，不包括香港特别行政区、澳门特别行政区及台湾地区）境内有效施行的法律、法规、规章，以及具有立法、司法或行政管理权限或职能的机构依法发布的具有普遍约束力的规范性文件。

第六条 交易项下支付或交付义务的履行

受限于交易协议其他条款的约束，交易一方在票据交易项下负有向另一方付款的义务（即支付义务），付款方应根据交易协议中要求的时间、货币、金额、账户以及支付路径等条件向另一方进行支付；若交易一方负有向另一方交付票据的义务（即交付义务，包括但不限于转让转贴现票据、回购票据，或在质押票据上设立或解除质押等），除非交易双方另有约定，该交付义务应在交易协议中列明的交付日履行完毕。

第七条 违约事件

下列事件构成交易一方在交易协议下的违约事件：

（一）在交易项下，交易一方未按照交易协议的约定履行支付或交付义务（以下简称为"支付/交付违约"）。

（二）交易一方对交易协议项下的全部或部分义务、交易协议的有效性予以否认或明示将拒绝履行。

（三）交易一方在交易协议下做出的某项声明与保证被证实在做出或被视为做出之日存在实质性的不实陈述、误导或重大遗漏。

（四）在交易一方发生分立后仍然存续，或与另一实体联合，合并或重组，或把其实质性资产转移到另一实体的情况下，该最终存续、承继或受让的实体未能履行或明示将不履行前述交易一方在交易协议下的义务。

（五）交易一方发生下列任一情形的，构成该交易一方对交易协议的违约事件：

1. 解散（出于联合、合并或重组目的而发生的解散除外）；

2. 不能清偿到期债务（包括被宣布提前到期的债务），并且资产不足以清偿全部债务或明显缺乏清偿能力的，已经或可能影响到其在交易协议项下义务的履行的；

3. 书面承认其无力偿还到期债务；

4. 为其债权人利益就其全部或实质性资产达成转让协议或清偿安排，或就其全部或大部分债务的清偿事宜与债权人做出安排或达成和解协议；

5. 自身或其监管部门启动针对其的接管、破产、清算等行政或司法程序；或其债权人启动针对其的接管、破产、清算等行政或司法程序，导致其被依法宣告破产、停业、清算或被接管，或上述程序在启动后30天内未被驳回、撤销、中止或禁止的；或因违法被主管部门责令终止业务活动；

6. 通过其停业、清算或申请破产的决议；

7. 就自身或自身的全部或大部分资产寻求任命临时清算人、托管人、受托人、接管人或其他类似人员或被任命了任何前述人员；

8. 其债权人作为担保权人采取行动取得了其全部或大部分资产，或使其全部或实质部分资产被查封、扣押、冻结、或强制执行，且上述情形在30天内未被相关权力机关撤销或中止；

9. 其他任何与本款第1项至第8项有类似效果的事件。

（六）交易一方未履行其在交易协议下的其他义务，且在另一方发出的未履约通知生效后的第三十天届满时仍未纠正的。但是，作为受影响方的交易一方未能在通用条款第十条第（一）款约定的期限内履行通知、确认以及提供相关证明材料的义务，不构成一项违约事件。

第八条 终止事件

交易一方发生下列任一事件时，即构成一项终止事件，受到该终止事件影响的交易一方或交易双方为受影响方，未受到该终止事件影响的交易一方为非受影响方：

（一）在交易达成后，由于适用法律、法规和部门规章的变动导致履行或维持该笔交易变得不合法或不合规，或遵守关于该笔交易的交易协议下的其他实质性条款变得不合法或不合规。

（二）由于不可抗力事件的发生导致履行交易下的义务，或遵守交易协议下的任何其他实质性条款变得不可能或不切实际，且不可抗力导致的上述情形从发生之日起三个营业日后仍然持续。

因上述约定的一项或多项终止事件导致受影响方构成通用条款第七条第（一）款或第（六）款项下的违约事件的，受影响方不就此承担违约责任，但应及时通知另一方，并应在合理期限内提供证明。若同时构成受影响方在主协议通用条款第七条第（二）至（五）款项下的违约事件，则受影响方应承担违约责任。

第九条　违约事件的处理

（一）如果交易一方发生违约事件，交易双方可协商解决。若协商不一致，守约方有权选择书面通知违约方提前终止发生违约事件的交易，或要求违约方继续履行该交易。

守约方有权要求违约方就违约所导致的实际损失进行赔偿。

（二）除交易双方另有约定，守约方拟提前终止发生违约事件的交易时，需在有关违约事件发生后（或在守约方知道或应当知道有关违约事件发生后）的三个营业日内向违约方发出有关通知，并在通知中列明截至提前终止日能够被计算出的违约方应向守约方或守约方应向违约方支付/返还的有关金额（包括但不限于票据本金、利息、罚息或其他应付款项等）及其计算依据和应付款日。

（三）如果守约方未在上述三个营业日内发出有关通知，则视为守约方放弃了单方提前终止发生违约事件交易的权利，但违约方应赔偿守约方的实际损失。

（四）主协议签署方由于票据交易所发生系统故障等意外事件导致其无法履行交易协议项下的义务，不承担违约责任。

第十条　终止事件的处理

（一）受影响方应在获悉终止事件后，立即通知另一方该终止事件的发生，并在发出通知后的十五个营业日内提供相关证明材料。

在非受影响方获悉终止事件，且未收到受影响方的终止事件通知时，非受影响方有权通知受影响方；受影响方应在通知生效后两个营业日内予以回应，并在通知生效后十五个营业日内提供相关证明材料。

（二）交易双方可在终止事件通知生效后进行协商，以避免受影响交易的提前终止。

（三）发生通用条款第八条第（一）款约定的终止事件，受影响方可书面通知另一方提前终止尚未履行或尚未到期的受影响交易，且无须向另一方承担违约责任，受影响交易在通知生效之日被提前终止。受影响交易的正回购方应在该提前终止日向逆回购方支付票据金额以及按照回购利率计算得出的截至该提前终止日的应付利息；逆回购方应在该提前终止日向正回购方返还相关回购票据，或解除正回购方在相关质押票据上设置的质权。如果交易一方逾期未履行上述义务，则应按通用条款约定向另一方支付相应的罚息。

（四）发生通用条款第八条第（二）款约定的终止事件后，受影响方在该事件影响消除前可以暂停履行其在受影响交易下的义务，但应在该事件影响消除后立即恢复履行该等义务。如果一项不可抗力事件从发生之日起三个营业日后仍然持续，交易一方有权书面通知另一方提前终止尚未履行或尚未到期的受影响交易（且任一方均无须向另一方支付罚息）。

（五）在本条项下，若交易一方发出书面通知，则根据通用条款第十八条确定的通知送达生效日为提前终止日；若交易双方均发出书面通知，以先生效的书面通知的生效日为提前终止日。

第十一条 公示催告的处理

（一）主张票据权利。交易协议项下的票据如遇公示催告等票据权利受限制的情形，则由持票人对外主张票据权利，并依法履行相关法律程序。

（二）公示催告期间的交易处理。交易协议项下的票据如遇公示催告，公示催告期间转让票据权利的行为无效。

公示催告期间进行票据交易的交易双方中的任一方均可向票据交易所提出返还申请，由票据交易所按交易所规则将票据权属逐手返还至公示催告前的最后一手票据持有人，并且将公示催告期间交易资金按票据逐手转让时的实付金额返还至交易相关方，返还金额的计算公式为：返还金额＝票据金额×（1－原交易利率或回购利率×原剩余期限/360）

第十二条 罚息

交易一方未按照交易协议的相关条款确定的提前终止日或应付款日向另一方支付一笔应付款项的或交付相关票据的，应对从该提前终止日或应付款日起（含该日）至实际付款日或实际交付日止（不含该日）的期间向另一方支付罚息。罚息以相关票据的票据金额为基数，罚息利率按日利率万分之五计算。罚息的执行不影响违约期间适用的交易利率或回购利率的计息，若存在多个适用的交易利率或回购利率，则违约期间适用的交易利率或回购利率按其中最高的一个交易利率或回购利率计算。

第十三条 不放弃权利

未行使、迟延行使或部分行使交易协议下的任何权利，不应被视为放弃该权利。

第十四条 可分割性

交易协议任何条款无效、不合法或不可执行不影响交易协议本身及其余条款的效力。

第十五条 电话录音

交易一方可对交易双方之间就交易协议下交易或任何潜在的交易的电话交谈进行

录音，并可在不违反中国法律的前提下在争议解决过程中出具该等录音作为证据。

第十六条　保密与信息披露

（一）保密

未经另一方事前书面同意，交易一方不得将与交易协议以及交易协议下交易有关的涉及另一方的任何信息向任何人士披露，但根据本条第（二）款、第（三）款约定做出的披露除外。

（二）法定信息披露

本条不限制交易一方根据相关法律的要求，就与交易协议以及交易协议下交易有关的任何信息进行披露。

（三）双方约定的信息披露

除本条上述第（一）款、第（二）款的约定外，交易一方同意另一方将有关交易协议以及交易协议项下交易的信息交流或披露予另一方的关联方、外部专业顾问或服务提供者，但披露方应确保其关联方、外部专业顾问或服务提供者对所披露的信息承担保密义务。

第十七条　适用法律与争议解决

（一）适用法律

交易协议适用中国法律，应根据中国法律解释。

（二）争议的解决方式

交易双方可通过协商方式解决交易协议项下或与交易协议相关的任何争议、索赔或纠纷。

交易双方若不进行协商或协商未果，应将争议、索赔或纠纷提交票据交易所所在地有管辖权的人民法院解决。

第十八条　通知方式与生效

（一）采用专人递送或速递服务的，于送达回执的签收日生效；但是收件方、收件方的代理人，或对收件方行使破产管理人权限的人士拒绝在送达回执上签收的，发件方可采用公证送达的方式，或可根据交易双方在补充协议中约定的公告送达或留置送达方式做出有效通知，且经公证送达、公告送达或留置送达而生效的通知应被视为在一切方面具有与根据原送达方式而生效的通知相同的效力。

（二）采用挂号邮寄方式送达的，于签收日生效。

（三）采用传真发送的，于收件方确认收到字迹清楚的传真当日生效。

（四）采用电子邮件发送的，于通知进入收件方指定的接收电子邮件的系统之日生效。

（五）采用其他方式的，于交易双方另行约定的时间生效。

若以上日期并非营业日，或通知是在某个营业日的营业时间结束后送达、收到或进入相关系统的，则该通知应被视为在该日之后的下一个营业日生效。

交易双方可在补充协议中约定接收交易协议项下通知的联系方式。若交易一方未与其他交易方签署补充协议，则交易一方在主协议签署页上填写的联系方式可用于接收上述通知。

第十九条 费用

在不造成任何重复计算的前提下，就守约方因保障和行使其在交易协议下的相关权利而产生的所有合理费用和其他开支，以及守约方因为任何交易协议下交易被提前终止而产生的所有合理费用和其他开支，违约方应在守约方的要求下予以全部补偿。

上述合理费用和其他开支包括但不限于守约方取得有关拒绝证明和发出通知书的费用，以及守约方发生的公证费、律师费等追偿费用。

第二十条 标题

交易协议名称以及交易协议所列标题仅出于便于参考之目的，并不影响交易协议的结构且不应被用来解释交易协议的任何内容。

第二十一条 协议的修改

在不违反中国法律的前提下，协议签署各方可在补充协议中对主协议有关条款进行特别约定或对主协议未尽事宜进行补充约定，但不得修改或排除主协议的下述内容：

（一）第一条协议的构成与效力；

（二）第二条主协议的适用；

（三）第三条承诺与遵守；

（四）第四条交易双方声明与保证；

（五）第五条中对"中国法律"的定义；

（六）本第二十一条协议的修改；

（七）第二十二条协议签署；

第二十二条 协议签署

主协议为开放式协议，由签署方有效签署后即在已签署主协议的各签署方之间生效。主协议签署方应以法定代表人或授权签字人签字或盖章并加盖公章的方式签署两份，一份由签署方留存，一份送票据交易所备案。

协议签署各方之间可根据需要签署补充协议，并及时将补充协议（及其修改）的一份副本送票据交易所备案。

转贴现特别条款

交易双方开展票据转贴现业务适用本特别条款。

第一条 利息与结算金额的计算

（一）利息计算

应付利息 = $\sum$（票据金额×交易利率×剩余期限/360）

其中：

"剩余期限"指从转贴现结算日（含该日）起至票据到期日（遇非营业日顺延至下一营业日，不含该日）止的期限内的天数（不足一天的按一天计算）。

（二）结算金额计算

结算金额 = 票面总额 – 应付利息。

（三）利息和结算金额的计算单位为元，保留至小数点后两位。

第二条 交易双方的权利义务

（一）买入方的权利和义务

1. 买入方的权利。买入方有权要求卖出方于约定的结算日将符合交易要求的、卖出方拥有完整所有权或处置权的转贴现票据，足额交付至买入方托管账户。

2. 买入方的义务。买入方应于约定的结算日将结算金额足额支付至卖出方资金账户。

（二）卖出方的权利与义务

1. 卖出方的权利若买入方未按约定足额支付结算金额，卖出方有权要求买入方赔偿其由此产生的实际损失。

2. 卖出方的义务。

（1）卖出方应将符合交易要求的、其拥有完整所有权或处置权的转贴现票据在约定的结算日交付至买入方托管账户。

（2）卖出方承诺其向买入方交付的转贴现票据不存在被利害关系人申请挂失止付、公示催告或被有权机关查封、冻结等票据权利受限制的情形，并将符合交易要求的转贴现票据足额交付至买入方托管账户。

第三条 支付/交付违约及其赔偿金额的计算

（一）就一笔转贴现交易而言，若买入方资金账户内的资金超过最晚结算时间仍不足额，导致票据交易所系统扣款失败，则构成买入方的一项违约事件；若卖出方托管账户内超过最晚结算时间仍无足额的转贴现票据，导致票据交付失败，则构成卖出方的一项违约事件。

（二）违约方向守约方支付赔偿金额的计算公式

赔偿金额 = 违约本金 × 违约期限 × 罚息利率

其中：

"违约本金"在买入方违约时，指买入方未按约定支付的资金额；在卖出方违约时，指卖出方未按约定交付的转贴现票据所对应的票据金额；

"违约期限"指结算日（含该日）至实际履行日（含该日）的期间内的天数（不足一天的按一天计算）；

"罚息利率"指日利率万分之五。

质押式回购特别条款

交易双方开展票据质押式回购业务适用本特别条款。

第一条 利息、首期结算金额与到期结算金额的计算

（一）利息计算

应付利息 = 回购金额 × 回购利率 × 回购期限/360

（二）首期结算金额计算

首期结算金额 = 回购金额 − 应付利息

（三）到期结算金额计算

到期结算金额 = 回购金额

（四）利息和结算金额的计算单位为元，保留至小数点后两位。

第二条 交易双方的权利义务

（一）逆回购方的权利义务

1. 逆回购方的权利。

（1）有权要求正回购方于约定的首期结算日的最晚结算时间之前将符合交易要求的、正回购方拥有完整所有权或处置权的质押票据，足额质押给逆回购方。

（2）如遇挂失止付、公示催告或被有权机关查封、冻结等票据权利受限制的情形，有权要求正回购方替换涉及的相关质押票据。经交易双方协商一致，可要求正回购方提前回购。

2. 逆回购方的义务。

（1）应于约定的首期结算日的最晚结算时间之前，将首期结算金额足额存入逆回购方资金账户。

(2) 在收到正回购方支付的到期结算金额或提前回购金额后,应于当日解除在相关质押票据上的质权;但是,若收到上述金额时已超过票据交易所系统的营业时间,则在下一个营业日内解除相关质押票据上的质权。

(二)正回购方的权利义务

1. 正回购方的权利。若逆回购方未按约定将回购资金足额于约定的首期结算日的最晚结算时间之前存入其资金账户,正回购方有权要求逆回购方赔偿由此产生的实际损失。

2. 正回购方的义务。

(1) 在到期结算日将到期结算金额足额存入正回购方资金账户。

(2) 在约定的首期结算日的最晚结算时间之前向逆回购方出质符合交易要求的、其拥有完整所有权或处置权的质押票据。

(3) 承诺其向逆回购方出质的质押票据不存在被利害关系人申请挂失止付、公示催告或被有权机关查封、冻结等票据权利受限制的情形。

质押票据如遇挂失止付、公示催告或被有权机关查封、冻结等票据权利受限制的情形,正回购方应向逆回购方提供相关证明或说明,并根据逆回购方要求替换相关的质押票据。

若双方协商一致,正回购方提前回购相关的质押票据,正回购方应在收到逆回购方的书面通知后的三个营业日内向逆回购方全额支付提前回购金额,该金额的计算公式为:

提前回购金额=到期结算金额×[1-回购利率×(回购期限-实际回购天数)/360]

其中:

"实际回购天数"指首期结算日(含该日)至逆回购方全额支付提前回购金额之日(不含该日)的期间内的天数。

第三条 质押票据替换

质押式回购期间,质押票据如遇挂失止付、公示催告或被有权机关查封、冻结等票据权利受限制的情况,或出现真伪存疑、争议冻结的情形,经交易双方协商一致,正回购方应按照交易双方的约定提供其他票据,为逆回购方设置质押登记,该等其他票据的票据金额不得低于原质押票据的票据总额。逆回购方应在正回购方按照约定向其出质该等其他票据后的下一个营业日,解除原质押票据上的质权。

第四条 违约事件时的质押票据处理机制

(一)质押票据到期前的处理

若正回购方未按交易协议约定在到期结算日回购质押票据的,在违约所涉的质押票据到期前，交易双方均不得处置质押票据。

1. 经交易双方协商一致，正回购方可在最早到期的质押票据到期日前，足额向逆回购方支付该质押票据对应的票据款项。正回购方完成该款项支付后，由交易双方持相关划款证明，向票据交易所申请恢复该质押票据的正常交易。

2. 若交易双方未协商一致，通过诉讼或仲裁方式解决纠纷的，交易一方可依据法院或仲裁机构的生效法律文书向另一方主张权利，并据此要求票据交易所协助做相应处理。

（二）质押票据到期后的处理

逆回购方有权向承兑人提示付款，并收取票据款项。

第五条 支付/交付违约及其赔偿金额的计算

（一）质押式回购的支付/交付违约事件

就一笔质押式回购而言：

1. 若正回购方未能在首期结算日的最晚结算时间之前向逆回购方出具质押票据，或未能在到期结算日向逆回购方足额支付到期结算金额，或未能按照逆回购方的通知足额支付提前回购金额或按照交易双方的约定替换质押票据，则构成正回购方的一项违约事件。

2. 若逆回购方未能在首期结算日的最晚结算时间之前向正回购方足额支付首期结算金额，或在收到正回购方支付的到期结算金额后未能在到期结算日将质押票据解除质押，或未能在收到正回购方替换质押票据或足额支付的提前回购金额之后按照约定将质押票据解除质押，则构成逆回购方的一项违约事件。

（二）违约方向守约方支付赔偿金额的计算公式

1. 若在首期结算日发生违约事件，则违约方应向守约方支付的赔偿金额为：

首期违约赔偿金额 = 违约本金 × 违约期限 × 罚息利率

其中：

"违约本金"指回购金额；

"违约期限"指首期结算日（含该日）至实际全额履行支付或交付义务之日（含该日）的期间内的天数（违约期限不足一天的按一天计算）；

"罚息利率"指日利率万分之五，下同。

2. 若在到期结算日发生违约事件，则违约方应向守约方支付的赔偿金额为：

（1）正回购方为违约方时，除应向逆回购方足额支付违约本金之外，还应向逆回购方支付到期违约赔偿金额，该金额的计算公式如下：

到期违约赔偿金额 = 违约本金 × 违约期限 × 罚息利率

其中：

"违约本金"指正回购方未付的到期结算金额；

"违约期限"指到期结算日（含该日）至正回购方实际全额履行支付义务之日（不含该日）的期间内的天数。

（2）逆回购方为违约方时，除应向正回购方解除质押票据上的质权之外，还应向正回购方支付到期违约赔偿金，该金额的计算公式如下：

到期违约赔偿金额＝违约本金×违约期限×罚息利率

其中：

"违约本金"指逆回购方未解除质押的质押票据所对应的票面金额；

"违约期限"指到期结算日（含该日）至逆回购方实际解除质押之日（不含该日）的期间内的天数。

3. 若在提前回购或替换质押票据项下发生违约事件，则违约方应向守约方支付的赔偿金额为：

（1）正回购方为违约方时，除应按照约定替换原质押票据或经协商一致向逆回购方足额支付提前回购金额之外，还应向逆回购方支付赔偿金额，该金额的计算公式如下：

赔偿金额＝违约本金×违约期限×罚息利率

其中：

"违约本金"指正回购方未付的提前回购金额或未替换的质押票据所对应的票据金额；

"违约期限"指正回购方应支付提前回购金额或应完成替换质押票据之日（含该日）至正回购方实际履行该支付或替换义务之日（不含该日）的期间内的天数。

（2）逆回购方为违约方时，除应向正回购方解除原质押票据上的质权之外，还应向正回购方支付赔偿金额，该金额的计算公式如下：赔偿金额＝违约本金×违约期限×罚息利率

其中：

"违约本金"指逆回购方未解除质押的原质押票据的票据金额；

"违约期限"指逆回购方应解除质押之日（含该日）至逆回购方实际解除质押之日（不含该日）的期间内的天数。

第六条 其他约定

（一）交易协议一旦生效，交易双方不能擅自变更或解除，如经双方协商一致，确有必要对协议内容进行变更或解除协议的，应向票据交易所提出申请，经票据交易所同意后方可办理。

（二）到期结算日如遇法定休假日，统一适用"经调整的下一营业日"准则，即

到期结算日变更为下一营业日,若下一营业日跨月,则到期结算日变更为上一营业日。因到期结算日变更而产生的利息变动,由票据交易所系统自动计算并且据此调整到期结算金额,调整利息金额的计算公式为:

调整利息金额 = 回购金额 × 回购利率 × 调整计息天数/360

其中:

"调整计息天数"指适用"经调整的下一营业日"准则后增加或减少的计息天数。

增加的计息天数表示为正数,由此计算得出的调整利息金额应加入根据未调整的到期结算日计算得出的原到期结算金额;减少的计息天数表示为负数,由此计算得出的调整利息金额应从根据未调整的到期结算日计算得出的原到期结算金额中扣减。

买断式回购特别条款

交易双方开展买断式回购业务适用本特别条款及转贴现特别条款。

第一条 利息、首期结算金额以及到期结算金额的计算

(一)利息计算

首期应付利息 = $\sum$(票据金额 × 首期交易利率 × 首期剩余期限/360)

到期应付利息 = $\sum$(票据金额 × 到期交易利率 × 到期剩余期限/360)

(二)首期结算金额计算

首期结算金额 = 票面总额 − 首期应付利息

(三)到期结算金额计算

到期结算金额 = 票面总额 − 到期应付利息

(四)利息和结算金额的计算单位为元,保留至小数点后两位。

第二条 交易双方的权利义务

(一)逆回购方的权利义务

1. 逆回购方的权利。

(1)在首期结算日,有权要求正回购方交付其拥有完整所有权或处置权的回购票据。

(2)在到期结算日,有权要求正回购方支付到期结算金额,以回购相关的回购票据。

2. 逆回购方的义务。

(1)在回购期间,不得与其他交易方就回购票据再次办理转贴现业务或买断式回购业务,但可以办理质押式回购业务。

（2）在到期结算日，应按照约定将其拥有完整所有权或处置权的回购票据交付给正回购方。

（二）正回购方的权利义务

1. 正回购方的权利。

（1）在首期结算日，有权要求逆回购方按照约定向其支付首期结算金额。

（2）在到期结算日，有权要求逆回购方按照约定向其交付拥有完整所有权或处置权的回购票据。

2. 正回购方的义务。

（1）在首期结算日，应将其拥有完整所有权或处置权的回购票据按照约定交付给逆回购方。

（2）在到期结算日，应按照约定向逆回购方支付到期结算金额，以回购相关的回购票据。

第三条 违约事件时的回购票据处理机制

若正回购方在到期结算日未按照约定向逆回购方回购相关的回购票据，则逆回购方有权自行处置该回购票据。

若逆回购方在到期结算日未按照约定向正回购方交付相关的回购票据，则正回购方有权要求逆回购方立即向其返还该回购票据，并在逆回购方完成返还之前暂停应向逆回购方进行的支付。

第四条 支付/交付违约事件及其赔偿金额的计算

（一）买断式回购的违约事件

就一笔买断式回购而言：

1. 若正回购方未能在首期结算日的最晚结算时间之前向逆回购方足额交付回购票据，或未能在到期结算日向逆回购方足额支付到期结算金额，则构成正回购方的一项违约事件。

2. 若逆回购方未能在首期结算日的最晚结算时间之前向正回购方足额支付首期结算金额，或在收到正回购方足额支付的到期结算金额后未能在到期结算日将回购票据足额交付给正回购方，则构成逆回购方的一项违约事件。

（二）违约方向守约方支付赔偿金额的计算公式

1. 若在首期结算日发生违约事件，则违约方应向守约方支付的赔偿金额为：

首期违约赔偿金额 = 违约本金 × 违约期限 × 罚息利率

其中：

"违约本金"指首期结算金额；

"违约期限"指首期结算日（含该日）至实际全额履行支付或交付义务之日（不

含该日）的期间内的天数（违约期限不足一天的按一天计算）；

"罚息利率"指日利率万分之五，下同。

2. 若在到期结算日发生违约事件，则违约方应向守约方支付的赔偿金额为：

（1）正回购方为违约方时，除应向逆回购方足额支付违约本金之外，还应向逆回购方支付到期违约赔偿金额，该金额的计算公式如下：

到期违约赔偿金额 = 违约本金 × 违约期限 × （回购利率 + 罚息利率）

其中：

"违约本金"指正回购方未付的到期结算金额；

"违约期限"指到期结算日（含该日）至正回购方实际全额履行支付义务之日（不含该日）的期间内的天数。

（2）逆回购方为违约方时，除应向正回购方足额交付回购票据之外，还应向正回购方支付到期违约赔偿金，该金额的计算公式如下：

到期违约赔偿金额 = 违约本金 × 违约期限 × 罚息利率

其中：

"违约本金"指逆回购方未交付的回购票据所对应的票据金额；

"违约期限"指到期结算日（含该日）至逆回购方实际履行交付义务之日（不含该日）的期间内的天数。

第五条 其他约定

（一）交易协议一旦生效，交易双方不能擅自变更或解除，如经双方协商一致，确有必要对协议内容进行变更或解除协议的，应向票据交易所提出申请，经票据交易所同意后方可办理。

（二）回购到期结算日如遇法定休假日，统一适用"经调整的下一营业日"准则。即一般情况下，到期结算日变更为下一营业日；如下一营业日跨月，则到期结算日变更为上一营业日。因回购到期结算日变更而产生的到期应付利息变动，由票据交易所系统自动计算并且据此调整到期结算金额，调整后的到期应付利息和到期结算金额的计算公式为：

调整后的到期应付利息 = $\sum$（票据金额 × 到期交易利率 × 调整后的剩余期限 /360）

调整后的到期结算金额 = 票面总额 − 调整后的到期应付利息

其中：

"调整后的剩余期限"指从根据"经调整的下一营业日"准则调整后的到期结算日（含该日）起至票据到期日（遇非营业日顺延至下一营业日，不含该日）止的期限内的天数（不足一天的按一天计算）。

附录八

2016年中国票据市场大事记

2016年1月15日，中国银监会农村金融部印发《关于农村中小金融机构票据业务风险提示的通知》（银监农金〔2016〕1号），要求农村中小金融机构严格按照银监会相关票据业务监管要求，有效遏制违规票据经营和违法犯罪，加强重要环节风险控制以及风险事件处置和问责。

2016年3月1日，中国人民银行决定普遍下调金融机构人民币存款准备金率0.5个百分点，以保持金融体系流动性合理充裕，引导货币信贷平稳适度增长，为供给侧结构性改革营造适宜的货币金融环境。

2016年3月29日，全国首单基于票据收益权的资产证券化产品——华泰资管—江苏银行"融元1号专项资产支持计划"在上海证券交易所成功发行。

2016年4月12日，中国银监会城市银行部印发《关于进一步加强城市商业银行票据业务管理的指导意见》（城市银行部〔2016〕11号），强调加强同业票据专营管理，规范票据业务授权、授信管理，合理控制票据业务规模，加强贸易背景真实性审查，加强同业交易对手管理，严控各类票据业务风险，规范中介合作管理，加强票据审验和实物管理，加强资金划付和账户管理，加强印章管理，加强员工行为管理，加大票据业务检查力度。

2016年4月28日，中国银监会办公厅印发《关于规范银行业金融机构信贷资产收益权转让业务的通知》（银监办发〔2016〕82号）。82号文针对部分业务存在交易结构不规范不透明，会计处理和资本、拨备计提不审慎等问题，强调信贷资产收益权转让应当遵守"报备办法、报告产品和登记交易"的相关要求，依法合规开展，有效防范风险。

2016年4月30日，中国人民银行和中国银监会联合印发了《关于加强票据业务监

管　促进票据市场健康发展的通知》（银发〔2016〕126号）。126号文主要内容包括：一是强化票据业务内控管理，按业务实质建立审慎性考核机制，加强实物票据保管，严格规范同业账户管理，强化风险防控；二是坚持贸易背景真实性要求，严禁资金空转，严格贸易背景真实性审查，加强客户授信调查和统一授信管理，加强承兑保证金管理，不得掩盖信用风险；三是规范票据交易行为，严格执行同业业务的统一管理要求，加强交易对手资质管理，规范纸质票据背书要求，严格资金划付要求，禁止各类违规交易；四是全面开展票据业务风险自查工作。

2016年5月25日，中国人民银行票据交易平台筹备组正式成立，主要围绕着确立方案、论证需求、系统开发测试、制定相关制度以及开业筹备等方面着重开展工作。

2016年8月2日，中国银监会办公厅印发《关于近期同业票据业务有关问题的通报》（银监办发〔2016〕122号），指出银行业金融机构同业票据业务的主要问题，包括违规授权分支机构开展同业业务、分支机构违规对外签署合同、违规保管实物票据、违规开立同业账户、违规进行资金划付，并针对上述问题提出了具体监管要求，包括严格落实同业业务专营部门制、严格执行同业账户管理和票据业务交易相关规定以及认真开展自查工作。

2016年9月7日，中国人民银行正式下发《关于规范和促进电子商业汇票业务发展的通知》（银发〔2016〕224号），就增加电票交易主体、电票贴现的贸易背景真实性审查、有效提升电票业务占比等重大问题做出明确规定，旨在充分发挥电票系统和电票业务优势、防范纸票业务风险，并且加快票据市场电子化进程。

2016年11月1日，中国人民银行办公厅印发《关于做好票据交易系统接入准备工作的通知》（银办发〔2016〕224号），明确上海票据交易所的上线时间、会员管理以及建设安排，对票交所系统一期的试点、推广、过渡期业务安排、影像和电子登记权属章、技术准备及报表填报要求、系统上线应急处置等方面做出了具体规定。

2016年12月5日，中国人民银行正式下发《票据交易管理办法》（中国人民银行公告〔2016〕第29号），明确上海票据交易所是中国人民银行指定的提供票据交易、登记托管、清算结算和信息服务的机构；对票据市场参与者范围进行扩充，明确票据市场参与者包括法人类参与者（金融机构法人）、非法人类参与者、中国人民银行确定的其他市场参与者；对纸质票据电子化进行了规范，规定纸质票据贴现后不再以纸质形式进行交易；对票据交易的审查流程进行了简化，包括但不限于放宽贴现及其他交易业务的资料审查要求，明确保管人发起付款确认时可以选择实物确认或者影像确认等。

2016年12月8日，上海票据交易所正式开业，开启了票据市场发展的新纪元。中国人民银行党委书记、行长周小川致贺信，中国人民银行党委委员、副行长潘功胜和上海市委常委、副市长周波出席开业仪式并致辞。

参考文献

[1] 中国银行业协会:《中国票据市场发展报告2015~2016》,中国财政经济出版社2017年版。

[2] 中国银行业协会:《中国票据市场发展报告2014~2015》,中国财政经济出版社2016年版。

[3] 中华人民共和国国家统计局:《中华人民共和国2016年国民经济和社会发展统计公报》。

[4] 国家发展和改革委员会:《关于2016年国民经济和社会发展计划执行情况与2017年国民经济和社会发展计划草案的报告》。

[5] 中国人民银行上海总部《中国金融市场发展报告》编写组:《2016中国金融市场发展报告》,中国金融出版社2017年版。

[6] 中国人民银行:《历年各季度中国货币政策执行报告》。

[7] 中国人民银行:《历年支付体系运行总体情况》。

[8] 中国人民银行:《中国区域金融报告(2016)》,中国金融出版社2016年版。

[9] 中国人民银行:《中国区域金融报告(2015)》,中国金融出版社2015年版。

[10] 中央国债登记结算有限责任公司:《2016年债券市场统计分析报告》。

[11] 上海票据交易所:《2017年上半年票据市场运行情况分析》。

[12] 上海票据交易所:《中国票据市场:历史回顾与未来展望》,中国金融出版社2018年版。

[13] 潘功胜:"中国票据市场的发展与规范",《金融时报》,2016年12月8日。

[14] 李明昌:"票交所上线将对银行票据业务产生五大影响",《每日经济新闻》,2016年12月8日。

[15] 宋汉光:"搭建票据市场基础设施 促票据市场规范健康发展",《金融电子化》,2017年第7期。

[16] 宋汉光:"票据市场要增强服务实体经济的能力",《新民晚报》,2017年8月26日。

[17] 宋汉光："促进票据市场规范健康发展"，《中国金融》增刊，2017年12月。

[18] 徐忠："建设全国统一的票据交易平台"，《中国金融》，2017年第1期。

[19] 王红霞、曾一村、付萱："中国票据市场2016年运行回顾与前景展望"，《中国货币市场》，2017年第1期。

[20] 王红霞、曾一村、付萱："新准则实施对票据业务的影响"，《中国金融》增刊，2017年12月。

[21] 陈卫东，曾一村，付萱："票据与同业存单、短期融资券价格"，《中国金融》增刊，2017年12月。

[22] 缪锦春："新常态下银行票据业务风险分析和管理建议"，《湖南财政经济学院学报》，2016年12月第164期。

[23] 本刊编辑部："票据市场的风险与挑战"，《特别关注》，2017年7月，总第168期。

[24] 章毅："对新常态下银行票据风险防控的现实思考"，《现代金融》，2017年第2期，总第408期。

[25]《中国票据市场与实体经济发展问题研究》编写组：《中国票据市场与实体经济发展问题研究》，中国财政经济出版社2015年版。

[26] 肖小和等：《中国票据市场发展研究》，上海财经大学出版社2016年版。

[27] 许达："浅谈商业银行票据案频发的原因及其影响"，《经营管理者》，2017年第22期。

[28] 徐晓岚："票交所具有推动实体经济发展'四大功效'"，《中国证券报》，2016年12月8日。

[29] 中国银行业协会：《新世纪中国票据市场发展报告（2000~2011）》，中国金融出版社2013年版。

[30] 江西财经大学九银票据研究院课题组："票据市场2016年回顾及2017年展望"，《中国经济网》，2017年1月3日。

[31] 谭雅玲："焦点迭起复杂 判断有偏透彻——2016~2017年国际金融市场分析与预测"，《国际贸易》，2017年第1期。

[32] 张晓慧："宏观审慎政策在中国的探索"，《中国金融》，2016年第12期。

后 记

本书源于中国银行业协会《中国票据市场发展报告 2016~2017》（以下简称《报告》）重点课题，由中国银行业协会（以下简称协会）票据专业委员会及其办公室总负责。课题由中国农业银行主承办，中国工商银行、交通银行、招商银行、中信银行协办，国家开发银行、中国银行、中国建设银行、中国邮政储蓄银行、中国光大银行、华夏银行、中国民生银行、兴业银行、平安银行、上海浦东发展银行、北京银行、徽商银行、江苏农村信用社联合社和浙江农村信用社联合社等银行金融机构协助。

《报告》作为协会推出的第三期年度行业发展报告，立足于 2016 年中国票据市场的发展现状，兼顾中国票据市场发展历程和未来展望，力图多层次、多维度地向读者展示当下票据市场发展的全景图。

《报告》在延续前期务实性、系统性、专业性、前瞻性等特点的基础上，还从会员单位需求和市场发展的视角，对票据行业的运行、发展等情况进行了分析和研判。全书主体共分三个部分：第一部分（总报告：第一章）对 2016 年中国票据市场发展进行综述；第二部分（年度分项报告：第二章至第十章）分别从 2016 年中国票据市场发展的宏观环境、市场运行情况、金融机构业务开展情况、利率运行特点、与相关金融市场联动发展、风险状况与防控、创新发展、电子商业汇票发展、上海票据交易所建设九个方面进行了全面阐述；第三部分（前景展望：第十一章）对票据交易所时代的票据市场以及银行业票据业务经营进行展望和设想。参与编写的人员为各家银行总行具有丰富管理经验的管理者和业务突出分行具有市场实战经验的业务骨干，使《报告》在保持较高理论性的同时又增加了可读性，为监管部门、票据研究人员及读者提供信息参考。

本书各部分编写分工如下：

【主体部分】

第一章 2016 年中国票据市场发展综述由中国农业银行票据营业部王甜撰写；第二

后 记

章2016年中国票据市场发展的宏观环境由交通银行田晶、崔韬撰写；第三章2016年中国票据市场运行情况及特点由中国农业银行票据营业部王甜撰写；第四章2016年金融机构票据业务开展情况由中国农业银行票据营业部付萱撰写；第五章2016年中国票据市场利率运行情况由招商银行汪武超撰写；第六章2016年票据市场与相关金融市场联动发展由招商银行董玥、于鑫水撰写；第七章2016年票据市场风险状况与防控由交通银行张雅婧、王伟伟撰写；第八章2016年商业银行票据业务的创新发展由中国农业银行票据营业部焦琳撰写；第九章2016年电子商业汇票发展情况由中信银行赵慈拉、方园撰写；第十章上海票据交易所建设与发展由中国工商银行票据营业部邹江、汪办兴、修晓磊撰写；第十一章票据交易所时代的票据市场展望由中信银行赵慈拉、张玉涛及中国工商银行票据营业部邹江、汪办兴、修晓磊撰写。

【附录部分】

附录一由招商银行汪武超供稿；附录二由中国工商银行票据营业部邹江、汪办兴、修晓磊供稿；附录三、附录四和附录八由中国农业银行票据营业部付萱供稿；附录五、附录六和附录七由中国银行业协会吴安骐收集提供。

《报告》在编写过程中得到了中国银行业协会专职副会长潘光伟、秘书长黄润中、财务总监赵濛和法务总监卜祥瑞等协会领导的高度重视和大力支持。票据专业委员会主任、中国工商银行行长谭炯，票据专业委员会常务副主任、中国工商银行票据营业部总经理徐晓岚等领导对书稿架构内容提出了高质量要求。票据专业委员会组织召开专题会议，法务总监卜祥瑞就《报告》编撰工作提出了提高重要性认识、充分保证时效性、体现前瞻性以及注重编撰细节等具体工作要求。本课题主办单位中国农业银行对课题的开题、集中撰写、审稿及保障工作付出了辛勤努力，中国农业银行票据营业部总经理王红霞和副总经理陈卫东等领导自始至终参与了《报告》的组织、起草和修订工作，在此表示感谢。

本书在编写出版过程中原票据专业委员办公室主任嵇成柱、中国农业银行票据营业部研究发展部总经理曾一村和资深专员王甜等全程参与了课题和书籍的组织策划、审稿修订和编撰工作。

本书的出版发行工作得到了中国人民银行、中国银监会相关政策监管部门和领导的关注与支持，得到了唐国林、王永琪等业界知名专家的关心和指导，同时得到了中国银行业协会票据专业委员会21家常委单位的全力支持和300余家成员单位的大力协助。本书还直接或间接引用、参考了其他研究者的相关研究文献，对以上领导、导师和文献的作者表示深深的谢意。

中国财政经济出版社王丽在编辑、出版过程中提供了很大帮助。在此向所有对本书编写、出版、发行工作给予支持和帮助的单位、领导、专家和编写人员表示衷心的感谢！

展望未来，在中国人民银行和中国银行业监督管理委员会等部门的正确领导和关心下，随着全国性票据基础设施的建立和逐步完善，中国票据市场将迎来稳健发展的新阶段。

由于编写经验有限、数据资料来源受限等原因，本书难免存在疏漏和错误，欢迎业界、专家学者和读者批评指正。

中国银行业协会票据专业委员会

《中国票据市场发展报告》编写组

二〇一八年五月